政治学与公共管理
研究方法·方法论

Research Methods in
Political Science and Public
Administration·Methodology

杨立华 等著

图书在版编目(CIP)数据

政治学与公共管理研究方法·方法论/杨立华等著.—北京:北京大学出版社,2023.10
21世纪公共管理学规划教材
ISBN 978-7-301-34477-4

Ⅰ.①政… Ⅱ.①杨… Ⅲ.①政治学—高等学校—教材 ②公共管理—高等学校—教材 Ⅳ.①D0②D035-0

中国国家版本馆CIP数据核字(2023)第180753号

书　　　名	政治学与公共管理研究方法·方法论 ZHENGZHIXUE YU GONGGONG GUANLI YANJIU FANGFA·FANGFALUN
著作责任者	杨立华　等著
责任编辑	梁　路
标准书号	ISBN 978-7-301-34477-4
出版发行	北京大学出版社
地　　　址	北京市海淀区成府路205号　100871
网　　　址	http://www.pup.cn
新浪微博	@北京大学出版社　　@未名社科-北大图书
微信公众号	北京大学出版社　　北大出版社社科图书
电子邮箱	编辑部 ss@pup.cn　　总编室 zpup@pup.cn
电　　　话	邮购部 010-62752015　　发行部 010-62750672 编辑部 010-62765016
印　刷　者	天津中印联印务有限公司
经　销　者	新华书店
	730毫米×980毫米　16开本　18.75印张　300千字 2023年10月第1版　2023年10月第1次印刷
定　　　价	59.00元

未经许可,不得以任何方式复制或抄袭本书之部分或全部内容。
版权所有,侵权必究
举报电话:010-62752024　电子邮箱:fd@pup.cn
图书如有印装质量问题,请与出版部联系,电话:010-62756370

谨以此书献给所有为中国政治学与公共管理学的蓬勃发展而不懈努力的学生和研究者们！

序　言

本书是《政治学与公共管理研究方法基础》及《政治学与公共管理研究方法·常用具体方法》(待出版)的姊妹篇。本书的目的是对研究中会使用到的一些方法论或研究范式意义上的常用方法进行介绍,以帮助读者开拓视野,并从方法论或研究范式的层次上来认识科学研究、科学研究方法以及自己所要从事的研究。本书共九章,依次介绍了现象学、民族志、符号互动论、常人方法学、扎根理论、行动研究、批判性研究、女性主义研究、叙事研究等九种方法论和研究范式意义上的常用方法。通过学习本书,读者不仅可以对不同方法论或研究范式有所了解,而且可以从方法论和研究范式的层次更好地理解基础的和具体的研究方法,甚至进行研究方法的创新。

本书各章的主要内容分别由以下作者承担:

第一章　杨立华、柴进、张莹、张睿超;
第二章　贾哲敏、高瑞、杨立华;
第三章　杨立华、邢雨点、张莹、杨文辉;
第四章　杨立华、王雪、张莹、欧阳航;
第五章　贾哲敏、杨立华;
第六章　杨立华、田星雨、张莹、杨文辉、唐力博;
第七章　杨立华、张仁杰、张莹;
第八章　杨立华、袁倩、保瑞、徐璐琳;
第九章　杨立华、郑晓艳、杨文辉。

此外,北京大学政府管理学院博士研究生何裕捷帮助核对了第三章"符号互动论"的部分内容,博士研究生周隆武、李梅杰协助进行了第五章"扎根理论"的部分修改和格式校对工作,博士研究生张湘姝参与修改了第八章"女性主义研究"的部分内容,何裕捷和硕士研究生郭晨协助修改了第九章"叙事研究"部分内容,何裕捷还对全书各章的英文文献格式等进行统一调整,并辅助解决了其他一些技术性问题。在此对他们的辛勤付出表示最真诚的感谢!

感谢北京大学出版社社会科学编辑室的徐少燕主任、梁路编辑等,正是因为她们的辛勤付出和认真负责,才使本书及其姊妹篇最终面世。她们的专业水准和学术素养让本书增色不少,在此表示真挚的感谢!本书及其姊妹篇还得到北京大学政治学与公共管理学教材研究与建设基地、高等学校政治学国家教材建设重点研究基地的大力支持,在此亦表示诚挚的感谢!

杨立华

2022 年 9 月 6 日

目 录

第一章　现象学　　　　　　　　　　　　　　1
　一、导　言　　　　　　　　　　　　　　　1
　二、定义、特点和优劣势　　　　　　　　　3
　三、起源和发展　　　　　　　　　　　　　6
　四、适用范围与条件　　　　　　　　　　　9
　五、类　型　　　　　　　　　　　　　　10
　六、研究设计及有效性　　　　　　　　　11
　七、操作流程　　　　　　　　　　　　　13
　八、质量评价和保证　　　　　　　　　　19
　九、使用中应注意的问题　　　　　　　　19

第二章　民族志　　　　　　　　　　　　　25
　一、导　言　　　　　　　　　　　　　　25
　二、定义、特点和优劣势　　　　　　　　26
　三、起源、发展和理论基础　　　　　　　30
　四、适用范围与条件　　　　　　　　　　33
　五、类　型　　　　　　　　　　　　　　35
　六、研究设计及有效性　　　　　　　　　38
　七、操作流程　　　　　　　　　　　　　42
　八、质量评价和保证　　　　　　　　　　52
　九、使用中应注意的问题　　　　　　　　53

第三章　符号互动论　　　　　　　　　　　　　59
　　一、导　言　　　　　　　　　　　　　　　59
　　二、定义、特点和优劣势　　　　　　　　　60
　　三、起源、发展和理论基础　　　　　　　　64
　　四、适用范围与条件　　　　　　　　　　　68
　　五、方法分类　　　　　　　　　　　　　　70
　　六、研究设计及有效性　　　　　　　　　　73
　　七、操作流程　　　　　　　　　　　　　　75
　　八、质量评价和保证　　　　　　　　　　　78
　　九、使用中应注意的问题　　　　　　　　　79

第四章　常人方法学　　　　　　　　　　　　83
　　一、导　言　　　　　　　　　　　　　　　83
　　二、定义、特点和优劣势　　　　　　　　　84
　　三、起源、发展和理论基础　　　　　　　　91
　　四、适用范围与条件　　　　　　　　　　　94
　　五、方法分类　　　　　　　　　　　　　　95
　　六、研究设计及有效性　　　　　　　　　　97
　　七、操作流程　　　　　　　　　　　　　　99
　　八、质量评价和保证　　　　　　　　　　　110
　　九、使用中应注意的问题　　　　　　　　　111

第五章　扎根理论　　　　　　　　　　　　　117
　　一、导　言　　　　　　　　　　　　　　　117
　　二、定义、特点和优劣势　　　　　　　　　118
　　三、起源、发展和理论基础　　　　　　　　121
　　四、适用范围　　　　　　　　　　　　　　124
　　五、类　型　　　　　　　　　　　　　　　127
　　六、研究设计　　　　　　　　　　　　　　129

七、操作流程　　131
　　八、质量评价和保证　　140
　　九、使用中应注意的问题　　142

第六章　行动研究　　147
　　一、导　言　　147
　　二、定义、特点和优劣势　　148
　　三、起源、发展和理论基础　　154
　　四、适用范围与条件　　163
　　五、方法的分类　　163
　　六、研究设计及有效性　　166
　　七、操作流程　　168
　　八、质量评价和保证　　171
　　九、使用中应注意的问题　　172

第七章　批判性研究　　176
　　一、导　言　　176
　　二、定义、特点和优劣势　　179
　　三、起源、发展和理论基础　　187
　　四、适用范围与条件　　194
　　五、类　型　　196
　　六、研究设计与操作流程　　199
　　七、有效性和质量保证　　204
　　八、使用中应注意的问题　　206

第八章　女性主义研究　　212
　　一、导　言　　212
　　二、定义、特点及优劣势　　213
　　三、起源、发展和理论基础　　220

四、适用范围与条件　　　　　　　　　　227

五、类　型　　　　　　　　　　　　　　227

六、研究设计及有效性　　　　　　　　　232

七、操作流程　　　　　　　　　　　　　234

八、质量评价和保证　　　　　　　　　　236

九、使用中应注意的问题　　　　　　　　237

第九章　叙事研究　　　　　　　　　　　　245

一、导　言　　　　　　　　　　　　　　245

二、定义、特点和优劣势　　　　　　　　247

三、起源、发展和理论基础　　　　　　　254

四、适用范围与条件　　　　　　　　　　259

五、类　型　　　　　　　　　　　　　　260

六、研究设计及有效性　　　　　　　　　263

七、方法的操作流程　　　　　　　　　　266

八、质量评价和保证　　　　　　　　　　270

九、使用中应注意的问题　　　　　　　　271

关键术语解释汇编　　　　　　　　　　　　277

第一章　现象学

本章要点

- 现象学研究方法的基本特点和优劣势；
- 现象学研究方法的适用范围和条件；
- 现象学研究方法的不同发展阶段和类型；
- 现象学研究的操作流程；
- 现象学研究的质量保证方法。

一、导　言

现象学（phenomenology）是"一门科学，一种诸科学学科之间的联系。但是，现象学同时并且首先也是一种方法和态度：特殊的哲学思维态度和特殊的哲学方法"[1]。这是康德在提出现象学的概念、黑格尔对现象学概念进行明确界定后[2]，现代现象学的开创者胡塞尔（Edmund Husserl）在1907年提出的定义，这表明他将现象学首先理解为一种方法。在一个多世纪的发展过程中，现象学出现了胡塞尔、马丁·海德格尔（Martin Heidegger）、让-保罗·萨特（Jean-Paul Sartre）等著名哲学家。与此同时，在地域上，现象学已经从发源地德国传播到了世界各地；在类型上，从胡塞尔的超验现象学衍生出存在主义现象学、解释学

---

[1] 〔德〕埃德蒙德·胡塞尔：《现象学的观念》，倪梁康译，上海译文出版社1986年版，第24页。
[2] 徐辉富：《现象学研究方法与步骤》，学林出版社2008年版，第25页。

现象学、语言现象学等不同类型；在范围上，现象学也从哲学领域被引入社会学、政治学、管理学（包括公共管理学）等众多学科。

现象学作为一种研究方法，具有一定的复杂性①，并且具有忠于生活体验（lived experience，指人们在生活世界的实际生活中所获得的感受）、重视生活世界（lived world，指未经人们反思的日常生活世界）、采用描述的方法等特点。而且，作为一门以人文学科为主要研究对象的认识论，现象学主要关注的是主体过去的经验，并必然以反思的方式来思考事实。② 现象学能够帮助研究者深入了解研究对象，探究现象的本质，不流于表面，常常也有利于研究者获得创新性发现。因此，当我们想对观察、访谈、问卷调查中的过程类问题进行描述体验时，现象学研究方法也能够帮助我们更好地完成研究。

作为当今西方世界最主要的哲学思潮之一，现象学的影响不仅扩大到逻辑学、科学哲学、心理学、历史学、伦理学、语言学、美学、文学、宗教学，而且渗透到管理学、病理学以至于精神治疗等各个领域。③ 而且，现象学也是当代定性或质性研究方法的哲学基础之一。约翰·克里斯韦尔（John W. Creswell）在《质的研究及其设计方法与选择》一书中已经把现象学与叙事研究、扎根理论研究、人种学研究、案例研究一起列为五大研究设计。④ 杨立华、何元增也把现象学列为定性研究方法中的一种方式。⑤ 其他不少研究者也常将现象学研究与案例研究、扎根理论、行动研究、解释学、语义分析等并列为重要的定性研究方法。例如，瑟琳凯·马雷克认为有些问题适合于应用现象学研究方法。⑥ 拉里·柯肯哈特更是

---

① Begoña Errasti-Ibarrondo, et al., "Conducting Phenomenological Research: Rationalizing the Methods and Rigour of the Phenomenology of Practice," *Journal of Advanced Nursing*, Vol. 74, No. 7, 2018.

② J. Martins, et al., "Phenomenology as a Methodological Alternative for Research: Some Considerations," *Revista da Escola de Enfermagem da USP*, Vol. 24, No. 1, 1990.

③ 涂成林：《现象学运动的历史使命》，中央编译出版社 2007 年版，第 4 页。

④ J. W. Crewell, *Research Design: Qualitative, Quantitative and Mixed Methods Approaches*, Sage, 2003.

⑤ 杨立华、何元增：《公共管理定性研究的基本路径》，《中国行政管理》2013 年第 11 期，第 100—105 页。

⑥ Katherine Green Marek, *The Experience of Reading Fiction for Graduate Professional Education: A Phenomenological Study*, PhD. dissertation, Emporia State University, 1999.

在1971年就将现象学方法引入公共管理研究。① 他山之石,可以攻玉。因此,在政治学与公共管理领域展开现象学的应用和研究,也有利于丰富政治学与公共管理的研究方法工具箱,并更好地推动两门学科的不断发展。

二、定义、特点和优劣势

(一) 定义与核心概念

一般来说,现象学分为狭义的现象学和广义的现象学两种。② 狭义的现象学主要指的是20世纪西方哲学中德国哲学家胡塞尔创立的哲学流派,其学说主要由胡塞尔本人及其早期追随者的哲学理论所构成。但是,莫里斯·梅洛-庞蒂(Maurice Merleau-Ponty)在1945年的《知觉现象学》前言中便曾发问:"什么是现象学?在胡塞尔最初著作半世纪之后还提出这个问题,可能显得很奇怪。可是这问题离解决还远呢。"③ 赫伯特·施皮格伯格(Herbert Spiegelberg)在《现象学运动》一书第一版序言中也特别指出,人们对现象学认识的错误观念之一"即认为存在着称作'现象学'的一个体系或学派,它具有严密的学说体系,使我们对于'什么是现象学?'这个问题能提供一种准确的回答"④。他认为,虽然这个问题很合理,但其实是无法回答的,因为"现象学家们"本身就是非常个人主义的,其多样性超过共通性,故而也不能形成一个组织化的"学派"。⑤

而广义的现象学则不仅包括胡塞尔哲学,还包括以胡塞尔哲学为思想基础衍生而来的一系列现象学原则和方法的体系,是一种哲学思潮。本书中所使用的也是广义上的现象学概念。现象学研究则是关注人的精神和意识的研究,即

---

① Larry Kirkhart, *Public Administration and Selected Development in Social Science*, Chandler Publishing, 1971.
② 〔美〕赫伯特·施皮格伯格:《现象学运动》,王炳文、张金言译,商务印书馆2011年版,导言第8页。
③ 陈启伟主编:《现代西方哲学论著选读》,北京大学出版社1992年版,第722页。
④ 〔美〕赫伯特·施皮格伯格:《现象学运动》,王炳文、张金言译,商务印书馆2011年版,第6页。
⑤ 同上书,第6—7页。

"对一群个体在经历某一现象时所体验到的意义的研究"①。

现象学的著名口号是"回到事物本身"(zur Sache selbst)。② "现象"是指显现出来的东西,而"事物本身"则是指隐藏在现象背后或深处的本体或本质。现象学认为,"显现"不仅是对感官,而且也是对意识的显现;但感官只能认识事物的外表或某一侧面,意识却能认识事物本身或本质。③ 因此,也可以说,现象学研究的现象也就是人们大脑中的意识;更具体地说,是人们在生活世界的生活体验。

现象学的研究对象是意识(consciousness)。现象学探讨生活世界中的现象,就是探讨现象在生活世界背景下呈现给意识的东西,而意识在某种程度上就表现为人的体验。现象学的另一个重要概念是直觉(intuition)。直觉是人与生俱来的才能,也是人类知识生产的基础,不受日常感觉和自然态度的影响,自我是一个直觉的存在。借助直觉反思这一过程,以及将看到的内容进行转换,现象学能清晰地洞察事物的本质。④

尽管现象学的方法在胡塞尔之后演变出各种不同的路径,但其核心是本质还原法。胡塞尔指出,现象学是"用本质概念和有规律的本质陈述将那些在本质直观中直接被把握的本质和建立在这些本质中的本质联系描述性地、纯粹地表述出来。所有这些本质陈述都是在最确切词义上的先天陈述"⑤。

(二) 特点

托莱内·索迪把现象学研究方法的特点归纳为八个方面。⑥ 我国学者徐辉富结合索迪的观点,将现象学研究方法的特点进行了归纳,我们根据他的论述将一些主要观点整理在了表1.1当中。

---

① 徐辉富:《现象学研究方法与步骤》,学林出版社2008年版,第49页。
② 蔡铮云:《从现象学到后现代》,商务印书馆2012年版,第25页。
③ 赵敦华:《现代西方哲学新编》,北京大学出版社2001年版,第91页。
④ 徐辉富:《现象学研究方法与步骤》,学林出版社2008年版,第47—48页。
⑤ 〔德〕埃德蒙德·胡塞尔:《逻辑研究》(第二卷·第一部分),倪梁康译,上海译文出版社1998年版,第2页。
⑥ Tholene Sodi, "Bodies of Knowledge: Phenomenology as a Viable Methodological Approach to the Study of Indigenous Healing," paper delivered to 2nd Annual Qualitative Methods Conference "The Body Politic", Johannesburg, South Africa, September 3-4, 1996.

表 1.1　现象学研究方法特点

1. 忠实于生活体验	由于现象学研究的是生活体验,因此要求作为进行意义分析重要资料来源的文本描述必须忠实于生活体验。要做到忠实,则不仅要求文本描述真实可靠不虚假、具体生动有细节,而且要求会对研究情景产生影响的研究者的视角要清晰。特别地,研究者要用"悬置"(epoché,亦称"加括号",即把不知或未曾证明的东西放入括号中,在既不讨论也不否认的基础上,建构新的知识或理论)的方法对描述资料进行"还原"(reduction,亦称"回到事物本身",即通过不断直觉、反思、"自我显现"、描述、分析等,建立意识或现象之间直接、原始的接触或者回到体验的意义或存在的起源地),在整个研究过程中保持不被以往的研究理论所影响的研究思维态度
2. 重视生活世界	由于生活体验的来源是生活世界,所以研究者只有深入研究主体的生活世界,才能真正了解和体验研究主体的生活经历,才能为研究提供必要的基础和逻辑起点
3. 采用描述方法	由于现象学研究的是生活体验,而体验又需要通过描述来体现,因此现象学也必须采用描述方法,以根据原始性原则(不随意发挥、解释或创造等)详细记录体验发生的背景、时空环境、动态过程、具体表现等。同时,也要通过严格分析来充分理解文本描述资料
4. 从参与者视角出发表述情景	在一些需要研究参与者的研究中,研究者需要从参与者视角出发来表述体验
5. 从个别到一般	主张"从个别到一般"的知识或理论建构方式。这一特点与扎根理论的知识或理论建构方法很相似。差别在于,现象学的理论建构需要通过"悬置""还原"隔断与原有知识的联系;而扎根理论主要是基于对诸如田野笔记等的各种原始的材料进行分析,并不需要悬置和还原
6. 寻找意义	与量化研究主要关注严格的量的演算不同,现象学关注以研究者为工具寻找或获取现象的意义
7. 需要研究者的参与	强调研究者在研究过程中的积极参与,并把研究成果看作是研究人员共同参与的结果
8. 情景被当作研究的组成部分	强调生活情景的重要性,认为情景本身是研究的组成部分,是理解体验意义时不可忽视的要素

资料来源:徐辉富:《现象学研究方法与步骤》,学林出版社 2008 年版,第 43—45 页。

（三）优势和劣势

现象学研究方法作为一种质性研究方法，既具有质性研究方法的共同优势和劣势，同时也有一些自身特有的优势和劣势（见表1.2）。

表1.2　现象学研究方法的优势和劣势

优势	劣势
1. 深入了解研究对象，不流于表面 2. 摒弃偏见，采用"悬置"和"还原"的方法，发现现象本质 3. 有利于进行创新性的发现 4. 忠于生活体验，直观认识现象 5. 从研究参与者出发，由个别到普遍	1. 费时、费力 2. 可重复性较差，易受研究主体或研究者主观影响 3. 可操作性不强 4. 对研究者的要求较高，需要具备较强的沟通、写作、反思能力 5. 不要求价值中立，缺乏对抽象理论的探讨

三、起源和发展

（一）起源

一般认为，现代现象学起源于20世纪初各种哲学思想交流融合的德国，主要标志是德国哲学家胡塞尔在1900—1901年出版的两卷本《逻辑研究》。[①] 这本著作在西方哲学史上具有深远的影响，同时代的哲学家罗素称其为一部划时代的不朽之作。[②] 也正是在这本书中，胡塞尔首次公开提出了"现象学"的概念。[③] 之后，在《哲学作为严格的科学》（1910）中，胡塞尔对当时西方世界流行的以经验主义为背景的各种实证哲学思潮和以"反科学主义"为中心的历史主义与生命哲学进行了批判，这种批判被视为"现象学宣言"，奠定了

[①] 徐辉富：《现象学研究方法与步骤》，学林出版社2008年版，第22页。
[②] 《新大英百科全书》（第9卷），中国大百科全书出版社2010年版，第68页。
[③] 倪梁康：《现象学运动的基本意义——纪念现象学运动一百周年》，《中国社会科学》2000年第4期，第69—78页。

现象学的理论基础。再之后,胡塞尔更是在《纯粹现象学和现象学哲学的观念》(1913)、《笛卡尔沉思》(1950)和《欧洲科学危机和超验现象学》(1954)这三本以"现象学导论"为副标题的著作中更为详细地阐述了自己的现象学理论。

(二) 发展时期

从地域扩散来看,20世纪初,现象学还主要在德国传播;从20世纪20—30年代开始,现象学开始传入法国,并在50—60年代成为法国的主要哲学流派之一;再之后,又开始逐渐传入英国、美国、加拿大、印度、日本、苏联和东欧等国家,并形成了一股国际性哲学思潮。①

与以上划分方法把胡塞尔现象学作为起点相一致,《中国大百科全书》把现象学发展按时间先后的顺序划分为三个时期:胡塞尔现象学时期(20世纪初至30年代中期)、存在论现象学时期(20世纪20年代末至50年代末)和综合研究时期(20世纪40年代以后)(见表1.3)。

表1.3 现象学发展三时期划分法

发展阶段	时间	代表人物	理论观点
胡塞尔现象学时期	20世纪初到30年代中期	胡塞尔 舍勒 莱纳赫	一种实在论哲学,通过描述和反思的方法分析现象的本质或不变因素
存在论现象学时期	20世纪20年代末到50年代末	海德格尔 萨特 梅洛-庞蒂	海德格尔转变了现象学的研究方向,开始关注存在问题,梅洛-庞蒂则将人为知觉世界定义为人和世界的初始关系
综合研究时期	20世纪40年代以后	布雷达 兰德格里伯 施皮格伯格	研究的原则、范围和方法论进一步扩大,被广泛应用于各个学科领域,引发了现象学思潮

资料来源:《中国大百科全书》(第10卷),中国大百科全书出版社1993年版,第997页。

---

① 徐辉富:《现象学研究方法与步骤》,学林出版社2008年版,第1页。

现象学家施皮格伯格认为"在今天,现象学运动的模型看起来更像是一棵伸展着的树,而不像一条河"①,且要枝干分明地理清现象学这棵树并非易事;但是,他却把现象学追溯到了比胡塞尔更早的时期,将现象学发展时期大致分为准备阶段、德国阶段、法国阶段、20世纪中叶四个阶段(见表1.4)。

表1.4 施皮格伯格的四阶段划分法

发展阶段	代表人物	主要著作	理论观点
准备阶段	布伦塔诺 施图姆福	《从经验立场出发的心理学》 《认识论》	意向性理论;心理学中对意识现象的考察,是现象学运动的先驱
德国阶段	胡塞尔 舍勒 海德格尔	《逻辑研究》 《纯粹现象学和现象学哲学的观念》 《存在与时间》	胡塞尔推动超验现象学成为所有科学的哲学思想;海德格尔的现象学研究为现代释义学的出现奠定了基础
法国阶段	马塞尔 萨特 梅洛-庞蒂	《存在与有》 《存在与虚无》 《意义与无意义》	创立了存在主义哲学,把现象学用于对"人和世界的关系""人的种种境况及其意义""人的自由"等问题的研究
20世纪中叶	唐都韬 布雷达	《现象学与辩证唯物主义》 《胡塞尔研究文集》	在存在主义哲学范围之外发展,被应用到包括一些自然科学学科在内的广泛的领域,地域扩大到大部分国家

资料来源:根据〔美〕赫伯特·施皮格伯格:《现象学运动》,王炳文、张金言译,商务印书馆2011年版,第66—879页,作者自制。

现象学在我国大规模传播是在1978年以后,首先是期刊上发表了一些关于现象学的论文,其中比较有代表性的是罗克汀在《哲学研究》上发表的论文《胡塞尔现象学是对现代自然科学发展的反动》。80年代中后期国内出现了一

---

① 〔美〕赫伯特·施皮格伯格:《现象学运动》,王炳文、张金言译,商务印书馆2011年版,第34页。

系列例如《现象学观念》《存在与虚无》《人在宇宙中的地位》等现象学译著。①此后,中国现象学专业委员会、北京大学现象学研究中心、香港中文大学现象学与人文科学研究中心等现象学研究机构相继成立,极大地推动了现象学研究在我国学术界的传播与发展。② 虽然从整体上看,现象学目前在中国还处于接受期的后期,但是可以期待,随着中国现象学研究的不断深入,在不远的未来我国学界必将产生一批具有理论深度和中国特色的学术成果。③

四、适用范围与条件

首先,由于现象学的目的在于研究人们生活体验的本质④,其研究对象主要是人的内在意识和人的体验,其致力于对有关某种观念或现象的体验的意义的描述⑤,因此现象学研究方法首先适用于那些以描述体验为目的的研究。

其次,现象学是关注研究对象及其过程的学问⑥,所以现象学方法适用于研究过程类问题。当然,在研究的过程中,研究者也必须对问题充满兴趣。如果没有兴趣的支撑,也不能保证现象学方法可以得到真正的应用。

最后,研究个人的内在意识和体验经常需要依靠通过观察法、半结构性访谈或者问卷调查等方式获得的资料,所以现象学研究方法也较适用于易于进行观察、访谈、问卷调查等的研究中(见图1.1)。

---

① 倪梁康:《现象学的始基——胡塞尔〈逻辑研究〉释要(内外编)》,中国人民大学出版社2009年版,第225—229页。
② 徐辉富:《现象学研究方法与步骤》,学林出版社2008年版,第24—25页。
③ 倪梁康:《现象学的始基——胡塞尔〈逻辑研究〉释要(内外编)》,中国人民大学出版社2009年版,第231页。
④ Katherine Green Marek, *The Experience of Reading Fiction for Graduate Professional Education: A Phenomenological Study*, PhD. dissertation, Emporia State University, 1999.
⑤ 刘献君:《〈质的研究及其设计〉:院校研究应读的一本好书》,《高等教育研究》2009年第11期,第41—44页。
⑥ 〔美〕莱斯特·恩布里:《现象学入门:反思性分析》,靳希平、水轼译,北京大学出版社2007年版,第6页。

图 1.1　现象学研究方法的应用条件

五、类　型

作为一场声势浩大的哲学运动①,现象学自身的多样性远比它内部相互联系的统一性更为突出。徐辉富指出,如果按照各个哲学家的不同主张来划分,则可以把现象学划分为不同的学派,例如有"超验现象学、存在主义现象学、解释学现象学、语言现象学、伦理现象学、实践现象学等";如按照现象学研究的领域来划分,则又可以划分为"感知现象学、想象现象学、教育现象学、美学现象学、生活世界现象学、社会现象学、宗教现象学等具体学科"。② 之后,他又结合马克斯·范梅南(Max van Manen)对现象学的探讨,从哲学家的不同主张入手,对不同类型进行了解释。我们将其整理归纳为表 1.5。

表 1.5　现象学的几大类别

类别	代表人物	基本主题	主要内容
超验现象学	胡塞尔	意向性、本质还原、意义建构	主要指胡塞尔现象学,强调从日常生活走向"纯粹"自我的过程中,通过反思主体行为和客观事物发现并描述其中的意义。主要内容是本质还原、意向性理论、现象学反思
存在主义现象学	海德格尔 梅洛-庞蒂	生活体验、存在方式、本体论、生活世界	把现象学研究转到了"人们的生活和经验世界",促使现象学成为"哲学本体论",而非"认识论"

---

① 徐辉富:《现象学研究方法与步骤》,学林出版社 2008 年版,第 28 页。
② 同上书,第 29 页。

（续表）

类别	代表人物	基本主题	主要内容
解释学现象学	伽达默尔 利科	解释、文本意义、对话、前理解和传统	强调对现象进行"解释"，而不是如超验现象学般的"纯粹描述"
语言现象学	海德格尔 海洛-庞蒂 伽达默尔 福柯 德里达	文本自治、意义、文本交互性、结构、话语、文本空间	将关注焦点转向语言的意义和作用，并认为意义主要是语言学的范畴，并存在于语言和文本，而非研究对象、意识或者生活体验
伦理现象学	舍勒 萨特 列维纳斯	他者、责任、理性	人的体验主要是伦理体验；需要在存在以外（例如上帝）去理解人的存在，不应问"存在""自我""显现"等问题
实践现象学/经验现象学/生活世界现象学/应用现象学	范梅南	现实世界 日常生活	对现象学的理论不甚感兴趣，感兴趣的是其实践和应用

资料来源：徐富辉：《现象学研究方法与步骤》，学林出版社2008年版，第28—35页。

六、研究设计及有效性

（一）研究设计

作为一种质性的研究方法，现象学的研究设计符合本书前文建构的一般性框架。我们将从研究问题、研究对象、研究思路，以及"悬置"和"还原"两个关键环节的设计入手，介绍现象学研究设计的注意事项。为方便读者理解，我们选取了蒋廉雄等在2012年开展的一项关于品牌产品知识的研究[①]作为案例。这项研究的背景是，目前关于品牌的研究大多忽视了对产品本身的探讨。作者

---

① 蒋廉雄等：《利用产品塑造品牌：品牌的产品意义及其理论发展》，《管理世界》2012年第5期，第88—108页。

使用现象学方法,建构了品牌产品知识的理论框架,以弥补这一理论空白。

首先,关于研究问题的确定。在研究设计时需要在界定研究概念和术语的基础上,进行充分的文献综述,以了解这一学术领域的研究现状,为收集研究材料设计研究问题。① 在案例中,由于此前没有研究者关注品牌产品知识这一概念,因此作者在进行文献回顾的过程中选择了品牌知识这一更加宽泛的领域,从概念性研究和实证性研究两个方面对相关文献进行综述,发现学界对品牌产品知识的概念理解较为一致,但实证研究较为缺乏,需要新的方法推动该领域发展。

其次,关于研究对象的选择。在研究设计时需要明确研究对象的范围,综合考虑研究对象是否了解相关情况、是否方便接近、语言表达是否流畅等方面的因素,人数最好控制在1—10人。② 在案例中,研究者在选择研究对象时充分考虑了性别、职业、年龄、消费角色等因素,同时考虑到我国消费社会化发生于市场经济时期,所以没有选择40岁以上的样本,最终选择了6位18—40岁的消费者作为研究对象。

再次,关于研究思路的选择。可以选择观察、问卷、访谈等方式,收集参与者的体验描述。此外,还需制作访谈协议书,以保障受访者的隐私不被泄露。③ 在案例中,研究者使用观察和访谈的方法收集资料,访谈者由在当地生活多年的作者担任,这样的安排能够确保访谈者充分理解被访谈者描述的消费体验。访谈提纲设计不局限于某个特定品牌,而是询问被访谈者对于生活中所有品牌的体验,以建构一般性知识。

最后,关于"悬置"和"还原"环节的设计。在设计中,应抛开研究者的知识、偏见、习惯,按照成熟的操作步骤(具体见后文),结合实际研究情况,进行资料分析。④ 在案例中,作者采取开放式的访谈设计,在访谈的过程中抛开自己对

---

① 〔美〕克拉克·穆斯塔卡斯:《现象学研究方法:原理、步骤和范例》,刘强译,重庆大学出版社2021年版,第194页。
② 徐辉富:《现象学研究方法与步骤》,学林出版社2008年版,第162页。
③ 同上书,第162—167页。
④ 〔美〕克拉克·穆斯塔卡斯:《现象学研究方法:原理、步骤和范例》,刘强译,重庆大学出版社2021年版,第193—194页。

于品牌以及相关理论的原有认知,根据被访者提供的经验,自然地推进对话进程。通过文本描述、主题提炼、意义归并、发现意义结构的流程,对访谈资料进行"还原"。

(二) 有效性

与其他研究方法类似,提高现象学研究设计有效性的关键,在于把握好研究的信度和效度。在现象学这一研究方法中,信度要求保证研究对象得到充分的认识。可以从以下两个方面入手提高现象学研究的信度:一是重复观察,二是对访谈资料进行复证。此外,现象学研究也存在构念效度、内部效度和外部效度等效度问题。现象学本身的特征就是内部效度较高而外部效度较低,这对于研究结论和理论发展并不一定是坏事:如果我们能够意识到研究结论的情境边界,那么这也可能是新研究的开始。①

在品牌产品知识的案例中,作者在研究设计中采取了以下方式来控制研究的信度和效度:一是在资料分析结束后再次对4位消费者进行访谈,询问有无新的信息,以检验理论是否已经饱和;二是在2次编码结束后分别比对原始资料,及时检查并更正信息错漏;三是安排2位研究者对原始资料和分析结果进行对读,及时对不一致的地方进行修改,直到达成一致。②

七、操作流程

现象学研究方法的步骤没有固定的套路或格式,研究者往往根据自己的观点提出不同的研究操作步骤。虽然这些步骤有所不同,但大都在聚焦体验描述、悬置、还原等的前提下,关注文本阅读、关键词或意义单元提炼、现象本质的获取等。③

---

① 陈晓萍、徐淑英、樊景立主编:《组织与管理研究的实证方法》,北京大学出版社2008年版,第138页。
② 蒋廉雄等:《利用产品塑造品牌:品牌的产品意义及其理论发展》,《管理世界》2012年第5期,第93页。
③ 徐富辉:《现象学研究方法与步骤》,学林出版社2008年版,第97页。

（一）施皮格伯格的研究步骤

施皮格伯格曾把现象学研究概括为七个步骤（见图 1.2）。①

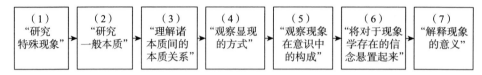

图 1.2　施皮格伯格的研究步骤

注：原话有改动的不加引号，无任何改动的加引号，下同。

资料来源：根据〔美〕赫伯特·施皮格伯格：《现象学运动》，王炳文、张金言译，商务印书馆 2011 年版，第 892 页内容，作者自制。

施皮格伯格的前三个步骤是被所有人认可的，而后面的步骤则只有小部分人认可。这主要是由于不同的学科在不同的情境下有不同的要求。在某些研究中，研究者也许是通过体验来获得资料，并未进行观察，所以第四步自然与上述步骤不同。施皮格伯格的方法比较抽象，再加上当今现象学应用范围十分广泛，所以这一方法很难在实践中加以应用。

（二）科莱齐的研究步骤

阿德里安·范卡姆（Adrian van Kaam）和阿米德·吉戈吉（Amedeo Giorgi）等是现象学研究杜肯学派的主要代表人物。由于这一学派的研究步骤起始于美国杜肯大学心理系，因此被称为杜肯学派。② 1973 年，吉戈吉的学生保罗·科莱齐在对范卡姆现象学方法进行修正的基础上，提出了自己现象学研究的六个步骤（见图 1.3）。③

---

① 〔美〕赫伯特·施皮格伯格：《现象学运动》，王炳文、张金言译，商务印书馆 2011 年版，第 892 页。
② 徐富辉：《现象学研究方法与步骤》，学林出版社 2008 年版，第 80—81 页。
③ Paul Francis Colaizzi, *Reflection and Research in Psychology: A Phenomenological Study of Learning*, Kendall Hunt, 1973.

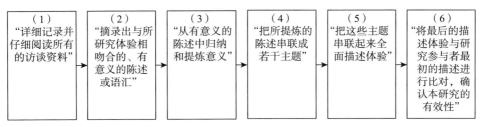

图 1.3 科莱齐的研究步骤

资料来源:根据徐富辉:《现象学研究方法与步骤》,学林出版社 2008 年版,第 82 页内容,作者自制。

学界对科莱齐的质疑是,其研究步骤与胡塞尔的超验现象学并无本质区别。但也有观点认为,科莱齐新增了研究参与者确认研究有效性的步骤,这与胡塞尔现象学由研究者承担全部分析工作的做法不一致。此外,科莱齐在还原的过程中对初始的体验陈述进行归纳和提炼,这可能导致关键信息的遗漏,且与现象学"回到事物本身"的理念并不相符。①

(三)穆斯塔卡斯的研究步骤

曾任美国底特律人文研究中心主任和辛辛那提联合研究所心理学高级研究顾问的克拉克·穆斯塔卡斯也在把现象学分为悬置、还原、联想、综合四个阶段的基础上,提出了两种现象学资料分析方法(见图 1.4 和图 1.5),主要包括主题提炼(topic distillation)、意义归并(clusters of meanings)、体验结构(experience structure)、文本描述(textural description)等步骤。②

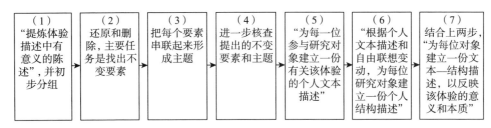

图 1.4 穆斯塔卡斯的研究步骤(方法 1)

资料来源:徐富辉:《现象学研究方法与步骤》,学林出版社 2008 年版,第 88—89 页。

---

① 徐富辉:《现象学研究方法与步骤》,学林出版社 2008 年版,第 82—83 页。
② Clark Moustakas, *Phenomenological Research Methods*, Sage, 1994.

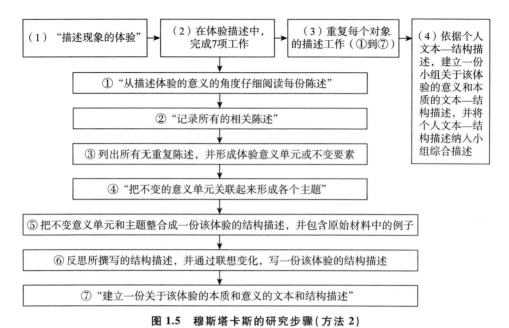

图 1.5 穆斯塔卡斯的研究步骤(方法 2)

资料来源:徐富辉:《现象学研究方法与步骤》,学林出版社 2008 年版,第 89 页。

与杜肯学派相似,穆斯塔卡斯同样倡导以经验为基础进行现象学研究。其研究步骤关注体验中的"不变要素",并以这些要素为基础提炼主题;注重悬置和还原,暂时搁置研究者的个人观点和前认识,然后从文字描述中提炼主题,将个人意识经验和现象相融合。这种方法影响深远,为后续现象学研究提供了可借鉴的模式与范本。[①]

(四)范梅南的研究步骤

作为北美教育现象学研究的代表,马克斯·范梅南也提出了自己教育现象学研究步骤(图 1.6)。

范梅南将现象学的方法引入教育学领域,以教师为研究对象,认为教师对学生的理解和体验能够帮助他们更好地把握教育情景。其研究步骤注重体验的产生、传递与表达,通过唤醒对世界的好奇心、超越主观个人情感、关注生活

---

① 徐富辉:《现象学研究方法与步骤》,学林出版社 2008 年版,第 87—90 页。

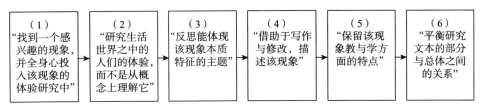

图 1.6 范梅南的研究步骤

资料来源：根据徐富辉：《现象学研究方法与步骤》，学林出版社 2008 年版，第 91 页内容，作者自制。

体验的独特性等方式，获得对现象的本质理解。① 此外，范梅南仅仅关注现象的还原，未涉及自由联想变动等更深层次的还原过程。②

（五）现象学在政治学与公共管理学科中的操作流程

从上述各个研究者提出的研究步骤中能够看出，不同的研究对象特点和不同的研究目标需要都要求采用或改编现有的现象学研究步骤。现有的现象学研究者甚至也强调，现象学研究不能恪守一套固定的套式，否则会扼杀现象学方法本身所具有的生命力。虽然我国政治学与公共管理学界目前尚未对操作流程展开具体的研究，但本章在借鉴现象学方法在其他学科中的应用的基础上，遵照现象学操作过程中关键的步骤，提出了一个可供参考的大致操作流程（见图 1.7）。

例如，想要了解一座垃圾焚烧厂周围的居民的日常生活体验，我们可以按照这个操作流程来进行研究。第一步，我们假定研究者非常关注这个问题，愿意全身心投入研究。第二步，研究者可以采用访谈法或者问卷调查法收集周围居民对于自己日常生活的描述，由研究者照实记录下来。第三步，研究者需要悬置。悬置的基本态度就是抛开自己的偏见和已有的规律研究、理论或知识，也就是说研究者需要成为一个"透明人"。悬置是研究者阅读上一步得出的材料，提炼基本要素并且进行还原的前提，如果研究者不能够避免先入之见和以

---

① 徐富辉：《现象学研究方法与步骤》，学林出版社 2008 年版，第 91—92 页。
② 同上书，第 95—97 页。

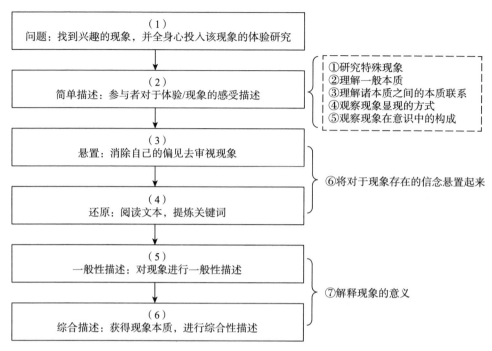

图1.7 政治学与公共管理中的现象学研究步骤

往的知识经验的影响,就不能达到现象学彻底的、严格科学的要求。第四步,在悬置的基础之上,进行还原,也就是"回到事物本身"。进行还原的基本手段是描述并根据描述发现意义,因此描述是最基础的工作。在对事物进行描述的过程中,研究者不要受框架边界的约束,任何细节都可以纳入描述,描述得越接近事物的本真,越能"回到事物本身"。例如,我们可能会在之前的细节描述中提炼出"抱怨""愤怒""不公平"等关键词。第五步,接着上一步骤进行一般性描述:"周围的居民平时抱怨生活在垃圾焚烧厂旁边。他们感到愤怒:垃圾焚烧厂为什么要建在自己家周围而不是其他村庄?!"相比第二步的简单描述,一般性描述删除了一些重复的体验描述,因此更加简洁明了。第六步,研究者需要将各个主题的意义进一步概括,形成一份参与者对多研究现象体验的综合描述,这份描述就是关于该体验本质的描述。

始终需要记住的是,现象学研究是一种描述性研究,而不是一种解释性研究。因此,现象学研究的目的不在于改进行动,而在于了解他人的体验,在于鉴别问题所在。

八、质量评价和保证

这里主要强调如下三点：

首先，虽然现象学家们的多样性超过其共性，但是现象学也需要保证最基本的效度（尤其是构念效度和内部效度）的要求。确保现象学研究效度的一个重要基础是资料的有效性。由于现象学高度依赖参与者的主观体验，因此需要特别重视参与者提供的原始资料的质量。可以通过访谈结束后参与者的反馈，进一步提高访谈的主题提炼的有效性、解释的信度和效度以及结论的客观性。

其次，现象学的根本方法就是还原法，在悬置和还原的过程中，研究者必须严格要求自己，做到包容和无偏见，避免将自己的主观判断带入其中。如在悬置过程中，创造和谐融洽的交流氛围，鼓励参与者表达自己的真实想法；在还原过程中，要认识到参与者的每一项体验陈述均具有同等重要性，不应根据研究者的个人偏好而随意进行合并或删减。

最后，操作流程的科学性和适用性可以提高研究的效度。现象学的操作流程在各个学科甚至在不同问题中都是不同的，研究者可以根据研究对象的不同特点、研究目标的不同需要，采用或改编现有的操作流程。但是，这也并不意味着研究者可以任意使用任何流程。尽管流程可能是多样化和个性化的，但是每种研究方法步骤都必须保证尽可能适宜研究问题和满足研究者自身的要求，同时应更有利于提高研究的科学性、规范性和深度，更有利于研究创新等。

九、使用中应注意的问题

（一）遵守伦理规范

现象学作为社会科学的重要方法之一，在研究过程中需要遵守伦理层面的要求，具体包括：第一，自愿参与。在收集资料前需要征得研究对象的同意，确保参与研究不会扰乱其正常行为与生活。第二，避免伤害。现象学研究绝对不能对研究对象造成生理或心理的伤害。询问某些不合适的问题可能会给研究对象造成困扰,引起其心理上的焦虑,勾起其不愉快的回忆等,这时就应规避这些问题。第三,保护隐私。在进行文本写作时要注意保护研究对象的身份隐私,在公开的材料中使用研究对象的回答时要保密,即虽然研究者能够指认某一回答是特定研究对象的,但承诺不会将其身份公开。

（二）兼顾悬置和开放

在现象学研究中,需要兼顾悬置和开放两方面的要求。悬置要求研究者摒弃先入为主的知识、经验、情感,直接将意识与体验建立联系,理解现象的本质。在研究中应尽量避免使用"一般地""总体来说"等表述,将科学的精神贯穿研究始终。开放则要求研究者在研究前对于研究理论、方法、结果没有任何预设,以开放的心态对待新思想、新观点、新体验,真实且深刻挖掘现象的本质,从体验中提炼意义。①

（三）保持兴趣和好奇

事实上,对研究问题保持兴趣和好奇心是开展科学研究必须具备的基本素质。高质量的研究很难一蹴而就,需要研究者投入大量的时间和精力。这一点对于现象学研究而言特别重要,原因是现象学研究关注的问题大多为较为微观的现象,且高度依赖研究者本人的沟通、写作、反思能力。这就需要研究者保持较强的兴趣和好奇心,善于从研究对象的描述中发现细节,并且坚持不懈地开展研究工作,从研究对象的行为表现、心理活动、情绪体验中发掘意义和价值。而且,从文本写作的角度而言,撰写的文本要能够感动研究者本人,才有可能打动读者。②

关键术语

现象学　生活体验　生活世界　意识　直觉　悬置　还原

---

① 徐富辉:《现象学研究方法与步骤》,学林出版社 2008 年版,第 182—183 页。
② 同上书,第 183—184 页。

思考题

1. 现象学研究方法和其他质性研究方法(如扎根理论、案例研究、行动研究)的差异是什么?
2. 现象学研究方法中的悬置和还原的区别和联系是什么?
3. 现象学适合研究哪些政治学与公共管理学的问题?
4. 为什么现象学研究方法会有多种不同的操作流程?
5. 在政治学与公共管理研究中使用现象学研究方法应该注意什么问题?

延伸阅读

〔德〕埃德蒙德·胡塞尔:《逻辑研究》(修订本),倪梁康译,上海译文出版社2005年版。

〔美〕赫伯特·施皮格伯格:《现象学运动》,王炳文、张金言译,商务印书馆2011年版。

〔德〕黑格尔:《现象精神学》,贺麟、王玖兴译,商务印书馆1979年版。

〔德〕胡塞尔:《纯粹现象学通论》,李幼蒸译,商务印书馆1992年版。

〔德〕胡塞尔:《现象学的观念》,倪梁康译,上海译文出版社1986年版。

〔德〕胡塞尔:《现象学的方法》,倪梁康译,上海译文出版社2016年版。

〔美〕莱斯特·恩布里:《现象学入门:反思性分析》,靳希平、水轨译,北京大学出版社2007年版。

〔德〕马丁·海德格尔:《存在与时间》,陈嘉映、王庆节译,商务印书馆2006年版。

经典举例

(一)〔美〕克拉克·穆斯塔卡斯:《现象学研究方法:原理、步骤和范例》,刘强译,重庆大学出版社2021年版。

克拉克·穆斯塔卡斯的研究横跨哲学、心理学、教育学、文学等学科领域。他在自己的博士学位论文《现象学研究方法》(Phenomenological Research Method)中使用现象学的方法进行社会科学研究,通过使用大量的案例,对现象学的理论基础、基本概念、实施步骤进行了详细的介绍,具有较强的可操作性和实用性。穆斯塔卡斯对范卡姆、科莱齐等人的方法进行了改进,形成了自己的研究步骤,对后续的现象学研究产生了深远影响。①

1. 研究背景与问题

穆斯塔卡斯在书中收录了米瑟尔·阿瑟(Mishael Arthur)1991年关于中年职业变换的研究。伴随着职业周期的延长和竞争的加剧,员工面临着由职业初期向成熟期的身份转变,大量提前退休的员工不得不重新回到工作岗位上来,主动尝试更新自己的知识、技能,提高创造力等能力素质。与此同时,人口流动频繁、家庭身份转变、学历普遍提高、更多的女性进入工作场所等因素进一步加速了职业变换的过程。

2. 研究方法选择

该研究采用现象学的方法分析中年职业变换,对资料进行系统收集和严格分析,借助研究对象的个人体验获得对现象全面、深入的理解,避免研究者主观因素的影响。研究对象选择方面,采取公开招募的方式,在面谈后选择了12位经历过中年职业变换,且能够发表中肯、有意义的观点的个体作为研究对象。这些研究对象在年龄、性别、教育背景、经济状况、职业变换程度等方面具有一定的异质性。

3. 研究设计与具体的操作流程

在正式开始研究前,该研究以电子邮件的形式向调查对象发送了介绍和知情同意书。在确保受访者了解研究目的且同意参加研究的前提下向其收集信息,采用非正式、引导式的访谈方式,鼓励受访者真实地讲述自身在中年的职业变换经历。通过逐字摘录,按照悬置和还原的步骤,将界定的意义或视域聚类为核心主题,包括个人看法对变化过程的影响、核心感受与身体意识、职业变换与自我实现、一种新身份的整合、个人价值观的重新调整、时间和空间的影响、

---

① 徐富辉:《现象学研究方法与步骤》,学林出版社2008年版,第80—81页。

对自我与他者关系的影响、新经验的整合等。

4. 质量保证

该研究采取了多方面的质量控制策略,以提高研究的信度和效度。如选择家或办公室作为访谈地点,确保受访者在安静且相对不受打扰的环境中分享自己的真实经历。访谈过程中记录下关键词,同时使用电子设备进行全文转录,基于全文进行提炼和总结。

(二) 谢立中主编:《日常生活的现象学社会学分析》,社会科学文献出版社2010年版。

自阿尔弗雷德·舒茨(Alfred Schütz)把现象学引入社会学以来,"现象学社会学"便成为西方社会学研究领域中重要的理论取向之一。在中国社会学界,深入探讨现象学社会学的研究文献鲜有所见,而试图将其应用于中国的社会和文化情景,以其特有的理论观点为指导,从事对中国社会的经验研究,则更是凤毛麟角。《日常生活的现象学社会学分析》一书算是一个特例,它是国内学界运用现象学的理论视角与方法对中国当前现象学社会学的研究做出的尝试与探索。

书中汇编的前三篇论文主要从理论和方法论层面概括了"日常生活的现象学社会学"现有的理解,分别阐述了"悬置""日常生活""意义"等现象学中重要的概念。其余论文主要是应用日常生活的现象学社会学理论视角和方法对中国社会进行的经验研究。书中收录了《夫妻关系"定势"的型塑、维护、突破与权力策略——对家庭权力的现象学社会学分析》一文,通过对家庭事件的刻画和分析来透视家庭中的权力策略与权力过程。下面以该文为例对其研究进行介绍。

1. 研究背景与问题

在家庭及妇女地位研究中,家庭权力始终是学术界关注的热点问题。学者们大多基于静态的观点,将权力视作可交换的实体或影响他人的能力,重视权力在决策过程中的应用。而该文作者则试图强调家庭成员互动的过程,关注权力的表现形式,基于动态的视角拓展家庭权力这一概念的内涵和外延。

2. 研究方法选择

该研究从现象学社会学的视角切入,认为社会生活中的行动者可以运用

"手头知识库",按照自然态度来应对不同的情景。在家庭生活中,夫妻之间使用的手头知识被称为"关系定势",在权宜性活动中体现出了权力的流动。研究采用质性研究的思路,通过访谈的方式对研究对象的体验进行收集,共收集到了2001年至2002年间在北京、杭州、景德镇、武汉等地的33份访谈资料。

3. 研究设计与具体的操作流程

首先,作者从访谈资料中抽离个案所使用的几种影响情境定义的权力技术:(1)通过"情景界定"进行有选择的关注和系统性的忽视;(2)通过建立范畴类型确立行为规范;(3)通过质疑对方资格能力确立有限资格。作者认为情境定义是所有权力技术的根本和出发点。随后,又依据访谈案例资料分别从定势框架内寻求定势突破的三个方面谈及了权力的策略问题,定势突破的权力技术包括:(1)通过突破场景框架实现定势突破;(2)通过否定既有的范畴突破定势;(3)通过拷问资格能力来否定或突破既有定势。最后,作者总结:在夫妻互动过程中,关系定势、权宜性行动和权力策略总是相伴相生的,我们要考察的权力和权力策略就体现在夫妻双方对情境和事件的定义、处置方式、处理技巧等方面。

4. 质量保证

该研究收集了多份访谈资料,通过资料之间的相互比对和验证进行分析。作者通过"视角互易""投入关注""深入探讨"等方式建构理论,在访谈的过程中坚持"悬置"原则,让研究对象仅描述"做"的体验,但不分析"为什么做",以此提高研究的信效度。

第二章　民　族　志

本章要点

- 民族志方法的定义、特点与优劣势；
- 民族志方法的适用范围和条件；
- 民族志研究的基本类型；
- 民族志方法的基本研究设计和操作流程；
- 民族志研究质量评价和保证的一般方法。

一、导　言

民族志缘起于人类学，是一种重要的质性研究方法，亦是常见的质性研究范式。民族志在发展过程中融合了进化论、实证主义、功能主义、现象学、解释学、结构主义等理论，具有明确而独到的研究取向，自成体系，因而在人文社会科学研究中有着广泛应用。一项完整的民族志研究需要经过三个阶段，共八个步骤，分别是：准备阶段（确定问题、理论与资料准备、研究设计）、实施阶段（进入田野、收集资料、分析资料）、成果阶段（写作民族志、评估民族志）。民族志方法还涉及技术装备、有效性、质量评估、伦理道德等问题。在政治学和公共管理领域，民族志主要适合文化与制度研究、社区与村落及组织的个案研究、政策过程研究、关系研究、隐蔽性问题研究等议题。

二、定义、特点和优劣势

（一）定义

"民族志"一词是英文"ethnography"的汉译，也译作人种志或文化人类学的方法。前缀"ethno"来自希腊文中的"ethnos"，指"一个民族""一群人"或"一个文化群体"。① "Graphy"的含义则为"画"，引申为人群、部落或民族的绘像。可见民族志的初始含义是指"对异民族的社会、文化现象的记述"②。一般而言，定义民族志多从两个层面展开：

其一是作为研究方法的民族志。从研究内容的角度，《人类学辞典》对民族志的定义为："通过比较和对照许多人类文化，试图严格和科学地逐渐展开文化现象的基本说明。"③詹姆斯·皮科克（James Peacock）认为"民族志是对人以及人的文化进行详细的、动态的、情境化描绘的一种方法，探究的是特定文化中人们的生活方式、价值观念和行为模式"④。更有学者从突出民族志与其他方法的差异的角度给出界定。如大卫·费特曼（David M. Fetterman）提出，"民族志是在讲述一个可信、严谨而真实的故事，民族志通常借由逐字引用和对事件的深描来让人们在其自身背景中发声"⑤。洛厄尔·霍尔姆斯和韦恩·帕尔斯在《人类学导论》一书中将民族志定义为"人类学家在田野工作中进行的资料收集活动"⑥。高丙中认为，"把对异地人群的所见所闻写给和自己一样的人阅读，这种著述被归为'民族志'"⑦。

---

① 陈向明：《质的研究方法与社会科学研究》，教育科学出版社2000年版，第25页。
② 〔美〕詹姆斯·克利福德、乔治.E.马库斯编：《写文化：民族志的诗学与政治学》，高丙中等译，商务印书馆2006年版，第1页。
③ 吴泽霖总纂：《人类学词典》，上海辞书出版社1991年版，"民族志"词条。
④ 转引自陈向明：《质的研究方法与社会科学研究》，教育科学出版社2000年版，第25页。
⑤ 〔美〕大卫·M.费特曼：《民族志：步步深入》（第3版），龚建华译，重庆大学出版社2013年版，第1页。
⑥ Lowell D. Holmes and Wayne Parrls, *Anthropology: An Introduction*, Wiley, 1981, p. 3.转引自石奕龙编著：《文化人类学导论》（第二版），首都经济贸易大学出版社2015年版，第2页。
⑦ 高丙中：《民族志发展的三个时代》，《广西民族学院学报（哲学社会科学版）》2006年第3期，第58—63页。

其二是作为研究取向的民族志。这主要是从阐释人类学角度界定的。美国人类学学者克利福德·格尔茨认为,民族志即"深描"(thick description)。"深描"能够揭示人类行为与文化现象内在的认知结构和语法,揭示其中隐含的多种内容与深层含义。即使是非常简单的动作与话语,"深描"都能够展示出这种符号意义结构的复杂文化基础和社会含义。而作为"深描"的民族志,其含义具体有三个方面:"它是阐释性的;它所阐释的对象是社会话语流;这种阐释在于努力从一去不复返的场合抢救这种话语的'言说',把它固定在阅读形式中。"①

本章从研究方法的角度定义民族志,认为民族志是研究者通过田野作业,对文化及其有关的各类行为方式、价值、互动等展开系统、情境式描绘与解释的一种质性方法。

(二) 特点

根据定义,文化是民族志最主要的研究内容,也是其核心特点。民族志的使命是对某种特定的文化特征、文化制度、文化模式进行深入细致的描述与解释。可以说,民族志就是文化的阐释,包括了在文化框架之中描述社会现象与所见所闻,也包括在文化框架内收集资料、展开研究。除此之外,作为研究方法的民族志还具有如下特点:

1. 研究者即研究工具

民族志研究者是一种"人形仪器",这种人形仪器是最敏感和最有理解力的资料采集工具。② 这表现在:研究者必须亲身进入田野开展资料收集;需要成为文化背景或研究群体的一部分;建立与研究对象的亲密关系并长期接触;通过亲身感受和事实体验对文化进行描述与解释;与研究对象互动以共同生产知识。

2. 以"田野调查"为主要研究设计

田野调查是民族志的关键,也是最具挑战的部分。通常,研究者需要六个

---

① Clifford Geertz, *The Interpretation of Cultures*, Basic Books, 1973, p. 22.
② 〔美〕大卫·费特曼:《民族志:步步深入》,龚建华译,重庆大学出版社2007年版,第25页。

月到一年或更长的时间完成田野作业。"在田野中穿梭",研究者需要学习当地语言,与居民相处、互动,实施参与观察并进行访谈,将当地生活状态、文化情境详细地记录下来。只有在田野中充分收集了需要的信息和资料,研究者才能厘清研究的复杂性,进一步明确问题,开展理论建构。

3. 整体性视角

民族志研究通常具有"整体"取向。研究者需要尽可能通过对地域、群体、日常生活的详细描述,从整体上展示文化、历史、宗教、民族、政治、经济等各个方面的特征、机制与行为方式,并从宏观上探索一种"有机整合"的系统性与可能性。虽然在研究开始时多从个体、事件、某一文化形式等具体的个案视角切入,但随着研究的深入,研究者会不断超越个体、特殊、暂时的维度,逐步体现各个文化要素内部的有机联系,实现对整体的文化情境和结构的阐释。

4. 开放而灵活的研究思维

事实上,没有一种技术,即使是参与观察法,能保证获得的结果就是民族志的。因此,民族志的研究过程强调灵活性,即可以随时根据资料收集的情况修改研究问题或重新解释研究问题。无论田野作业还是资料分析,研究者都应始终保持着开放的心态和灵活的头脑,这样才能获得多元化的资料并进行深入、独到的阐释。

(三) 优势和劣势

通过定义与特征分析,我们可以初步了解民族志的研究特色,而这也是民族志方法的优势所在。具体而言:

第一,长于描绘社会生活和现实。与其他质性研究方法相比,由于研究者长期活跃于田野中,所以民族志方法能够实现对某个社区、部落、单位的深入剖析,因而能够非常细致、准确、真实地描绘社会生活与社会现实,提供鲜活的个案。

第二,以探索文化为己任。民族志以"探索文化"为己任,通过艰苦的田野工作,最大限度地揭示某个区域文化传统、文化价值、文化活动的真实状态,发现、保护并传播文化的多样性,也使得文化"污名化"与刻板印象有所减少。

第三,深入日常生活。民族志并非关心偶然事件,而是充分关注人们的日常生活,以及日常生活背后的思想、意识与行为。这使得民族志得以展示社会成员的文化观念、行动逻辑,并具有揭示群体内部互动结构以及社会关系机制的能力。

第四,说服力强。长期的田野调查使得民族志研究数据充分,资料丰富,研究结果往往具有较强的说服力。训练有素的研究者往往能通过扎实的资料分析与系统性阐释,获得独到而深刻的理论发现。

第五,兼具学术性与可读性。民族志的写作往往能够充分发挥研究者的个人才能,研究成果通常兼具学术性与可读性,很容易成为研究者的代表作。

但民族志方法也存在一定的劣势,具体如下:

第一,代表性问题。民族志主要的劣势是代表性问题。民族志多以一些地方性的、小的部落族群为研究对象,且研究手法多是"细致入微"的描述,因此常被诟病只关注"小问题",而忽视了更为重要的宏观性问题,且民族志个案也难以对普遍性问题做出推论。同时,民族志的田野作业有固定周期,这也导致民族志更注重"当下",从而难以揭示文化的历史性及社会—文化的变迁。

第二,专业性要求较高。研究者是民族志研究唯一的工具。故而研究者必须受过良好的人类学专业训练,尤其是田野作业训练。除收集资料和分析资料的能力外,研究者还需要有敏锐的观察能力、跨文化沟通经验和较强的阐释能力等,所有这些都必须花费很长时间进行培养与实践才能获得。

第三,研究成本较高。民族志通常需要付出较大的研究成本。首先是时间成本。一项研究通常需要少则半年,多则数年的田野作业,方能找到较具意义的发现。其次是经费支持。没有财力物力的保障,长期的田野调查往往无从实现。

第四,研究难度大。实施民族志的每一步都需谨慎,否则会影响研究质量。这就增加了民族志方法的难度。例如,研究者进入陌生族群后,或出现角色冲突,或带来过多情感投入,这都不利于研究的进一步开展。田野作业往往包括多次观察与访谈,出现许多模棱两可的现象或事件,研究者容易有选择地处理资料,或带有先入为主的观念分析资料。写作过程中,面对众多数据和资料,研究者常常举棋不定,难以取舍,在提炼概念和建构理论过程中也存在困难。这些问题都很容易成为民族志研究者的障碍。

三、起源、发展和理论基础

(一) 起源

民族志历史非常悠久。自文字诞生以来,人们就以"类民族志"的形式记录异域异族的历史文化,包括趣闻、野史。如中国的《山海经》《水经注》,以及西方中世纪记录世界各地人文风俗、历史地理的游记与见闻,如《马可·波罗游记》《利玛窦中国札记》等。西方早期的民族志带有浓厚的殖民主义色彩,主要是出自西方发达国家对未工业化的原始部落、异族的好奇,于是人们进入当地对其文化生活进行描述,从而扩大并完善对人类社会基本风貌的了解与认识。如今所谈及的"民族志",一般指在20世纪初,英国功能主义大师布罗尼斯拉夫·马林诺夫斯基(Bronislaw Malinowski)提出的以"参与观察"为主要内容的科学方法。以此为圭臬被训练出来的专业人类学学者从事田野调查而撰写的民族志,则被称为现代民族志或科学民族志。民族志对人类学尤为重要。

> **扩展知识**
>
> 中国古代就已经有了民族志的编纂传统,例如战国时期《尚书·周书·周官》中的职方氏,又如西汉《史记》中记载不同民族风貌的《朝鲜列传》《大宛列传》《西南夷列传》,再如历代正史中的四裔志、职方志等。民族志编纂是我国王朝历史编纂的重要组成部分。
>
> 我国古代民族志历史最早可以追溯到《山海经》一书。《山海经》传世版本包括《山经》5卷和《海经》13卷。《山经》是一部山川地理博物志,分为南、西、北、东、中五篇,记载了各方山川河流、动植物、神灵物怪、风土传说等。《海经》又包括《海内经》《海外经》和《大荒经》,主要记载了海外数十个方国的奇异风貌,对各方国的风土民情、族姓、世系、传说等内容均有提及,初步具备了四裔志、职方志的基本特征和要素,可以看作我国最早的民族志著作。
>
> 资料来源:刘宗迪:《执玉帛者万国:〈山海经〉民族志发凡》,《民族文学研究》2019年第6期,第5—27页。

（二）发展

高丙中在为詹姆斯·克利福德（James Clifford）、乔治·马库斯（George Marcus）主编的《写文化：民族志的诗学与政治学》一书的中文版所撰写的序言中，提到了民族志发展经历的三个阶段。①

第一个阶段的民族志是自发性的、随意性的和业余性的。该阶段的民族志主要是西方社会的探险家、传教士、旅行家对异族土著部落的描述与书写。如詹姆斯·库克（James Cook）在 1768—1779 年对太平洋岛屿探险的描述，以及塞缪尔·赫恩（Samuel Hearne）在 1795 年写作的关于加拿大西北部奇帕维安印第安人的生活故事。他们记录在异族生活的经历和见闻，构成了丰富、具体而生动的民族志资料。

第二个阶段是科学民族志时代。该阶段形成的前提是由经过专业训练的人类学者来撰写民族志，标志是研究者到达并进入当地进行训练有素的"田野调查"。这一阶段是民族志作为研究方法和方法论确立的阶段，涌现出大批的经典著作。美国人类学家弗兰兹·博厄斯（Franz Boas）非常重视田野调查，经常进入印第安部落。马林诺夫斯基进一步开创了田野调查传统，他的人类学名著《西太平洋上的航海者》确立了科学人类学的民族志准则。研究者、资料收集者与参与观察者的身份合一，保证了民族志田野作业的工作质量。这要求研究者必须进入研究属地进行较长时间的实地生活，必须掌握土著的语言并熟练使用。可以说，此后，人类学民族志研究的学术规范和基本体例建立，并占据主流地位。

第三个阶段是反思民族志与多元民族志时代。民族志被置于"反思"的境地，标志性的作品是保罗·拉比诺（Paul Rabinow）的《摩洛哥田野作业反思》。该阶段主要的潮流是朝现象学与阐释学转向，试图改变科学民族志中的"主体—客体"的单向关系，让读者看到研究者作为在田野中行动的人的主体性，而田野过程本身成为记叙的对象，调查对象被视作"活生生"的行动者，具有复杂

---

① 本部分整理自高丙中：《〈写文化〉与民族志发展的三个时代》，〔美〕詹姆斯·克利福德、乔治·E. 马库斯编：《写文化：民族志的诗学与政治学》，高丙中等译，商务印书馆 2006 年版，第 6—15 页。

性与主动性。在研究领域方面,民族志也走出了带有殖民色彩的"异地""异族"和"土著"研究,扩展到人文社会科学的各个领域,向政治、历史、社区、文化艺术等议题全面开放。

(三)理论基础

民族志起源于人类学,也是人类学发展的基础与动力,因而受到人类学学科内部理论发展、反思、批判的影响。民族志也属于质性研究的一种,不同时期的研究思潮与理论流派也会催生民族志传统的变化与发展。表2.1列举了民族志的诸种理论传统,可见民族志是极具反省意识和反思精神的研究方法,与多种理论的融合也带来了民族志的多角度变换与开放心态。

表2.1 民族志研究方法的理论基础

理论基础	主要思想及内容
进化论	以社会达尔文主义为基础,认为人类文化的发展与生物界生存法则一样,存在一个低级到高级、落后到进步、非西方到西方的演变过程。人类学民族志的使命是向西方社会描述"异族"文化,提供新知识,以反观自身文化
功能主义	在西方实证主义思潮下发展起来,具有实用主义倾向。强调学者必须进入田野展开实地调查工作。功能主义具有整体性的研究视角,将田野观察中的各个要素有机联结,强调文化的功能,以及社会—文化的整体性与稳定性。在后期发展中,功能主义民族志开始注重冲突、变迁等社会的裂变与重新整合,并对社会中的个体行动给予重视
实证主义	研究对象可以提供客观事实,研究者的使命是通过科学的研究方法对其进行观察。参与观察法与访谈是重要的资料收集工具。使用一套规范、科学的田野调查程序,对资料进行事实性描述和说明。研究者需要直接、写实地"讲述研究对象的故事",写作规范的民族志文本
现象学	人类世界是一个"意义丰盈的世界"。现象学要求研究者与研究对象的关系不再是"主体—客体"的关系,而是理解、对话、交流的关系。现象学重视人类世界意义的赋予与解释,主张通过"深描",对意义世界做情境式的理解,深入日常生活现象中复杂的内在联系。现象学的知识生产本身就是一个获得理解的过程

(续表)

理论基础	主要思想及内容
解释学	"理解"并不是研究者对研究对象的认识方法,也不是寻求知识,而是一个涉及人之"存在"的本质问题。对人的理解需要经过"阐释"与"理解"的循环过程,而并非实证过程。阐释者受到语言、历史、文化等因素的影响,而研究者的主体偏见不仅无法避免,反而应被清晰地认识,"阐释是通过自身的理解而完成的"。研究者需要充分重视与研究对象的互动与交流,体验自己与对方相互了解与影响的发生过程
结构主义	结构主义者提出了人类文化系统由人类思维所决定,而思维的分类体系是人存在的基础,人的主体性被规则与结构取代。意义并非由主观意识产生的,而是由结构产生的。结构通常分为有意识的表层结构和无意识的深层结构,表层结构通常建立于深层结构之上,而结构主义人类学的主要工作是通过对日常生活世界的探寻,真正深入人类文化内在的、深层的心灵结构

资料来源:陈向明:《质的研究方法与社会科学研究》,教育科学出版社 2000 年版,第 31—45 页;阮云星:《民族志与社会科学方法论》,《浙江社会科学》2007 年第 2 期,第 25—33 页;王铭铭:《功能主义人类学的重新评估》,《北京大学学报(哲学社会科学版)》1996 年第 2 期,第 44—49 页;李清华:《深描民族志方法的现象学基础》,《贵州社会科学》2014 年第 2 期,第 81—86 页。

其中,功能主义与实证主义的民族志影响最大,并长期在现代主义人类学中处于主导地位,至今仍有众多拥趸,产生了大量研究成果。随着反思民族志的兴起,现象学、阐释学与结构主义民族志相继兴盛,迎来了民族志研究的又一黄金时期,也促进了民族志研究内部的分化。此外,民族志的方法及方法论还受到符号互动论、建构主义、批判理论与女性主义等理论流派的影响,它们从不同角度和不同层面反思、讨论、扩展着民族志,促进极富创造力成果的产生。

四、适用范围与条件

如前所述,民族志关注对人群的研究,试图理解一群人如何共同形成并维持一种文化。文化是民族志的核心概念,也是其最重要的研究内容。因此,"描述事物应该的样子,并规定人们行动的方式,涉及群体内行动和互动的分析都可以使用民族志分析"①。围绕文化的属性、内涵与框架,经过多学科的演绎和发展,民族志的适用范围已经非常广泛。有学者总结了适用民族志的议题,包括人类生态系统、生物与人类、文明起源与发展、经济体系、语言与传播、社会组织与政治、文学与艺术、宗教与巫术。② 对政治学与公共管理领域而言,在如下4类主题中,研究者可以考虑使用民族志方法。

(一)深描某种政治文化或制度

典型的民族志描述族群的历史、所处的地理环境、亲属制度模式、象征、政治体制、经济体制、教育或社会体系,以及目标文化和主流文化的连接程度。③ 政治制度、政治文化是政治学与公共管理学者颇为关心的议题。民族志通过事件、关系、互动、仪式、情境的研究提供有见地的思考,从而发现量化分析、制度分析等传统方法不能发现的深层次问题和结论。

(二)社区、村落、单位或公共部门的个案研究

研究者以部落、部族为田野进行研究是民族志的起源。在现代社会,"田野"逐步扩展到社区、乡镇、村庄,进而也渐渐囊括了单位、学校、政府、NGO 等公共部门。可以说,研究者感兴趣的以特定空间为载体的议题都可以考虑采用民族志方法,进行个案研究。例如,对某一田野场所全貌进行描述性研究;"深描"田野中的任一管理行动或过程,如管理文化、管理制度、管理者绩效、管理决策的形成与扩散等;评估社区公共服务与建设;探寻田野场所发生的社会互动与社会关系;基于田野调查对某项公共事务或公共政策进行诊断并提供解决方案;等等。

---

① 〔美〕凯瑟琳·马歇尔、格雷琴·B.罗斯曼:《设计质性研究:有效研究计划的全程指导》,何江穗译,重庆大学出版社 2015 年版,第 25 页。
② 张有隽:《关于民族志若干问题的探讨》,《广西民族大学学报(哲学社会科学版)》1997 年第 A2 期,第 2—7 页。
③ Harry F. Wolcott, *The Man in the Principal's Office: An Ethnography*, Holt, Rinehart & Winston, 1973.转引自〔美〕大卫·费特曼:《民族志:步步深入》,龚建华译,重庆大学出版社 2007 年版,第 10 页。

(三) 探讨过程类问题

民族志也可用作过程类问题的研究,如对政策过程、决策过程进行深入细致的分析。通过对繁琐、细致的政策现象、政策事实、决策流程、关键环节做出观察、概括、比较与总结,探求过程的模式与特性,发现政策议程建构或政策执行的影响因素,讨论政策与公众的互动关系,评估政策有效性,探寻公共政策的文化基模,等等。例如,有学者基于中国和土耳其的田野调查,使用民族志方法,结合各国的政策模式,发现了政策平移、政策流动、政策突变等关键概念。[①]

(四) 解析关系类问题

民族志的使命之一是对田野中群体内的行为与互动进行分析,这给政治学与公共管理研究提供了重要的微观视角。关系问题通常比较隐蔽,难以获取资料和数据,而民族志正可以发挥其"深入其中""在场""与客体整合一致""充分信任"的优势展开研究。例如,探析公共组织内部的权力关系与博弈;组织内部的利益分配与影响;某一组织的人际关系与人际互动,包括关系失调、互动失败、沟通障碍等;还可以分析公共组织的沟通网络、节点,识别意见领袖;对公共组织结构、角色、关系转换、影响机制、组织文化等内容展开研究。

除此之外,政治学与公共管理研究中一些复杂而繁琐的问题,具有隐蔽性的问题,特殊人群,新生事物,涉及历史、文化或宗教的问题等都可以考虑采用民族志方法。研究者需要充分评估自己的研究兴趣、研究条件,并同量化研究方法或其他质性研究方法做对比,综合评价决定是否使用民族志。

五、类 型

诺曼·邓津(Norman K. Denzin)与伊冯娜·林肯(Yvonna S. Lincoln)曾提

---

① Farhad Mukhtarov, Martin de Jong and Robin Pierce, "Political and Ethical Aspects in the Ethnography of Policy Translation: Research Experiences from Turkey and China," *Environment and Planning A: Economy and Space*, Vol. 49, No. 3, 2017.

出,民族志可以按照研究者从事研究的"意图"(研究立场)分为四类。其一是批判民族志(critical ethnography):认为研究是一种社会批判,不仅应该考虑到个人的行动,而且还要改变社会的权力结构。其二是后现代主义民族志(post-modernism ethnography):对现代主义的观点进行批判,强调对权力和理性进行解构。其三是女性主义民族志(feminism ethnography):一种新的世界观,反对科学对自然的征服,崇尚情感,反对人的过分理性化;注重研究中的情感关怀和批判性交流;研究不是对客观现实的了解,而是对生活世界的重新阐释。其四是历史民族志(historical ethnography):强调历史在研究中的重要性,主张将历史与理论和社会实践结合起来进行考量。对理论和实践的研究应该放到历史发展的进程中进行。①

民族志还可按照研究传统进行分类。"传统"即研究者群体内部对自己所探究的世界的本质、所研究的问题类型以及寻求解决办法的技术所达成的基本共识。② 总体而言,民族志按照传统可以分为科学民族志(scientific ethnography)、阐释民族志(interpretive ethnography)、实验民族志(experimental ethnography)三个类型(见表2.2)。科学民族志即功能主义与实证主义驱动下的以田野调查为基础的科学民族志范式。阐释民族志强调对情境与意义世界的深描、理解与解释。实验民族志是后现代主义思潮的产物,并不是一种既定的、格式完整的民族志类型,而是指人类学对民族志的多种实验。

表2.2　按传统进行的民族志分类

类型	传统	关键词
科学民族志	功能主义、实证主义	田野作业、整体性、客观性、主体—客体、科学范式、准则
阐释民族志	现象学、解释学	反思性、深描、意义阐释、理解、主体—客体、情境
实验民族志	后现代主义	文学性、修辞、话语、协力创造、碎片、参与性文本、实验、多元化

① Norman K. Denzin and Yvonna S. Lincoln, eds., *Handbook of Qualitative Research*, Sage, 1994.转引自陈向明:《质的研究方法与社会科学研究》,教育科学出版社2000年版,第52页。

② Evelyn Jacob, "Qualitative Research Tradition: A Review," *Review of Educational Research*, Vol. 57, No. 1, 1987. 转引自陈向明:《质的研究方法与社会科学研究》,教育科学出版社2000年版,第52页。

此外,民族志还可以按照研究领域分类,如教育民族志、艺术民族志、音乐民族志、影像民族志等等。随着后现代主义思潮的发展、全球化与信息技术的进步,民族志还诞生了一些新的类型与形式,此处列举常见的几种:

(1) 多点民族志(multi-sited ethnography)。乔治·马库斯认为,多点民族志不再固守单一的地点进行田野作业,而是要将自己置身于世界体系之中,跟随人、故事、隐喻或事物的流动从一个地方到另一个地方。多点不仅是地理位置,也可以是社会空间、媒体、档案甚至不同地域的人。民族志作为一个世界体系的叙述,田野的场景转换是必需的,多个地点的连接、对比和印证反而可以增强民族志表达和建构的能力。①

(2) 虚拟民族志(virtual ethnography)。罗伯特·库兹奈特(Robert V. Kozinets)认为虚拟民族志是一种专门的民族志方法,应用于当前以计算机为中介的社会中可能发生的一切事情②,是基于线上的田野观察,研究人们在互联网上的行为或文化现象,关注的重点是网络中的虚拟社群文化。

(3) 制度民族志(institutional ethnography)。女性主义社会学家多萝西·斯密斯(Dorothy Smith)创建了制度民族志,它是一种利用个人经历来揭示个人活动于其中的权力关系和其他制度特性的方法。该方法旨在将"微观层次"的个人日常经历和"宏观层次"的制度连接起来。③

(4) 自我民族志(auto-ethnography)。自我民族志是一种将个人与文化相联系,将自我置于社会文化背景中来考察的研究样式和写作形式。自我民族志是探讨研究者自我生活经验的自传式个人叙事,主要关注自我主体性、自我意识和亲身体验,侧重于从个体层面来描述研究者自身的看法和实践,把个人思想、感觉、故事和观察视为理解社会背景的一种方式,通过自我情感和思想的展现,来探究自我与文化背景的互动。④

---

① 涂炯:《多点民族志:全球化时代的人类学研究方法》,《中国社会科学报》2015年12月2日,第6版。
② Robert V. Kozinets, *Netnography: Doing Ethnographic Research Online*, Sage, 2010, pp. 9-12.
③ 〔美〕艾尔·巴比:《社会研究方法》(第10版),邱泽奇译,华夏出版社2005年版,第288页。
④ Deborah Reed-Danahay, *Auto-ethnography: Rewriting the Self and the Social*, Berg, 1997.转引自蒋逸民:《自我民族志:质性研究方法的新探索》,《浙江社会科学》2011年第4期,第11页。

六、研究设计及有效性

（一）研究设计

任何科学研究都不可缺少研究设计环节。佩尔蒂·佩尔托和格雷特·佩尔托认为,研究设计包括将调查的基本要素联合起来形成一个有效解决问题的程序。① 质性研究的研究设计包括实证主义阶梯式研究设计、建构主义探究循环研究设计、批判理论循环模式、互动模式、立体两维互动模式等。② 虽然不同流派的民族志具有不同的研究取向,但依然需要通过研究设计来揭示研究进程,为研究者提供纲领和行动指南。费特曼认为民族志的研究设计类似于理想蓝图,帮助民族志学者构思每个步骤顺序,以形成知识和理解研究设计通常包括背景资料、历史资料、文献索引、明确的目的、理论基础、方法、重要性以及时间表和预算,而最具特色的民族志研究设计是田野作业。③ 多娜尔·卡堡（Donal Carbaugh）和萨莉·海斯廷斯（Sally Hastings）认为,民族志的研究设计可以包括四部分内容:一是确立研究主题及其基本取向,研究者需要评估自己对于文化及其表现形式所做的假设;二是确定所观察的行为的层次和种类;三是对其所研究的具体文化现象进行理论化;四是检视所运用的整体性的理论框架,用具体的个案来检验它。④ 具体而言,本书认为民族志研究设计涉及如下几个关键环节:

1. 提出研究问题

研究问题通常源于研究者兴趣。研究问题的选择与确定是整个研究的基

---

① Pertti J. Pelto and Gretel H. Pelto, *Anthropological Research: The Structure of Inquiry*, Harper & Row, 1970. 转引自〔美〕大卫·M. 费特曼:《民族志:步步深入》(第 3 版),龚建华译,重庆大学出版社 2013 年版,第 9 页。

② 陈向明:《质的研究方法与社会科学研究》,教育科学出版社 2000 年版,第 68—72 页。

③ 转引自〔美〕大卫·M. 费特曼:《民族志:步步深入》(第 3 版),龚建华译,重庆大学出版社 2013 年版,第 9 页。

④ 转引自〔美〕斯蒂芬·李特约翰:《人类传播理论》(第 7 版),史安斌译,清华大学出版社 2004 年版,第 227—228 页。

础,决定了学者将进行哪种类型的研究,也决定了学者将在何处并如何展开田野调查。

2. 明确研究目的

研究者应在研究设计中明确从事民族志的目的。约瑟夫·马克斯威尔认为目的有三种:个人的目的、实用的目的和研究的目的。① 费特曼认为民族志研究可以出于基础和理论性的研究目的以及应用性的研究目的。②

3. 理论准备

无论采用实证主义范式还是解释民族志,理论准备都可以帮助研究者明确研究问题并进一步完善它。研究者需进行必要的文献综述和资料整理工作,以提高对问题的敏感度和理解能力。理论准备也是与前人展开对话、检视自己所使用的概念与理论框架是否有效的基础,但应注意,如果受理论的过度影响,可能导致研究落入窠臼,形成刻板印象,或带来局限性。

4. 田野调查设计方案

田野调查方案是民族志最核心的研究设计。一个完善的田野作业方案能够确保民族志顺利进行,是研究者专业素养的体现。研究者需要在此时基本明确一系列问题:田野地点为何?是单点还是多点,本土还是海外,实地还是虚拟?如何进入田野,是否找好向导?停留多长时间?是否已熟悉当地的语言?要采用何种方法收集资料?访谈对象如何确定?二手资料如何获得?采用何种装备?需要进入哪些研究情境?如何撰写备忘录与田野笔记?等等。设计方案中还应包括时间表和预算。通常而言,研究者需要在有限的时间和预算内完成田野作业。

5. 评估民族志

民族志也要对质量进行评估,包括真实性、可靠性、代表性以及有关的伦理道德问题③,评估贯穿开展民族志研究的全过程。在研究设计中主要评估的

---

① Joseph A. Maxwell, *Qualitative Research Design: An Interactive Approach*, Sage, 2013, pp. 15—16.
② 〔美〕大卫·M. 费特曼:《民族志:步步深入》(第 3 版),龚建华译,重庆大学出版社 2013 年版,第 4 页。
③ 陈向明:《质的研究方法与社会科学研究》,教育科学出版社 2000 年版,第 99 页。

是研究问题的代表性,田野调查方案的合理性、可靠性。一般而言,民族志讲求"研究者即工具",因而相对于其他类型的研究有着较高的内部效度,但仍然可以不断进行"自我评估",以减少效度威胁。研究设计中也应充分评估伦理问题,检验田野方案是否遵循了自愿、保密、公正合理和公平回报原则。①

(二) 有效性

民族志的有效性——效度与信度,不如定量研究界定得清晰准确。许多学者尤其是阐释民族志学者认为,这两个概念并不适用。原因是民族志的对象并非简单的客观实体,而是与主体相互理解、相互建构的另一个"主体",且受到情境的制约,故而无法确切考量研究者是否真实准确地呈现了研究对象(效度)。此外,民族志学者具有充分的独立性和独特性,即使由他个人重回田野再次实施相同的民族志作业,研究结果也会因情境变化、认知水平变化、情绪偏好变化等多种原因而有所不同,故而信度(研究结果的可重复性)无从谈起。

虽然存在上述争议,但民族志的有效性问题依然存在。有学者认为,民族志方法本身——尤其是研究者深入田野,进行长时间的观察和访谈活动——就可以使得效度和信度在某一层面获得保证。也有学者主张使用"真实性、可靠性、可信性、一致性、准确性"等概念来替代效度与信度②,还有学者虽然继续使用"效度"与"信度"的说法,但其内涵发生了明显变化。马丁·哈默斯利认为,效度是"对叙述所表示的社会现象进行阐释的准确程度",信度是"不同观察者,或同一观察者在不同场合对事例进行分类的一致性程度"。③

就效度而言,主要涉及真实性和准确性。米恩认为,民族志有三个可能影响效度的问题,一是田野研究通常具备"逸闻趣事"的特点,因此很可能是研究者从田野笔记中精挑细选出来的;二是研究者很少提供选择案例的标准,从而难以判定其代表性;三是民族志写作并不包含所有分析结论的依据,材料的原

---

① 陈向明:《质的研究方法与社会科学研究》,教育科学出版社2000年版,第101页。
② Y. S. Lincoln, "Toward a Categorical Imperative for Qualitative Research," in E. W. Eisner and A. Peshkin, eds., *Qualitative Inquiry in Education: The Continuing Debate*, Teachers College Press, 1990, pp. 277–295.
③ Martyn Hammersley, *Reading Ethnographic Research: A Critical Guide*, Longmans, 1990, p. 57.转引自〔英〕大卫·希尔弗曼:《如何做质性研究》,李雪、张劼颖译,重庆大学出版社2009年版,第180页。

始形式难以追寻。① 为最大限度提高有效性,希尔弗曼提出了 5 项可用于民族志研究的效度改善方案(见表 2.3),包括可拒绝性原则、反复的比较法、综合处理资料、异常个案分析、使用恰当的表格。研究者可据此检测效度并不断提升效度。同时,这 5 项方案也不是单独使用的,而是共同构成一个相互关联、循环使用、反复论证的过程。

表 2.3 民族志方法效度提高的方法

效度提高方案	内容描述
可拒绝性原则	不接受关于资料的最初假定,以确保客观性
反复的比较法	尽量找到别的个案来检验初始假设; 检查和比较单独一个案例的所有资料片段
综合处理资料	所有资料都要接受检查和分析; 各部分资料要不断接受检查和分析; 在给出解释之前,质性研究中的每份资料都有用
异常个案分析	积极寻找异常事物或者异常个案; 有些资料并非"天生"就是异常的,是否异常取决于采用的研究路径; 研究者提出的任何一个分析提纲,要不断接受"异常个案"的检验,直到得到几条反复出现的结论,涉及分析中的所有资料
使用恰当的表格	提高资料分析的效度,使用表格和计数技术,提供一种方法来测量整个数据,消除对资料精确性的怀疑

资料来源:〔英〕大卫·希尔弗曼:《如何做质性研究》,李雪、张劼颖译,重庆大学出版社 2009 年版,第 180—188 页。

民族志究竟是否存在"信度"虽有争议,但依然有两种策略可以帮助研究者在一定程度上实现对民族志分析结果的重新审查。一方面是技术层面,使用高质量的录音、录像,并进行准确而细致的转录。另一方面是重视田野笔记的系统化。要综合考虑听到和看到的东西,并深入理解正在发生的事件。具体则需要研究者注意记录四组内容:一是事件发生时做简要记录;二是每个阶段结束

---

① H. Mehan, *Learning Lessons: Social Organization in the Classroom*, Harvard University Press, 1990, p. 15.

后尽快扩充笔记;三是在田野的每一个阶段都要做田野工作笔记;四是暂时记下分析和阐释的内容。①

七、操作流程

马林诺夫斯基在《西太平洋上的航海者》一书中提出了利用民族志方法展开具体工作的原则与流程,即"首先,民族志学者当然必须有真正的科学目的,了解现代民族志的价值和标准;第二,他应将自己置身于良好的工作条件中,即基本上不和白人住在一起,就住在土著人中间;最后,他必须用一些收集、处理和整理证据的专门方法"②。结合民族志的相关理论与实践,本书认为,一项完整的民族志研究流程应包括三个阶段,共八个步骤(见图2.1):准备阶段(发现/确定问题、研究目的与理论准备、研究设计),实施阶段(进入田野、资料收集、资料分析),成果阶段(写作民族志、评估民族志)。其中,资料收集和资料分析两个步骤最为关键。

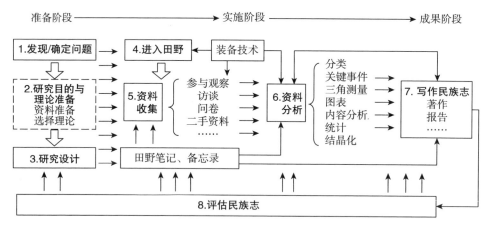

图 2.1　民族志方法的操作步骤

---

① 转引自〔英〕大卫·希尔弗曼:《如何做质性研究》,李雪、张劼颖译,重庆大学出版社 2009 年版,第 151 页。
② 〔英〕布罗尼斯拉夫·马林诺夫斯基:《西太平洋上的航海者——美拉尼西亚新几内亚群岛土著人之事业及冒险活动的报告》,弓秀英译,商务印书馆 2017 年版,第 22 页。

(一) 准备阶段

发现与确定问题是民族志研究准备阶段重要的工作。研究者可根据自己的研究兴趣与能力发现并确定研究问题。研究问题可以是描述性的,也可以是解释性的;可以是宏观层面的社会状况,也可以是微观层面的互动或情境。问题的提出决定了研究者即将进行哪一类研究,也会决定研究者进入田野之后的工作视角。预设的问题不一定能够贯穿民族志始终,在进入现场之后,研究者会持续发现新的问题,因此研究问题也会随着研究开展而有所变动。更重要的是,研究问题会帮助研究者确定田野工作的地点。斯蒂芬·L. 申苏尔(Stephen L. Schensul)等认为,研究者需要首先确定自己感兴趣的问题与理论概念,才能确定哪些地点、哪种类型的群体更适合作为民族志的工作田野,并评估研究的可行性。[①]

在准备阶段,研究者还须确定研究目的,是出于理论目的还是应用目的。与此同时,还须进行必要的理论准备,类似于量化研究中的"文献综述"。理论的选择应当基于理论的适应性、操作的便利性及解释力。[②] 民族志要求研究者在纷繁复杂的理论资料中保持清醒头脑,既要通过前人成果帮自己厘清概念与框架,还需要保持"开放性"。在田野收集资料的过程中一旦发现预设的理论难以解释现象,就需要开始重新寻找理论。准备阶段结束的标志是完成一份扎实的"研究设计",并对各项准备工作完成充分评估。

(二) 实施阶段

民族志的实施阶段主要包括进入田野、资料收集、资料分析三个步骤,是民族志研究的重点。

1. 进入田野

能否顺利进入现场是开展田野调查的前提。进入现场的方式有实地自然

[①] 〔美〕斯蒂芬·L. 申苏尔等:《民族志方法要义:观察、访谈与调查问卷》,康敏、李荣荣译,重庆大学出版社 2012 年版,第 163 页。

[②] 〔美〕大卫·费特曼:《民族志:步步深入》,龚建华译,重庆大学出版社 2007 年版,第 6 页。

式进入、说明意图后进入、隐蔽式进入、逐步暴露式进入等。① 申苏尔提出了进入田野现场的步骤:获得正式批准;和熟悉地方场景的人建立联系;辨别并访谈地方上的"守门人";从远处观察;由地方守门人和关键报道人引介给调查地点的其他人;在守门人或关键报道人的协助下直接进入调查地点。②

由此可见,顺利进入田野开始调查并非易事,需要研究者具有足够的经验与耐心。有几点需要注意:其一,某一成员(合适的守门人)的介绍和引荐对于进入田野至关重要。该成员可能是社区或群体里位高权重者或德高望重者,也可能是值得信任或依赖的某个人。其二,研究者应获得社区和研究对象的信任,礼貌而真诚地进入田野展开研究。好的守门人可以让信任获得更加容易。其三,正确面对"进入失败"。这种情况一旦发生,研究者可尝试更换一种新的进入方式,或通过调整研究问题、重新联络守门人、进行需求分析、协商等策略重新进入田野。

2. 资料收集

民族志的资料种类非常丰富,包括谈话、采访、生活记录、仪式观察、历史文献、新闻、图片、影像、日记、文物等。几乎所有田野中的行为、文本、实物均可作为民族志的分析资料。研究者需要利用专业手段进行资料收集,其中最重要的是参与观察、访谈与问卷调查。

(1) 参与观察。

参与观察是所有研究民族志策略中最具综合性的一种。与其他方法相比,它所收集的资料能给予我们更多关于研究现象的信息。③ 参与观察是大多数民族志研究的关键所在。参与观察不但要参与研究对象的生活,还要保持专业距离,以便适度地观察和记录资料。④ 参与观察的对象既包括各种直接感知与获得的事实与现象,还包括人际的互动、研究者与研究对象之间的互动,以及通过

---

① 陈向明:《质的研究方法与社会科学研究》,教育科学出版社2000年版,第154页。
② 〔美〕斯蒂芬·L.申苏尔等:《民族志方法要义:观察、访谈与调查问卷》,康敏、李荣荣译,重庆大学出版社2012年版,第55页。
③ 〔美〕丹尼·L.乔根森:《参与观察法》,龙筱红、张小山译,重庆大学出版社2009年版,第1页。
④ 〔美〕大卫·M.费特曼:《民族志:步步深入》(第3版),龚建华译,重庆大学出版社2013年版,第42页。

亲身感受形成的理解。马林诺夫斯基曾经提出田野观察的三条策略:其一,"部落组织和文化剖析须用明确清楚的框架记录下来";其二,在研究框架内"填充真实生活的不可测量方面及行为类型。这些资料须通过详尽细致的观察以某种民族志日记的形式记录收集,只有亲密接触土著生活才有可能得到";其三,应当提供对民族志陈述、特殊叙事、典型说法、风俗项目等的汇集,作为语言材料的集成和理解土著人精神的资料。①

运用参与观察法还应注意以下几点:第一,参与观察应融入当地的生活与文化之中。理想状态应是研究者在田野工作 6 个月至 1 年甚至更长的时间,学习当地语言,反复观察当地人的习惯,跟当地人建立密切的关系,真正了解他们。第二,参与观察鼓励研究者从具体情境和场景中人类生活的当下经验开始,充分利用一切可能的机会,且对人们在日常生活中的言行,提供详尽的质性描述。② 这要求研究者既做全景式观察,也要细致入微地聚焦于种种细节和片段。第三,研究者要对所观察到的现象负责,应详细记录以备日后分析;也要通过对研究问题不断地深入理解,调整观察策略,以确定观察重点和主线,去掉观察中形成的刻板印象和偏见。第四,做好田野观察笔记。研究者应将日常观察及时记录,为民族志写作提供第一手资料。定期详细书写田野笔记能够使研究者清晰地认识到他们发现了什么,有助于他们的研究思考并实现初步理论化。第五,总体而言,参与观察要达到以下几条标准:准确、全面、具体、持久、开放、反思。③

(2)访谈。

访谈可以生成大量的文本性资料,丰富的访谈资料便于对个体经验进行比较、辨析,从而抽象出概念。④ 民族志的访谈分为结构式、半结构式、非正式和回

---

① 〔英〕布罗尼斯拉夫·马林诺夫斯基:《西太平洋上的航海者——美拉尼西亚新几内亚群岛土著人之事业及冒险活动的报告》,弓秀英译,商务印书馆 2017 年版,第 47 页。
② 〔美〕丹尼·L. 乔金森:《参与观察法》,龙筱红、张小山译,重庆大学出版社 2009 年版,第 8 页。
③ 陈向明:《质的研究方法与社会科学研究》,教育科学出版社 2000 年版,第 256 页。
④ 孙晓娥:《扎根理论在深度访谈研究中的实例探析》,《西安交通大学学报(社会科学版)》2011 年第 6 期,第 87—92 页。

忆式访谈。① 结构式与半结构式访谈是质性研究通用的资料收集方法,其核心特点是访谈问题是事先准备好的,研究者在访谈过程中会根据访谈进度和情况对问题进行改进,而作为整体的访谈是研究者和访谈对象的共同产物。② 具体如何使用这两种访谈法此处不赘述。

非正式访谈(informal interview)是民族志常用的独特的访谈方法。该研究方法不要求预设任何形式的问题和提问顺序,而是研究者和访谈对象在自然、日常的情境里聊天、对话。但是,非正式访谈与一般的对话也有显著差别,表现在研究者的内心有着明确的访谈目的并理解研究问题的关键所在,因而能寻找合适时机,把握谈话的主线,对谈话过程进行恰当而有效的引导。虽然不明确提问,但要在聊天过程中形成"对话与隐含问题"的混合形式。③ 想要通过非正式访谈获得有价值的资料,还应注意:第一,该方法适用于关系较为亲密、对提问者信任度较高的访谈对象;第二,研究者需要把握进入话题的方式、提问的黄金时间等技巧,还要态度真诚;第三,对访谈地点有所选择,对访谈时间和访谈节奏能有所控制;第四,在访谈的同时也要对访谈对象进行观察,在备忘录中补充访谈对象表情、情绪、态度、姿态的变化;第五,注意研究伦理,注意对私密问题和敏感问题的保密。

回忆式访谈也是民族志常用的访谈形式。在某些情况下,回忆式访谈是收集过去资料的唯一方法,可以是结构、半结构或者是非正式的。在回忆式访谈中,民族志学者请访谈对象回忆个人的历史资料,提供关于个人的有用信息,使访谈对象在他们的价值观中重塑过去的好时光,并显现出他们的价值观的形态与结构。④

民族志的访谈对象选择也尤为重要。一位合适的访谈对象应符合以下条件:"对己文化完全地濡化;眼下的完全参与;是调查者所不熟悉的文化中的人;

---

① 〔美〕大卫·M. 费特曼:《民族志:步步深入》(第3版),龚建华译,重庆大学出版社2013年版,第45页。
② 杨善华、孙飞宇:《作为意义探究的深度访谈》,《社会学研究》2005年第5期,第53页。
③ 〔美〕大卫·M. 费特曼:《民族志:步步深入》(第3版),龚建华译,重庆大学出版社2013年版,第47页。
④ 同上书,第48页。

有兴趣和有足够的时间;非分析性,能用他们自己的语言进行描述或根据本土视角提出对事件的分析和解答。"① 民族志研究者往往依赖关键角色展开访谈工作,这一角色可以是进入田野的守门人,也可以是某个群体的中心人物,或者是承担意见领袖角色的主流社会成员。在访谈中,研究者会带着问题进入谈话,但也要善于倾听,积极回应访谈对象,做好访谈记录。研究者还应保持清醒,识别访谈对象并未真实作答、偏离主题或强行主导谈话等现象,随时调整,保证访谈资料的真实可靠。

(3) 调查问卷。

调查问卷是量化研究常用的资料收集方式,是一种"收集大规模数据的有效途径"②,民族志也会使用到。调查对象填写设计好问题的表格,研究者与调查对象之间没有互动、交流与解释。调查问卷是增强民族志代表性的一种策略,可以与其他类型的质性资料整合使用。研究者通常利用调查问卷进行文化描述,或对当地的文化信念、态度、价值观进行趋势分析或因果分析。

除此之外,民族志还使用投射技术、焦点小组、内容分析、实物分析等资料收集方法,力求资料的丰富、多元与完备。对于研究者来说,资料收集的方式可以综合选择,不一定在每次田野作业中都全部使用。采用何种资料收集的方法是由研究问题与理论准备所决定的。最后,研究者的专业训练和技能也会影响到资料收集的水平与饱和程度,从而影响民族志研究的质量。

3. 资料分析

资料分析是民族志研究的又一重要步骤。资料分析是按照一定的标准对收集的资料进行整理、浓缩、分析、意义阐释,使其系统化、条理化、理论化,并形成研究结论的过程。质性研究中资料分析的具体步骤可以分为:(1) 阅读原始资料;(2) 编码;(3) 寻找"本土概念";(4) 建立编码和归档系统。③ 民族志的资料分析包括多个层次,基本遵循质性研究分析方法的理念和路径,但也有其

---

① 文军、蒋逸民主编:《质性研究概论》,北京大学出版社2010年版,第216页。
② 〔美〕大卫·M. 费特曼:《民族志:步步深入》(第3版),龚建华译,重庆大学出版社2013年版,第65页。
③ 陈向明:《质的研究方法与社会科学研究》,教育科学出版社2000年版,第277—288页。

特殊性。费特曼总结出民族志资料分析的主要策略,如表2.4所示,包括思考、三角测量、模式化、关键事件、地图、流程图、组织架构图、网络图、内容分析、统计和结晶化。

表2.4 民族志常用资料分析策略

方法	主要内容
思考	通过思考整理原始资料;分离有价值的资料与无用资料;选择有用的信息;决定资料的使用并进行分析比对;处理评价资料的综合能力
三角测量	民族志研究正确性的关键所在——用以检验一种信息来源,去除一种可供选择的解释,证明一个假说;适合于民族志的任何问题与任何情境;提高资料分析的精确度
模式化	对不同资料做对比,将信息分类,最终使得思想与行为得到辨认;倾听与观察,并继续经常性对比;抽象出一个模式;提升概念,混合比较模式并建构理论。这是一个分类—比较—搜索—建立模式的过程
关键事件	识别一种社会群体和文化中的重要事件,并形成分析焦点;关键事件是日常生活、文化的情境或隐喻;帮助田野作业者理解一个社会群体并通过他们来解释文化;解释了田野中参与、观察与分析是如何复杂地联系在一起的
地图	对研究资料进行视觉描绘,检验对地区自然布局的理解;绘制过程使得意象、关系网络和理解具体化
流程图	明确一个流程过程;为理解某个系统提供基准
组织架构图	加深对系统的了解;解释人类组织中制度形式的结构和作用
网络图	对数据进行比较和对比;识别并确认资料、数据中的关系和模式
内容分析	对文本数据进行分析,进行形式统计或意义阐释;寻找文本中的关键内容与关键事件;对资料进行分类、比较、对比、总计和综合
统计	对资料进行一定的量化处理,通常使用卡方列联表分析、等级相关和自由分布测试、量表分析,也会使用回归分析、因素分析等方法
结晶化	将与研究相关的或者是把研究资料中重要的相同之处汇集起来的过程。经过前面的分析步骤之后形成一个特别的结构;次主题、微型实验、三角测量、关键事件与模式化发现之后,形成清晰条理、切题中肯的描述图景;形成民族志研究的关键结论——关于现实的反直觉概念

资料来源:〔美〕大卫·M.费特曼:《民族志:步步深入》(第3版),龚建华译,重庆大学出版社2013年版,第99—120页。

研究者可以根据需要综合考虑使用表 2.4 中所示的诸种分析方法。其中，三角测量(triangulation)是民族志分析的基础方法，能够帮助研究者深入而准确地理解一个群体、一种情境或一种角色，检测资料和信息的真实性，从而辨认出一种事实或概念的存在。在资料分析过程中三角测量是反复进行的。模式是一个不断分类、比较和抽象的过程，类似于扎根理论中的三级编码，目标是提炼概念与关系。关键事件则提供田野中最具特色、与众不同的事实与意义，往往构成研究焦点，帮助研究者更好地理解并解释研究对象。研究者应当对关键事件的过程、机理与意义进行深入挖掘。各类流程图能够帮助研究者厘清关系，梳理时间轴，进而加深了解。结晶化(crystallization)是民族志分析的亮点所在。研究者经过了复杂的资料分析，形成了一个系统而清晰的结构，并完成了核心概念的梳理与理论的建构。一旦完成了"结晶化"，研究者便获得了一项民族志分析的某个核心结论。

要注意的是，这些分析方法的使用并不是一个线性的过程，而是综合、反复的过程，而且会同时使用几种方法进行分析。分析过程从研究者选择问题的那个时刻开始，直到民族志研究或报告完成为止。研究者必须清楚对于什么资料要使用什么样的分析方法，什么时候用，怎么用。而资料分析的目的是对假说和对建构一个社会群体正在发生什么的精确观念框架的预想的检验。①

（三）成果阶段

民族志的成果阶段主要是写作民族志。研究者只有通过写作民族志报告、书籍或是论文才算真正完成一项民族志研究。写作其实需要从进入田野的那一刻开始，写作本身也是资料收集和分析的组成部分（田野笔记与备忘录）。写作能够帮助研究者厘清思路并引导研究，也是与其自身展开交流和进行思想碰撞的关键。马库斯指出，一部好的民族志应具有以下三个特征："首先在民族志中应有对田野细节的描述，这样才能表明人类学者'曾身临其境'；其次，在对异乡文化和语言的翻译解释过程中，表明自己对异乡文化的掌握程度，至少证明

---

① 〔美〕大卫·M.费特曼：《民族志：步步深入》（第3版），龚建华译，重庆大学出版社2013年版，第99页。

自己的语言能力;最后,人类学家应该能够做到从整体观的角度对异乡文化进行意义系统的建设。"①这些特征明确了研究者民族志写作的努力方向。

约翰·冯·马南认为民族志有七种写作方式:"现实主义的故事、忏悔的故事、印象的故事、批判的故事、规范的故事、文学的故事、联合讲述的故事。"②此处仅举两例。现实主义的写作风格遵循实证主义传统,也是纪实性的。作者通常认为自己对客观世界的描述是真实而可靠的,作者对一些典型事例、文化模式或社区成员的行为进行详细的描写,力求真实再现原始情境。研究者按照自身的理解与既定的研究结构系统地组织原始材料,认为自己对材料的解释和理解是理性而正确的,可以决定如何使用和呈现这些材料。忏悔的故事写作则遵循现象学与阐释学传统。研究者不再声称自己可以客观地观察外部现象,而是正视自己在研究过程中的作用,坦诚交代自己在原始材料中是如何挣扎的,告知读者自己如何理解周围发生的事与情境,向读者交代自己是如何将一堆杂乱无章的原始资料拼接成完整的故事的。③

无论使用哪种风格写作,民族志主要的写作特点之一是"深描",即民族志学者不辞辛苦地描写一个文化场景或是非常详尽地描述一个事件,其目的是传达感觉和描述所观察事件的事实。④ 研究者写作民族志,需要从原始资料中提取出合适描述场景的素材,尽可能周密、详细地保持对原始资料的真实再现,使得读者获得身临其境之感。有时因为丰富的原始资料已经可以说明问题,就不需要研究者二次总结与阐释。在深描的过程中,研究者会大段引用研究对象的原话作为原始素材,这种长篇的逐字引用能够向读者传递一种即时信息,读者可以通过这些信息判断民族志研究的结论和解释是否站得住脚。⑤ 当然,这些

---

① 转引自耿亚平:《多点民族志的提出和发展》,《广西民族研究》2019 年第 1 期,第 100—106 页。
② John van Maanen, "The Moral Mix: On the Ethics of Fieldwork," in R. Emerson, ed., *Contemporary Field Research: A Collection of Readings*, Little, Brown, 1983; John van Maanen, *Tales of the Field: On Writing Ethnography*, The University of Chicago Press, 1988.转引自陈向明:《质的研究方法与社会科学研究》,教育科学出版社 2000 年版,第 352 页。
③ 转引自陈向明:《质的研究方法与社会科学研究》,教育科学出版社 2000 年版,第 352—356 页。
④ 〔美〕大卫·M.费特曼:《民族志:步步深入》(第 3 版),龚建华译,重庆大学出版社 2013 年版,第 136 页。
⑤ 同上书,第 138 页。

引用也不能为列举而列举,应当与作者写作的核心结构融合。

民族志写作的一个非常吸引人的特点是其文学性。一本好的民族志作品具有可读性和吸引力。研究者甚至可以仿照作家的风格进行写作。文学中描述事实、记叙人物、展现事件的技巧和手法都可以考虑运用在民族志写作中。情节描写、细节展示、人物性格塑造、心理活动描写、背景衬托等策略有时候能够帮助研究者更为准确地描述事件以及研究对象的感受。但文学写作风格也经常受到批评,认为研究者会过多将主观视角带入其中,且过于注重渲染、描绘、修辞、戏剧化等文学效果,影响研究的客观性。

(四)其他需讨论的问题

除上述分析之外,图2.1中的民族志操作流程中还有几点值得讨论。

其一,在田野工作、资料分析等环节要注意技术装备的使用。研究者需要明确进入田野后选择哪种设备,是使用手机还是高清数码相机拍照,是否需要录像录影,等等。技术设备根据研究问题、研究场景和研究伦理而确定。如有些访谈中访谈对象不允许使用录音,那只能采用纸笔记录。技术装备的问题同样影响资料分析,现阶段已经有诸多软件(如CAQDAS、MAXQDA、NVIVO等),可以帮助研究者分析复杂资料,研究者可以学习并掌握使用。

其二,研究者要在民族志研究的全流程中重视田野笔记和备忘录的撰写。一旦研究者进入田野,就应当开始写作田野笔记和备忘录,内容包括对田野环境的观察和研究者与人群进行的对话与互动。在资料收集阶段写作的田野笔记,在很多情况下构成了资料本身。田野笔记和备忘录既包含观察到的和访谈中获得的客观事实和细节,也包括作者的感想与评价,能够有效地帮助研究者梳理思路,记录想法,发现关键事件。田野笔记和备忘录也是民族志写作的基础,有些田野笔记可以直接用在民族志写作中。在民族志进行的各个阶段使用备忘录检验问题预设和研究框架也是研究效度有效的保证。

其三,图2.1显示的民族志操作的最后一步是民族志评估,以保障最后成果的质量,但实际操作中评估贯穿各个步骤。例如,在研究设计中,研究者需要评估田野方案的可靠性、代表性及伦理问题;在资料收集过程中,研究者需要评估参与观察是否能够获得真实的日常生活资料,访谈对象是否合适、是否真实而有效地回答了问题;在分析中,研究者需要对资料分析的选择和运用方式负责,还要辨别真伪资料,去除无关资料等。如果资料不能有效回答问题,研究者还需在质量评估后决定是否重返田野。写作的过程也伴随着不断的评估和检验。

其四,研究者在什么时候离开田野并结束一项民族志研究?一般而言,研究者在田野中收集资料达到饱和是这样一种状况——新资料收集只是证实了研究者以早期研究为基础得到的基本结论①,这就意味着田野作业的结束,研究者可以离开田野。但有时候研究条件,如时间、经费、进入许可、联络人等也会影响作者是否还能留在田野工作。虽然一般情况下研究者不会再一次回到田野进行作业,但根据需要,有些研究者还会在后期酌情再回田野补充资料。民族志研究报告与著作的写作完成,则意味着一项民族志研究已经结束。

八、质量评价和保证

如何保证一项民族志研究的质量?或者说,如何判定一项民族志研究的好坏?判断依据主要有两个层面:

其一,如前所述,民族志研究也涉及效度与信度。好的民族志研究应保证效度,没有明显的"效度威胁"。这需要研究者不断检验民族志研究内部是否收集并使用了全面、充分而正确的资料并选择了恰当的分析工具;是否准确地进行了观察到的事物与事实,是否对其进行了精准、丰富的描述;是否合理、可靠地理解了研究对象并确切地阐释了情境与意义;研究结论是否能够真实而系统地反映研究问题;研究目标是否达成;民族志研究的各个部分关系如何;研究者对民族志研究的价值判断、认知评价是否中肯;研究结论是否揭示出重要的理论、因素与线索;研究者是否为读者提供了有效的写作参考;等等。研究者要根

---

① Mattew David and Carole D. Sutton:《社会研究方法基础》,陆汉文等译,高等教育出版社 2008 年版,第 116 页。

据这一内部的质量评估及时返回民族志操作的基本步骤,对照检验,以便进行调整与修改。

其二,民族志质量的重要保证是高水平的写作。哈里·沃尔科特认为一个良好的民族志写作应当包括如下中心要素:(1)作者使用描述并提供有用的细节;(2)作者非正式地叙说故事,宛如一个说书者;(3)作者探究角色的文化事件及团体中的行为;(4)作者描述每一个人的日常生活;(5)写作格式是描述的、分析的和解释的;(6)文章包含研究问题。[①] 研究者可根据研究问题,根据自身的写作风格与上述要求一一对照。其中,高质量的细节是尤为重要的,这是作者充分、合理地使用了田野资料的体现。描述方式则体现出作者研究的基本取向是实证主义还是现象学或阐释学传统,也最能体现出作者的写作是如何为读者提供知识与共识的。

九、使用中应注意的问题

上文详细分析了民族志的研究设计与操作步骤,为读者在研究中使用民族志提供了指南。使用民族志还要注意以下几个问题:

(一) 做好研究的心理准备

研究者一旦决定使用民族志方法,就意味着将从事一项非常艰难而复杂的工作。研究者需要做大量准备,花费较长的时间进行田野作业。而田野作业并非十分美好,要面对艰苦的条件,还意味着经常面对陌生、敌意与冲突。研究者还要面对大量的资料与数据,撰写数万字的田野笔记和备忘录。处理分析资料和写作民族志也都要花费大量的时间与精力,要面对各种困难与问题。但民族志研究的"冒险"通常非常值得,因为这一过程会给研究者带来激情与惊喜,并有利于研究者写作出学术生涯的代表作。

---

① Harry F. Wolcott,"Ethnography Research in Education," in Richard M. Jaeger, ed., *Complementary Methods for Research in Education*, American Educational Research Association, 1988, p. 328.

(二) 专业训练

一项成熟而高质量的民族志研究需要研究者经过专业的训练,尤其要求研究者具有一定的田野作业经验和资料分析经验。这需要研究者大量的积累和充分的历练才能独立完成。因此,有条件的研究者可以先成为助手进入田野,学习观察、访谈、沟通、联络、分析技术,学习如何处理风险、如何应对危机等等。这往往意味着成长为一个优秀的民族志研究者需要巨大的前期投入和花费比较长的时间。

(三) 操作流程中需要特别注意的事项

民族志操作流程还有如下问题值得特别注意:其一是"进入"问题,要善于利用资源,发现关键人物和守门人,选择合适的方式尽快进入现场并建立信任。其二是综合运用资料收集方法。要掌握每一种方法并恰当地选用;要尽可能地穷尽资料,也要避免同类资料的重复收集;要判断和评估资料的质量,及时调整或改变资料收集策略。其三,掌握并利用软件分析处理资料。其四,掌握并擅长一种民族志写作方式,花时间写作民族志并进行多次修改。

(四) 伦理道德问题

民族志伦理的首要准则是民族志学者不能伤害他所研究的人或团体。民族志学者要谨慎,不能伤害当地人的情感或亵渎他们的文化。在具体操作流程中,特别是资料收集阶段,研究者要时时处处体现出职业素养及对研究对象的尊重。例如,尊重个人意愿,无论访谈或是参与观察都要征得研究对象的同意;尊重研究对象的个人隐私,涉及隐私的问题一定要替研究对象保密;对研究对象参与研究的行为表示真诚的感谢,合理回报研究对象。

关键术语

民族志　深描　批判民族志　后现代主义民族志　女性主义民族志

第二章 民族志

历史民族志　科学民族志　阐释民族志　实验民族志　多点民族志
虚拟民族志　制度民族志　自我民族志　非正式访谈　三角测量　结晶化

思考题

1. 如何看待民族志研究者和研究对象的关系？这在民族志研究中的地位与意义如何？不同的民族志流派对此的看法有什么不同？这种差异如何影响民族志研究的结论？
2. 进入田野需要注意哪些问题？尝试提出一些研究问题，并确定具体要进入的"田野"，列举注意事项并做好田野方案。
3. 民族志方法主要用到哪些资料收集和资料分析的技术和策略？与一般的质性研究所采用的资料收集和资料分析方法是否存在异同？
4. 如何保证民族志研究的有效性与研究质量？
5. 民族志适合研究哪些议题？请选定一项议题，并对其进行民族志研究设计及执行这项研究。

延伸阅读

H. R. Bernard, *Research Methods on Anthropology：Qualitative and Quantitative Approaches*, AltaMira Press, 1994.

Jean J. Schensul and Margaret D. LeCompte, *Essential Ethnographic Methods：A Mixed Methods Approach*, AltaMira Press, 2012.

Mark McGuinness, "Anthropological Practice：Fieldwork and the Ethnographic Method," *Qualitative Research*, Vol. 16, No. 4, 2016.

〔英〕埃德蒙·R. 利奇：《缅甸高地诸政治体系：对克钦社会结构的一项研究》，杨春宇、周歆红译，商务印书馆 2010 年版。

〔英〕安·格雷：《文化研究：民族志方法与生活文化》，许梦云译，重庆大学出版社 2009 年版。

〔英〕布罗尼斯拉夫·马林诺夫斯基：《西太平洋上的航海者——美拉尼西亚新

几内亚群岛土著人之事业及冒险活动的报告》,弓秀英译,商务印书馆 2017 年版。

〔美〕大卫·M.费特曼:《民族志:步步深入》(第 3 版),龚建华译,重庆大学出版社 2013 年版。

费孝通:《江村经济》,戴可景译,北京大学出版社 2012 年版。

〔美〕克利福德·格尔茨:《文化的解释》,韩莉译,译林出版社 1999 年版。

〔美〕鲁斯·本尼迪克特:《菊花与刀》,黄学益译,中国社会科学出版社 2008 年版。

〔美〕玛格丽特·米德:《萨摩亚人的成年——为西方文明所作的原始人类的青年心理研究》,周晓虹等译,商务印书馆 2008 年版。

〔美〕威廉·富特·怀特:《街角社会:一个意大利人贫民区的社会结构》,黄育馥译,商务印书馆 2011 年版。

项飙:《跨越边界的社区:北京"浙江村"的生活史》(修订版),生活·读书·新知三联书店 2018 年版。

〔美〕阎云翔:《私人生活的变革:一个中国村庄里的爱情、家庭与亲密关系(1949—1999)》,龚小夏译,上海人民出版社 2017 年版。

〔美〕詹姆斯·克利福德、乔治·E.马库斯编:《写文化:民族志的诗学与政治学》,高丙中等译,商务印书馆 2006 年版。

经典举例

〔英〕布罗尼斯拉夫·马林诺夫斯基:《西太平洋上的航海者——美拉尼西亚新几内亚群岛土著人之事业及冒险活动的报告》,弓秀英译,商务印书馆 2017 年版。

1. 著作简介

马林诺夫斯基所著《西太平洋上的航海者》(1922)是人类学的代表作,也是科学民族志的奠基之作。1914 年起,马氏开始在巴布亚新几内亚做民族志研究,历时4年。他在一个叫作特罗布里恩的小岛上学会当地的土著语言,进行了高密度的田野参与观察,写作了系列著作,其中,《西太平洋上的航海者》最负盛名。

2. 主要内容

该书通篇写作的是一种叫作"库拉"的交换制度,它在部落生活中具有至高无上的地位,是一种具有价值的经济现象。书中描述的具体内容包括库拉的交换规则、交换仪式、流通、互赠行为、交换场合等。"这一著名的民族志文本,生动地再现了以库拉流动为主线的固定象征物交流,是如何围绕红色的贝壳项圈和白色的贝壳臂镯展开,以顺时针和逆时针两个方向,经过交易伙伴的集体航行,将一个个新几内亚小岛连成一个生产、制度及观念体系整体的过程和形态。"①该书还用了大量篇幅描写了土著人的巫术与神话。巫术主宰着土著人的生死与生活,土著人认为一切都是巫术所为,而神话是巫术的基础,也是土著人口口相传的信仰指导。巫术也与库拉制度息息相关。在结尾处,马氏并没有对库拉做出理论概括,只提供了丰富的事实描述,以及发现了土著部落一种"闻所未闻"的交换方式——如此大规模的区域交易制度完全为两种没有用的装饰品而设,但它们却维系着土著人的光荣、梦想、时间、精力、聪明、才智与野心,这与西方世界对原始经济的虚构是相悖的。②

3. 研究方法

该书的重要意义还在于开创了田野调查、参与观察的一系列科学方法,尤其是深入研究现场进行长时间的田野工作、收集第一手资料、参与研究对象生活中去观察、使用当地语言等成为后世科学民族志的基本准则。在该书中,马氏确立了民族志田野工作的三个基本策略:其一,部落组织及其文化构成必须以翔实明确的大纲记录下来。其二,研究框架应以实际生活的不可测度方面以及行为来充实。这方面的资料必须通过精细的观察,以某种民族志日记的形式

---

① 阮云星:《民族志与社会科学方法论》,《浙江社会科学》2007年第2期,第26页。
② 梁永佳:《人世何处是桃源(代译序)》,〔英〕布罗尼斯拉夫·马林诺夫斯基:《西太平洋上的航海者——美拉尼西亚新几内亚群岛土著人之事业及冒险活动的报告》,弓秀英译,商务印书馆2017年版,第X页。

来收集,而这只有密切接触土著人的生活才有可能。其三,应当提供对民族志陈述、特殊叙事、典型说法、风俗项目和巫术程式的汇集,作为语言材料集成和土著人精神的资料。《西太平洋上的航海者》遵循了上述策略展开田野工作,提供了大量的一手资料、图片、记录与图表,全面记录了当地土著的日常生活并进行了系统性和整体性的描述,这些都使其成为人类学民族志最经典的研究之一。

4. 质量保证

作为人类学民族志的经典作品,该书极好地保证了研究效度。这主要得益于马林诺夫斯基长期从事的近乎艰苦的田野调查,以及较高的学术素养。充分的资料、准确的观察、精准的呈现、丰富的描述、可靠的理解、准确的阐释,这些都使得该书真实而系统地反映了研究对象与研究问题,从而实现了其研究目标,得到了有价值的结论。此外,这份民族志也具有较高的写作水平,作者的写作自成风格,描述清晰明确,并提供了大量高质量的细节。

第三章 符号互动论

本章要点

- 符号互动论的定义、特点和优劣势；
- 符号互动论的起源和主要流派；
- 符号互动论研究常用的具体研究方法；
- 符号互动论研究的具体操作流程；
- 符号互动论研究的质量评价和保证以及使用中应注意的问题。

一、导　言

符号互动论(symbolic interactionism)是一种通过观察个体之间的互动来研究群体行为的理论。"符号"(symbol)被认为是个体行为的一种象征。应用符号互动理论来开展人际互动和社会化的研究在现代社会学的微观研究中具有开创性的意义。①

在国外，使用符号互动论对相关政治学与公共管理领域的问题进行研究已经比较常见，主要涉及的领域有公共健康、政治传播、教育政策、政策议程设置等，如研究个体产生认知障碍的因素②，评估政府公共传播中的符号运用③，分

---

① 胡荣：《符号互动论的方法论意义》，《社会学研究》1989 年第 1 期，第 98—104 页。
② Paul Tibbetts, "Symbolic Interaction Theory and the Cognitively Disabled: A Neglected Dimension," *American Sociologist*, Vol. 35, No. 4, 2004.
③ Saar Alon-Barkat, "Can Government Public Communications Elicit Undue Trust? Exploring the Interaction between Symbols and Substantive Information in Communications," *Journal of Public Administration Research and Theory*, Vol. 30, No. 1, 2020.

析课后项目对青少年交友技能的影响①,探究公共政策议程中目标人群的社会建构②等。在我国,虽然符号互动论在社会学和心理学界也有一些应用,但在政治学和公共管理学领域的应用还相对较少,而且大家对符号互动论也不是非常了解。因此,在政治学与公共管理领域加强对符号互动论的介绍和应用,对扩展我国政治学与公共管理的研究方法和议题不无裨益。

二、定义、特点和优劣势

（一）定义

符号互动论又称象征互动论,是一种通过借助语言或其他符号系统观察日常环境中个体之间的互动,并研究人类群体行为的社会学和社会心理学理论范式,也是现代西方社会学的代表理论之一。符号互动论由美国社会学家乔治·赫伯特·米德开创,并由他的学生赫伯特·布鲁默（Herbert Blumer）于1937年正式提出。符号互动论认为,人们不仅生活在自然环境中,还生活在符号环境中。因此,符号互动是"对行为的解释"的过程。③

"符号"是指在一定程度上具有象征意义并常来用指称其他事物的载体。恩斯特·卡西尔（Ernst Cassirer）曾在《人论》中把人明确定义为"符号的动物"。他说:"符号化的思维和符号化的行为是人类生活中最富有代表性的特征,并且人类文化的全部发展都依赖于这些条件,这一点是无可争辩的。"④人类社会也就是一个符号体系,这些符号包括:器物的（又包括实物和虚拟物两种,具体有服饰、用具、图像、电子化图像等）;文字的（比如标语、口号、诗歌）;声音（比如

---

① M. F. Roark, et al., "Effect of Intentionally Designed Experiences on Friendship Skills of Youth: An Application of Symbolic Interaction Theory," *Journal of Park and Recreation Administration*, Vol. 32, No. 4, 2012.

② Anne Schneider and Helen Ingram, "Social Construction of Target Populations: Implications for Politics and Policy," *American Political Science Review*, Vol. 87, No. 2, 1993.

③ Erica Owens Yeager, "Symbolic Interaction Theory," *Procedi-Social and Behavioral Sciences*, Vol. 1, No. 1, 2009.

④〔德〕恩斯特·卡西尔:《人论》,甘阳译,上海译文出版社1985年版,第35页。

歌谣、称呼、音乐);行为的(各种表情、动作、活动等,如握手);等等。

符号互动论认为,事物对个体社会行为的影响主要在于事物相对于个体的象征意义,而非事物本身所包含的世俗化的内容和功能。而事物的象征意义源于个体与他人的互动,这种互动包括言语、文化、制度等。个体在处理他所遇到的事物时,常常会通过自己的解释,修改和运用事物对他的意义。

(二) 特点

作为与结构功能论和冲突学相抗衡的当代西方社会学理论,符号互动论有其自身独有的特征,主要表现在如下几个方面:

1. 微观的研究层面

符号互动论是一种形式化的微观理论。① 符号互动论强调研究个体以及个体之间互动的微观层面,致力于通过人际交往的"符号"来理解个体和社会。布鲁默认为,"个人的任何行动都是有目的的,而且是作为对他人的回应。因而,行动就其本质而言是社会的互动"②。他主张通过研究个人的行动,即互动,来解释这个社会。

2. 强调个体的能动性

符号互动论在回答个人与社会的关系这个问题上,反对古希腊实在主义所主张的社会决定个人的极端唯实思想,认为个体的行动以及人际互动具有主动性和创造性。布鲁默强调:"符号互动是能动的与可变的过程。行动者不是由社会与心理力量所推动的被动者,而是他们与之反应的世界的积极创造者。"③ 由此可见,布鲁默认为行动者具有创造世界的主观能动性。

3. 符号研究的具体性

符号互动论的研究对象是处于互动状态中的符号。经过对符号互动论核心观点的归纳,以及将符号互动论和结构功能主义等当代西方社会学理论进行

---

① 宋林飞:《西方社会学理论》,南京大学出版社1997年版,第272页。
② Herbert Blumer, "Symbolic Interaction: Perspective and Method," *British Journal of Sociology*, Vol. 39, No. 2, 1986.
③ Ibid.

比较,有学者发现,在研究主题上,符号互动论要回答的最基本的问题是:一个人的自我是如何形成并对其行为产生影响的,符号互动又是如何构成社会的?①这与其他研究理论有很大不同。它着重研究的是个体的行为、个体行动的符号,以及人际互动的符号对整个社会的影响。

4. 以定性研究为主

在研究方法上,符号互动论主张采用经验主义的参与观察和直接研究。布鲁默认为当代社会学把社会研究当作统计技术的应用是错误的,并对使用单纯的定量方法所得出的研究结论表示怀疑。②布鲁默进一步指出,对社会现象的直接研究,要深入实地的社会群体的生活,这一思想与扎根理论的研究方法是极为相似的。

(三)优势和劣势

与其他研究方法相比,符号互动论也有其自身的优势和不足。符号互动论的优势主要体现在以下四个方面:

(1)应用范围较广。符号互动论可以被应用于研究诸多领域的很多问题。符号互动论虽然目前在我国政治学与公共管理领域的研究中应用不多,但因其操作性强,理论基础深厚,适合政治学与公共管理研究领域的诸多问题,因而在政治学与公共管理领域也具有较广的应用范围。

(2)适合研究微观的社会过程。③ 符号互动论研究的重点在于人际互动,在于人的社会化。它不研究孤立的人格,也不研究宏观的社会结构,而是注重微观的社会过程。④ 这一理论研究的重点也决定了应用符号互动论进行研究有利于发掘诸多细微现象中的问题,并且能对其进行详细、深入的探究。

---

① 宋林飞:《西方社会学理论》,南京大学出版社1997年版,第275页。
② 黄晓京:《符号互动理论——库利、米德、布鲁默》,《国外社会科学》1984年第12期,第56—59页。
③ Dauna Crooks, "The Importance of Symbolic Interaction in Grounded Theory Research on Women's Health," *Health Care for Women International*, Vol. 22, No. 1-2, 2001.
④ 胡荣:《符号互动论的方法论意义》,《社会学研究》1989年第1期,第98—104页。

（3）能洞察到人们对现实的感知是动态变化的。① 与传统的社会结构理论不同,符号互动论认为社会互动是变动不居的。人们创设符号来指涉周遭的环境、自然、空间等,这反映了人们在特定文化环境中的自我定义。在符号互动论看来,即使是客观的事物,也会被转化为主观的感知,并不断地被社会重构。

（4）将人视为主动的、有创造力的参与者。② 传统的社会理论认为人是被动的、遵从社会化的对象。但是,符号互动论强调人是主动的、有创造力的行动者。在与他者的互动中,人们主动地建构现实,创设意义,定义情境,诠释彼此的行为。因此,对符号互动论而言,社会世界是主动的,不断的调整是社会互动的必要特征。

同样地,符号互动论方法也具有一些不足,其劣势主要体现在以下四个方面：

（1）研究成本较高。③ 符号互动论的具体研究方法实施起来较为复杂,不仅程序繁琐,而且耗费的人员、时间、资金和精力都较多。因此,从研究成本上来考虑,应用符号互动论进行研究的成本是比较高的。

（2）对研究者的个人素质要求较高。④ 首先,研究者要十分熟悉符号互动论的基本理念和操作方法；其次,研究者要有合理把控研究过程的能力；最后,研究者在研究过程中还要注意保护研究对象的隐私。所有这些,都对研究者的素质提出了较高的要求。

（3）难以被定量检验。⑤ 符号互动论侧重于质性研究方法,强调社会意义是多样的、变化的,是不断被主观重新诠释的。但是,定量方法依赖于对变量清晰的、客观的界定和测度,常运用统计模型进行分析。故此,运用定量方法检验

---

① Larry Reynolds and Nancy Herman, "Symbolic Interaction：An Introduction to Social Psychology," *Rural Sociology*, Vol. 59, No. 1, 1994.
② Herbert Blumer, *Symbolic Interactionism：Perspective and Method*, University of California Press, 1969.
③ Nijole V. Benokraitis, *Marriages & Families：Changes，Choices，and Constraints*, Prentice-Hall, 1999.
④ Holly S. Wilson and Sally A. Hutchinson, "Triangulation of Qualitative Methods：Heideggerian Hermeneutics and Grounded Theory," *Qualitative Health Research*, Vol. 7, No. 2, 1991.
⑤ Luigi Esposito and John Murphy, "Reply to Ulmer：Symbolic Interactionism or a Structural Alternative?" *Sociological Quarterly*, Vol. 15, No. 3, 2001.

符号互动论可能会落为功能主义的变体,从而会偏离符号互动论的基本假设。

（4）难以分析社会结构和宏观社会议题。① 符号互动论探究微观的社会过程,但难以研究宏观的现象,比如社会结构、权力和不平等。例如,社会结构是对社会过程的物化,外在于真实的个体,将社会生活勾勒为相对静态的、稳定的关系;而且,社会结构也往往会决定个体的观念和行为。显然,强调社会过程是变化的、个体是积极参与者的符号互动论不太适合研究这一议题。

三、起源、发展和理论基础

（一）起源

继承了格奥尔格·齐美尔（Georg Simmel）对互动本质的研究传统[②],米德在1934年出版了经典的《心灵、自我与社会》[③]一书,阐释个体自我和社会之间的关系,开创了符号互动论研究的先河。所谓"自我"（the self）,就是"一个人可以用来称呼他自己的一切之总和"[④],包括"物质我""精神我""社会我""抽象我""纯粹的我"。布鲁默在1937年正式提出"符号互动论"这一概念。符号互动论的出现是对当时主流的结构功能主义（structural functionalism）的回应。结构功能主义自上而下地研究社会现象,关注宏观的制度和社会结构如何形塑和约束微观个体。与之不同,符号互动论反思结构功能主义过度社会化的视角,偏向于从自下而上的视角研究社会,侧重从微观过程中研究社会的运转,从而推动了整个研究范式的转变。

（二）发展

在布鲁默提出了"符号互动论"的概念后,许多学者相继进行了深入的探讨

---

① Alex Dennis and Peter Martin, "Symbolic Interactionism and the Concept of Social Structure," *Sociological Focus*, Vol. 15, No. 3, 2007.
② 〔美〕艾尔·巴比:《社会研究方法》（第13版）,邱泽奇译,清华大学出版社2020年版,第55页。
③ George Mead, *Mind, Self, and Society: From the Standpoint of a Social Behaviorist*, University of Chicago Press, 1934.
④ 马广海:《社会心理学对传播学的影响初探》,《文史哲》1998年第1期,第92—96页。

和研究,从而促使符号互动论逐渐发展出了三个主要的理论流派:芝加哥学派、艾奥瓦学派和印第安纳学派。①

（1）符号互动论的芝加哥学派的主要代表人物是米德和布鲁默。布鲁默在其早期研究的基础上,于1969年又出版了《符号互动论:视角与方法》②一书,系统阐释了符号互动论的理论和方法,与米德的研究相呼应。布鲁默在书中强调:对人类行为的研究需要基于人类的互动关系,人并非分散的原子个体;自我从社会互动中形成,人们在互动中不断建构意义;意义也不断地被修改和诠释,以应对个体的经历和遭遇。进一步,布鲁默将社会制度视为在特定的情境中发生,并对置身其中的个体普遍适用的社会惯例。符号互动论的芝加哥学派是各个学派中最有代表性和影响力的流派。

（2）符号互动论的艾奥瓦学派的代表人物是曼福德·库恩。在1964年,库恩对符号互动论研究进行了系统总结和展望。③ 布鲁默提出质性方法是研究人类行为的主要方式,但库恩认为,应用符号互动论分析人类的行为,并不局限于质性方法,实证方法也可以运用到研究个体和社会结构的关系中。此外,库恩还强调"核心自我"在符号互动过程中所起的关键作用。库恩认为,人类作为互动的一类客体,在其成长和发展过程中,通过长期的熏陶与被熏陶,已经对事物产生了自己独有的态度和定义。同时,他们也对自我有较为清晰的界定,并且将自身限制在特定社会情境当中。此时,核心自我塑造也限制了其解释社会情景的方式。由此便塑造了每个人独一无二的个性,且这种个性较为稳定,它使人类行为具有持续性和可预期性。④

（3）符号互动论的印第安纳学派的代表人物是谢尔顿·史崔克(Sheldon Stryker)。该流派在20世纪下半叶的印第安纳大学形成。1980年,史崔克出版了《符号互动论:一个社会结构的版本》一书,系统阐释了结构性符号互动

---

① Michael J. Carter and Celene Fuller, "Symbols, Meaning, and Action: The Past, Present, and Future of Symbolic Interactionism," *Current Sociology*, Vol. 64, No. 6, 2016.
② Herbert Blumer, *Symbolic Interactionism: Perspective and Method*, University of California Press, 1969.
③ Manford Kuhn, "Major Trends in Symbolic Interaction Theory in the Past Twenty-five Years," *Sociological Quarterly*, Vol. 5, No. 1, 1964.
④ ［美］乔纳森·H. 特纳:《社会学理论的结构》,吴曲辉等译,浙江人民出版社1987年版。

论(structural symbolic interactionism)。① 与米德和布鲁默强调在互动中流动的意义和自我不同,史崔克强调意义和互动产生了相对稳定的模式,并创设和支撑了社会结构。他揭示出社会互动结构化的一面,认为社会角色从相互影响的网络或者关系模式中涌现,并被不同层面的社会结构所塑造。史崔克将社会化视为个人从互动关系中习得规范性的预期,并认为个人与社会相互作用。此外,与库恩类似,史崔克认为符号互动论的观点可以且应该被定量方法所检验。

除去这三个代表性的流派外,学界还涌现出了许多经典的符号互动论研究,并使符号互动论最终走向了多样性发展的阶段。② 比如,欧文·戈夫曼(Erving Goffman)的拟剧理论(dramaturgical theory)就是一个典型代表。1959年,戈夫曼出版了经典的《日常生活中的自我呈现》③一书。与布鲁默、库恩等人的关注点不同,戈夫曼研究的侧重点在于人际互动。他认为,每个人在日常生活中都在表演,而符号就是他们表演的工具,每个人在表演的过程中都努力使自己的行为取得良好的效果。戈夫曼十分关注人们如何使用符号来预先设计呈现在别人面前的行为。他认为,两个人在相互交流时,互动会影响双方的行为,并且每一方的表演并不是随意的,而是限制在一定的"框架"之中;而这个"框架",使得人们达成一种共识,构成了人们互相表演的基础。

(三)理论基础

符号互动论的形成受到多个学科或者学派的影响,其中,实用主义哲学、行为主义心理学和芝加哥学派的社会学对其影响最为显著。

1. 实用主义哲学

正如本书前面已经有所提及的,实用主义哲学(pragmatism)产生于19世纪70年代的美国,主要代表人物有威廉·詹姆斯(William James)、查尔斯·皮尔

---

① Sheldon Stryker, *Symbolic Interactionism: A Social Structural Version*, Benjamin Cummings, 1980.
② 〔美〕米歇尔·刘易斯-伯克、艾伦·布里曼、廖福挺主编:《社会科学研究方法百科全书》(第三卷),沈崇麟等译,重庆大学出版社2017年版,第1345页。
③ Erving Goffman, *The Presentation of Self in Everyday Life*, Doubleday, 1959.

士(Charles Peirce)、约翰·杜威(John Dewey)等。实用主义哲学主张在实际行动中建立主体与客体的联系,并且认为人们对社会的理解建立在行动者所采取的实际行动的基础之上。① 实用主义将文字和思想作为预测、问题解决和行动的工具,强调现实不能脱离情境而存在,对现实的诠释取决于其对个人的实际效果。正是实用主义哲学的支撑使得符号互动论的倡导者可以假定行动者具备理解世界的能力,并且用动态的眼光来看待行动者和这个社会,开始关注行动者与社会之间的互动,并为互动理论的提出奠定了基础。

2. 行为主义心理学

行为主义心理学(behavioral psychology)是在机能主义心理学和动物心理学的影响下产生的现代心理学派别。该学派的主要代表人物有约翰·华生(John Watson)、伯尔赫斯·斯金纳(Burrhus Skinner)等。按照行为主义心理学的观点,"个体对环境中的刺激的反应或者个体的生命史是行为产生的基础,观察多个反应便可发现整体的特征"②。行为主义心理学认为人类的行为是由先天的基因和后天的环境决定的,人类的行为依赖于之前行为的实际效果的反馈。这就为符号互动论通过观察个体行为以及人际互动来研究整体的思想奠定了基础。

3. 芝加哥学派的社会学

芝加哥学派的社会学(Sociology of Chicago School)形成自阿比奥·斯莫尔(Albion W. Small)在芝加哥大学创立社会学系。此后,该学派涌现出诸多学者,如威廉·托马斯(William Thomas)、罗伯特·帕克(Robert Park)、路易斯·沃思(Louis Wirth)、欧内斯特·伯吉斯(Ernest Burgess)等。在20世纪早期,芝加哥学派逐步形成。芝加哥学派强调运用第一手的资料,在事实层面研究社会的某个维度,尤其关注城市化所引发的社会问题③,这为符号互动论奠

---

① 〔美〕理查德·罗蒂:《实用主义哲学》,林南译,上海译文出版社2009年版,第112页。
② 张厚粲:《行为主义心理学》,浙江教育出版社2003年版,第45页。
③ Stephen Barley, "Careers, Identities, and Institutions: The Legacy of the Chicago School of Sociology," in Michael Bernard Arthur, et al., eds., *Handbook of Career Theory*, Cambridge University Press, 1989, pp. 41-65.

定了研究导向和方法基础。比如,托马斯公理指出如果人将某种情境界定为真实的,那么它们作为结果就是真实的,人对于情境的诠释引发了相应的行动。① 这一公理奠定了符号互动论的理论基础。帕克则对城市社群、族群关系、实证扎根方法(尤其是参与观察)等做出了诸多贡献。比如,他探究了移民在城市中面临的文化冲突与边缘化等。② 所有这些,也都为符号互动论的提出和发展提供了支撑。

四、适用范围与条件

研究方法只有在合适的情境下才能使研究达到既定目的,符号互动论亦是如此。因此,明晰符号互动论的适用条件十分关键。探讨符号互动论的适用条件可以从问题类型、研究目的、数据特征和实施条件这四个方面进行考虑(见图 3.1)。

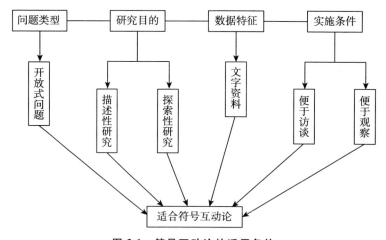

图 3.1 符号互动论的适用条件

---

① William I. Thomas and Dorothy S. Thomas, *The Child in America: Behavior Problems and Programs*, Alfred A. Knopf, 1929.

② Robert E. Park, "Human Migration and the Marginal Man," *American Journal of Sociology*, Vol. 33, No. 6, 1928.

（一）问题类型

符号互动论多采取质性研究方法，研究问题多为开放式问题。在政治学与公共管理学中，符号互动论可应用到诸多议题的研究中。由于符号互动论强调对意义的诠释，这些诠释也可以应用到政策制定和执行的研究中，比如，探究权力互动关系，分析在结构化的情景中如何通过沟通协调制定政策，研究政策执行中政策对象对政策的多重理解，探索理解政策的微观过程等。[①]

（二）研究目的

符号互动论旨在从自下而上的视角，研究社会的微观运作过程。它在研究一些议题时具有独特的优势，比如理解个体的态度、动机、行为，个体如何诠释经历和事件，个体如何管理对自我和对他人的印象，个体如何进行角色扮演，个体如何在群体活动中与他人合作与协调，以及个体如何通过创制共享的概念情境来建构现实等。[②] 在政治学与公共管理领域中，应用符号互动论能达到描述特定现象、探索新问题和未知世界的目的，同时也可以通过对不同政治行动者之间互动与权力关系的探究，观察和归纳普遍规律，解释和回答相关现象和问题。

（三）数据特征

一般而言，如果研究者通过参与观察，访谈或者查阅年鉴、地方志等方式获得了大量的文字资料，此时便适合从符号互动的角度进行分析。在政治学和公共管理领域中，当针对某一研究问题通过开放式访谈或者参与观察获得了大量文字资料时，便可以考虑符号互动理论的研究方法。此时获取的数据具有数量庞大、内容详细、类别丰富、能深度挖掘现象等特点。

---

① Carroll L. Estes and Beverly C. Edmonds, "Symbolic Interaction and Social Policy Analysis," *Symbolic Interaction*, Vol. 4, No. 1, 1981.
② Michael Carter and Andrea Montes Alvarado, "Symbolic Interactionism as a Methodological Framework," in Pranee Liamputtong, ed., *Handbook of Research Methods in Health Social Sciences*, Springer, 2019, pp. 169-187.

（四）实施条件

符号互动论研究一般采用多种方法，并侧重于质性研究方法，对实施条件要求较高。比如，在采用参与式观察方法时，要找到一个群体的守门人角色，并与其建立良好沟通，从而进入该群体；在运用开放式访谈方法中，访谈者要既能够把握访谈的总体方向，又可以根据研究对象的反应灵活发问和交谈；采用话语分析方法时，研究者要对语义的结构、情境、内涵等有深入的理解；在运用问卷调查方法时，要对核心概念有清晰和完整的测度。在政治学与公共管理研究中，研究对象有官员和普遍民众等，研究可能涉及敏感的议题，在研究对象可及性、配合度、访谈内容真实性等方面会遭遇更多困难。因此，研究者需要掌握一定的质性研究技巧，以获取研究对象的好感与信任，从而保证研究的顺利实施。

五、方法分类

对符号互动论的分类，既可以从符号互动论自身来分类，也可以从符号互动论所使用的数据采集方法来分类。如从符号互动论自身来分类，则可以将符号互动论分为芝加哥学派的符号互动论、艾奥瓦学派的符号互动论、印第安纳学派的符号互动论、其他符号互动论（如拟剧理论）等，这些我们在前面梳理符号互动论的发展时已经有所介绍，故不赘述。下面将主要对符号互动论常用的一些具体方法进行简单介绍，并权宜性地将符号互动论划分为基于不同方法的符号互动论。

符号互动论经常运用多类具体方法探究丰富的政治和社会议题，而且对不同方法的采用也与符号互动论的理论流派息息相关。例如，芝加哥学派是符号互动论最主流的学派，通常采用参与观察和开放式访谈等质性研究方法。布鲁默就认为符号互动论的研究方法就是直接观察，主张通过直接观察建立"启发性概念"。[①] 艾奥瓦学派则更倾向于问卷调查乃至实验等定量方法，探究认同过

---

① Herbert Blumer, "Symbolic Interaction: Perspective and Method," *British Journal of Sociology*, Vol. 39, No. 2, 1986.

程等议题,以弥补质性方法的不足。而印第安纳学派代表了结构符号互动论视角,其方法更接近于艾奥瓦学派,主张结合质性和定量方法来进行符号互动论的研究。如此,如果依据各个学派使用的不同具体数据方法,我们也可以把符号互动论划分为基于质性(定性)研究的符号互动论(通常使用参与观察和开放式访谈等)、基于量化(定量)研究的符号互动论、基于质性和量化混合研究的符号互动论。

由于符号互动论经常使用参与观察、开放式访谈、话语分析和问卷调查等具体方法,下面将对这几种方法进行重点介绍,并权宜性地将使用这些方法的符号互动论称为基于参与观察的符号互动论、基于开放式访谈的符号互动论、基于话语分析的符号互动论、基于问卷调查的符号互动论,等等。

(一) 参与观察

参与观察(participant observation)是符号互动论常用的研究方法之一。参与观察法也称参与式观察法或者参与研究法。这种方法要求研究者进入研究对象所生活的社区,亲身观察和体会研究对象的语言、动作、神态等符号,是在获得一手资料的基础上再对资料进行分析的研究过程。根据研究者的身份在观察中是否公开,参与观察法分为公开性参与观察法和隐蔽性参与观察法。[1]在政治学与公共管理研究中,参与观察通常被用来研究某一政治和公共行政现象或者某一政治和管理社群等。不少学者用它来研究媒体与受众的关系,或者教育效果的提升等。这种方法的运用非常广泛,有的学者将它作为一种全新的方法和视角,认为在符号互动论影响下的观察方法在社会学、文化学、教育学等相关领域均有进一步发展的潜力。[2]

(二) 开放式访谈

开放式访谈(open interview)是符号互动论常用的另一种研究方法。根据

---

[1] Paul Rock, *The Making of Symbolic Interactionism*, Palgrave Macmillan, 1979, pp. 178-216.

[2] Joel M. Charon, *Symbolic Interactionism: An Introduction, an Interpretation, An Integration*, Prentice-Hall, 2010.

访谈过程和访谈内容的不同,访谈法可以分为结构化访谈、半结构化访谈(半开放式访谈)和无结构化访谈(开放式访谈)。开放式访谈是指在访谈过程中,不设置固定的程序、没有既定的问题,访谈者与访谈对象在轻松的氛围中自由交流的访谈方式。在符号互动论视角下,访谈者要在访问过程中记下访谈对象的语言、动作、神态等符号作为资料,以进行深入分析。在政治学与公共管理研究中,开放式访谈可用于对政治领袖、公务员、公共管理专家等的访谈来了解政治学与公共管理等领域的诸多问题。

(三) 话语分析

话语分析(discourse analysis)是符号互动论分析所得资料的一种方法。布鲁默认为"人类的互动是以符号的使用、解释、探知另外一个人的行动的意义为媒介的"①。语言即人际互动的一种符号。这种方法需要研究者进行大量的观察和详细的记录,通过对研究对象的语言特征、语言结构等进行详细的分析,理解其背后的深层含义,以此来解释个体之间互动的过程。② 在政治学和公共管理研究中,话语分析可用于研究利益相关者的行为或者某一群体的特征等问题。例如,历史研究者通过对重要历史人物的互动方式和语言分析,重新对个人选择带来的作用和影响进行了研究。③

(四) 问卷调查

问卷调查(questionnaire investigation)也是符号互动论研究中普遍应用的方法。问卷调查适合于描述性、探索性和解释性的研究。问卷通过测度一系列人口学和心理学的变量,既可以提供适合于统计分析的定量数据,也可以通过一些开放性的问题提供质性研究的材料。问卷调查相比开放式访谈和参与观察,

---

① Herbert Blumer, "Symbolic Interaction: Perspective and Method," *British Journal of Sociology*, Vol. 39, No. 2, 1986.
② Gillian Brown and George Yule, *Discourse Analysis*, Cambridge University Press, 1983.
③ John R. Hall, "Symbolic Interaction, Culture, and Historical Studies," in Howard S. Becker and Michal M. McCall, eds., *Symbolic Interaction and Cultural Studies*, Chicago University Press, 1990, pp. 16-45.

易于执行,可以调查更大范围和具有代表性的人群。在这方面,一个经典的案例是库恩和麦克帕特兰在1954年发表的经典论文中的"二十陈述测验"。① 该论文通过开放问题,让受访者回答"我是谁",以此测度个体的自我概念(self-concept)。此外,一些新近的研究通过询问受访者在特定的情境中如何表现来测度道德行为。② 例如,有研究针对听障人士的调查,探究他们对听障认同的形成过程以及对听障群体的归属感③;也有研究通过分析个体对社会网络中成员的亲近度来勾勒社交孤立的历时变迁④;等等。

六、研究设计及有效性

(一) 研究设计

关于符号互动论的研究设计,目前并没有学者提出为学界普遍认可的研究设计。根据研究目的的不同,可以把科学研究分为描述性研究、探索性研究和解释性研究。据此而形成的描述性研究设计、探索性研究设计和解释性研究设计在符号互动论中均有运用。无论哪一种研究设计类型,基于符号互动论研究的研究设计一般遵循"2个什么+2个怎么+2个如何"的思路(如图3.2)。

图3.2 符号互动论的研究设计

---

① Manford H. Kuhn and Thomas S. McPartland, "An Empirical Investigation of Self-attitudes," *American Sociological Review*, Vol. 19, No. 1, 1954.

② Jan E. Stets and Michael J. Carter, "A Theory of the Self for the Sociology of Morality," *American Sociological Review*, Vol. 77, No. 1, 2012.

③ Michael J. Carter and Danielle C. Mireles, "Exploring the Relationship between Deaf Identity Verification Processes and Self-esteem," *Identity*, Vol. 16, No. 2, 2016.

④ Miller McPherson, Lynn Smith-Lovin and Matthew E. Brashears, "Social Isolation in America: Changes in Core Discussion Networks over Two Decades," *American Sociological Review*, Vol. 71, No. 3, 2006.

(二) 有效性

和其他研究设计一样,无论是基于定性还是定量的符号互动论研究设计,都必须关注构念效度、内部效度、外部效度。同时,基于定量的符号互动论研究还必须关注统计效度;基于质性的符号互动论研究必须关注描述型效度、解释型效度、理论型效度、评价型效度以及反身性效度、反讽效度、新实用主义效度、根状效度和情景化效度等其他各种效度;基于混合方法的符号互动论研究必须关注顺序效度、转换效度和劣势最小化效度等。

例如,要保证符号互动论研究的构念效度,最关键的是找出个体之间互动的符号,并根据研究的需要对其进行明确的定义。[①] 同时,不同符号之间互动的方式和途径也需要建立一个清晰的逻辑框架。除此之外,对互动的主体、客体,互动的环境,互动的方式以及研究的核心问题也要进行准确的定义。

要保证符号互动论研究的内部有效性,首先要正确理解个体人际互动的符号,不仅要记录其表层含义,更要发掘符号背后的含义,这样才能更准确地分析符号。其次,在记录符号时要尽可能地全面,分析符号时要尽量做到准确。最后,在建构理论时要利用抽象的思维能力和概括能力来归纳出普遍性规律。

外部效度是指研究结果不仅在所研究的样本中是有效的,并且适用于同类总体,在整个研究问题中都是有效的。也就是说,研究结果可以推广到更多的群体。检验一个研究是否具有外部有效性,关键在于其研究结果是否适用于更大的环境,例如,检验一个研究结果在另一个区域是否具有可重复性。在符号互动论中,调查群体的大小、所得资料的多少、资料是否能分析出现象的本质、结论归纳是否全面等因素都会影响研究结果的外部效度。

在符号互动论研究中,要提高研究的统计有效性就要在对收集的文字资料分析时挖掘符号的深刻含义,理解不同符号之间互动的模式。一定要注意,无论静态的符号还是动态的符号都在互动中发挥着重要作用。所以,统计者最好就是现场的观察者,这对于准确理解符号的含义是有很大帮助的。

---

① Joan Huber, "Symbolic Interaction as a Pragmatic Perspective: The Bias of Emergent Theory," *American Sociological Review*, Vol. 38, No. 2, 1973.

七、操作流程

关于符号互动论的操作流程,许多学者都提出了自己的看法。布鲁默认为,要采取直接的、无偏见的观察程序,要在"探究"和"检验"的基础上建立"敏化概念"(sensitizing concept,也被译为敏感化概念、敏锐性概念、触发式概念等)以提供一般性的意识。① 敏化概念是与确定概念相对的。立足于要为研究者提供"看什么的处方"的确定概念,经常使用"固定和具体的程序"去辨别一组现象。敏化概念则基于实用主义思维,只给研究提供参考、提示研究前进方向或建议研究者"看的方向",常常用接近于"经验事实"的一般参考物或模糊概念辨别现象。② 由于经验世界是在符号互动的情境之中形成的,会随着符号互动的结果不断变化,因此敏化概念所代表的实际情况也会发生变化。它虽然不能对某一现象做出明确的说明,但为人类探索经验世界提供了一条线索。诺曼·邓津则认为,科学研究应遵循发现与证实的程序,最终建立一种普遍形式的理论。③ 在总结前人对符号互动论研究方法的介绍并结合质性研究的一般方法后,我们将符号互动论的操作流程概括为确定研究问题、选择研究设计、资料收集、资料分析、撰写报告五个阶段(如图3.3)。④

(一)确定研究问题

开始一项研究时首先要做的就是确定研究问题。研究问题可以是探索性的、描述性的,或是解释性的。探索性问题一般通过识别新的模式或者过程开

---

① Herbert Blumer, "Symbolic Interaction: Perspective and Method," *British Journal of Sociology*, Vol. 39, No. 2, 1986.
② 〔美〕米歇尔·刘易斯-伯克、艾伦·布里曼、廖福挺主编:《社会科学研究方法百科全书》(第三卷),沈崇麟等译,重庆大学出版社2017年版,第1244页。
③ Norman Denzin, "Symbolic Interactionism and Ethnomethodology: A Proposed Synthesis," *American Sociological Review*, Vol. 34, No. 6, 1969.
④ 杨立华、何元增:《公共管理定性研究的基本路径》,《中国行政管理》2013年第11期,第100—105页。

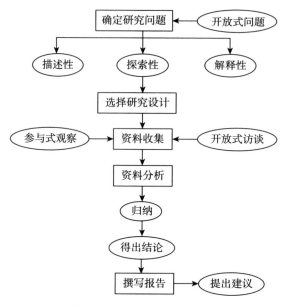

图 3.3　符号互动论的操作流程

启新的研究问题;描述性问题旨在回答"是什么"的问题,勾勒研究对象的核心特征;解释性问题倾向于回答"为什么"的问题,解释特定的现象或者谜题。研究问题类型的选择决定了下一步研究设计类型的选择和具体的设计方法。确定研究问题后再去考虑是否要用符号互动论进行研究,研究方法和研究问题都确定之后才开始按照后面的步骤进行具体操作。符号互动论的研究问题多为开放式的,适宜于回答探索性和解释性问题。在政治学与公共管理领域,符号互动论可以用来研究新出现的政治现象或公共领域问题等。

（二）选择研究设计

符号互动论的研究设计要和具体的符号相结合,需要通过直接观察或者收集文本资料等来定义并理解所要研究的符号,再对符号进行分析,最终才能得出结论。在政治学与公共管理领域,符号互动论的研究设计通常更为灵活和复杂,要与某一群体或某一公共现象相结合。因此,研究要进行更加详细的考虑,确保研究设计的可行性。

(三) 资料收集

前面指出,符号互动论研究资料的收集方法有参与观察、开放式访谈、问卷调查、实验、文本资料收集等,它们也经常被同时或混合使用。但是,在符号互动论研究中,这些方法都有其自身的特殊性。例如,在观察或者访谈过程中,研究者要着重记录个体与自我的互动、不同个体之间互动的符号,记录得越详细越好。而且,在使用符号互动论进行研究时,研究者可以观察公众人物的语言、动作、表情、衣着等并进行记录,以便于下一步的分析。

(四) 资料分析

符号互动论所收集的资料一般是文字资料,需要对文字资料进行详细、具体的分析。符号互动论所要分析的"符号",既包括静态的符号,如文化传统、政治认同等;又包括动态的符号,如语言、动作、生态等。前面已经指出,对语言的分析常用的一种方法就是话语分析法,即通过对个体的语言进行详细的解剖,分析其语言特征、语言结构,由此得出一般规律的语言分析方法。除了对话语进行分析外,还可以采用文本分析等方法对其他符号进行分析。

(五) 撰写报告

符号互动论研究报告的撰写是为了将研究结论以文本的形式呈现出来。当然,如果可能或必要,也最好在报告中增加一些图片、表格来丰富研究报告,便于读者理解研究内容。特别地,运用符号互动论方法的研究主要侧重于文字表述,所以穿插一些图表有助于解释清楚研究内容。此外,还要避免文字过分简化,因为报告要呈现出微观社会过程的精妙、完整与严谨,以让非本领域的专家也能够清晰把握核心论点。

这里还需要提醒的一点是,研究报告的撰写并不是在所有的研究完成之后,研究报告的部分内容在研究过程中就可以撰写。为了保证研究报告的逻辑性和完整性,研究者需要在研究的各个阶段做详细的记录。符号互动论研究需要细致的观察,更离不开详细的记录。而且,研究报告最后不要只呈现研究结论,还应根据结论提出相应的对策建议,在政治学与公共管理的研究中,这一点尤其重要。

八、质量评价和保证

为了对符号互动论研究的质量进行有效的评价,除了上面提到的各种需要关注的效度之外,还可以从符号界定、互动分析、资料还原度、现实效用这四个方面来考虑(见表3.1)。

表3.1 符号互动论的质量保证

评价指标	指标内涵	质量保证方法	应用举例
符号界定	符号界定的清晰性	研究者要明确所研究的符号的含义	例如,研究者要理解研究对象递给另一位研究对象热水时,这时的热水还代表着关心
互动分析	互动分析的准确性	研究者要完整地分析符号互动的类别	例如,研究者不仅要分析研究者与研究对象的互动,还要分析研究者与自我的互动
资料还原度	资料还原的真实性	研究者要最大限度地还原客观事实	例如,现场记录研究对象动作时只记录其举起左手而不去想他要做什么
现实效用	研究结论的现实意义	研究结论要具有较强的可行性	例如,认为裙带关系导致了腐败,由此提出减少人情互动来防止腐败现象的发生

资料来源:Alan Bryman, *Quantity and Quality in Social Research*, Psychology Press, 1988, pp. 55-56; Rosaline S. Barbour, "Mixing Qualitative Methods: Quality Assurance or Qualitative Quagmire," *Qualitative Health Research*, Vol. 8. No. 3, 1998; Jeon Yun-Hee, "The Application of Grounded Theory and Symbolic Interactionism," *Scandinavian Journal of Caring Sciences*, Vol. 18, No. 3, 2004; Catherine Pope and Nicholas Mays, *Qualitative Research in Health Care*, Blackwell Publishing, 2006, pp. 90-91。

九、使用中应注意的问题

（一）对符号的界定①

在符号互动理论中，符号是基础，是主体进行互动的载体。符号既可以是某种事物，也可以是一个整体；既可以是实物，也可以是看不见摸不着的东西。在具体的研究中，要根据所研究的问题和需求，灵活界定符号，并对符号的类型进行全面、准确的归纳。对符号的清晰界定也是一个研究的良好开端，便于找出符号间的共性与个性，为互动研究打下良好基础。

（二）个体既可以与他人互动，也可以与自我进行互动

互动包括多种类型。在考虑问题时，不要只考虑到个体与外界的互动，同时也要注意个体与自我的互动。自我的互动有时会带来自我实现，这一现象在公共文化、心理研究与组织管理的研究中体现得尤为明显。② 在研究中兼顾多方面的互动才能更加全面、透彻地分析问题，进而提出合理的对策建议。

（三）伦理问题③

研究者在深入研究对象的生活进行实地观察时，一定会面临自己的身份是否公开，是否要告知研究对象自己的真实研究目的等问题。对于涉及研究对象隐私的一些资料，研究者一定要在征求研究对象意见后再决定是否公开。如果研究的问题涉及敏感话题、犯罪等问题，要获得相关部门批准后，再选择合适的内容公开。

---

① Hyder Lakhani, "Symbolic Interaction Theory and Participant Observer Perspective-Reply," *Journal of Political & Military Sociology*, Vol. 20, No. 2, 1992.

② 〔美〕乔治·赫伯特·米德：《心灵·自我与社会》，霍桂桓译，译林出版社2012年版，第158—163页。

③ Jonathan H. Turner, "Extending the Symbolic Interactionist Theory of Interaction Processes: A Conceptual Outline," *Symbolic Interaction*, Vol. 34, No. 3, 2011.

（四）符号背后的文化差异

人类生活在文化多样性的社会之中。跨文化研究与符号互动论所强调的"从自我出发、关注他者,并展示符号使用者间互动关系"的理念相契合,所以符号互动论十分适合用于跨文化研究。① 但在不同文化背景下,同一符号可能存在不同含义。比如"摇头"作为常用的肢体语言,在大多数文化情境下表示"否定"含义,而在保加利亚、印度等国家中,摇头代表"认同"。因此,在使用符号互动论进行跨文化研究时,应结合当事人所处的文化环境,分析其传递的符号代表的真实含义,切忌张冠李戴。

关键术语

符号互动论　符号　自我　结构功能主义　结构性符号互动论　实用主义哲学　行为主义心理学　芝加哥学派的社会学　参与观察　开放式访谈　话语分析　问卷调查　敏化概念　符号互动论的芝加哥学派　符号互动论的艾奥瓦学派　符号互动论的印第安纳学派　拟剧理论

思考题

1. 符号互动论的芝加哥学派、艾奥瓦学派、印第安纳学派之间具有怎样的相同点和不同点?
2. 政治学与公共管理领域的哪些议题适合使用符号互动论的方法进行研究?
3. 如何保证符号互动论研究的有效性?
4. 在使用符号互动论进行研究时会遇到哪些研究伦理问题?

延伸阅读

Alan Bryman, *Quantity and Quality in Social Research*, Psychology Press, 1988.
Erving Goffman, *The Presentation of Self in Everyday Life*, Doubleday, 1959.

---

① 李瑾:《从米德的符号互动论看跨文化研究》,《齐鲁学刊》2013年第6期,第102—106页。

George Mead, *Mind, Self, and Society: From the Standpoint of A Social Behaviorist*, University of Chicago Press, 1934.

Herbert Blumer, "Symbolic Interaction: Perspective and Method," *British Journal of Sociology*, Vol. 39, No. 2, 1986.

经典举例

Lisa Wedeen, *Ambiguities of Domination: Politics, Rhetoric, and Symbols in Contemporary Syria*, University of Chicago Press, 1999.

1. 著作简介与研究问题

该书作者是芝加哥大学政治学系教授丽莎·韦登（Lisa Wedeen）。芝加哥学派是符号互动论最有影响力的学派之一。作者沿袭了这一脉络，将符号互动论的研究拓展到政治研究领域。该书研究国家如何使用符号和修辞产生民众的政治遵从，将符号的意涵与互动拓展到了政治空间。该书认为，政治不只局限于物质世界，也涉及对象征世界的竞逐；符号和修辞是一种权力规训的方式；政权通过对政治象征符号的控制，来形塑民众的日常政治生活。该研究具有较强的现实意义，对于理解叙利亚乃至阿拉伯国家的政治提供了独特的视角，也增进了我们对于非民主国家符号政治的理解。

2. 方法选择及原因

该书以叙利亚为例，将符号互动论应用到政府和民众互动的方式中。具体方法上，该书采用了政治民族志的方法。首先，政治民族志的方法有助于作者探究公共仪式的优势、成本以及政治意义，同时有助于对权力实际内容进行符号的诠释。特别地，这有助于理解符号和仪式的意义，避免对权力的功能性解释。其次，作者认为意义和人类行为是变动不居的，其中的文化指涉多样化的实践、文本、蕴含意义的图像等，而非封闭的、限制的系统。统治和反抗所呈现的并非功能连贯的权力，而是其模糊性。因此，民族志的方法更能揭示国家和民众互动的方式及其内在的运作逻辑。

3. 研究设计与操作流程

研究操作上,作者通过对官方报纸的分析阐释政治修辞和话语。对官方修辞的剖析,有助于揭示权力如何规制公共的话语空间。作者还依赖档案、开放式访谈以及田野等收集资料,并运用多样化的素材,比如短故事、笑话、卡通漫画、电影和情景喜剧等,进行研究。这些多样化的素材阐释了官方的叙事和符号在日常生活中的隐喻,揭示了无处不在的政治符号。比如,大型演出庆祝活动等可以展示象征性的权力以及官方的执行能力;公开的政治喜剧可以勾勒官方接受与不接受的修辞边界;私人空间里的笑话、谣言等可以揭示日常生活中的叙利亚民众如何察觉到并试图削弱规训的效应。总之,作者试图对公共仪式中符号的优势、成本,以及政治意涵等的探究,阐释基于符号的权力运作方式。

4. 质量保证

作者采用多种方式进行质量控制。首先,作者对政治符号进行了清晰的解释和界定,分析了不同符号如何具体凸显出领导人的主导地位。其次,作者运用官方的、民间的等多种素材,系统勾勒出符号在正式和非正式情境中的差异和作用。最后,该书还在正文中提供了图像等第一手资料,并利用了叙利亚原始语料,体现了资料的真实性和全面性。

第四章 常人方法学

本章要点

- 常人方法学的定义、特点和优劣势；
- 常人方法学的起源和理论基础；
- 常人方法学的适用范围和条件；
- 常人方法学的三种主要研究类型及其操作流程；
- 常人方法学质量评价和保证的基本方法及其在使用中应该注意的其他问题。

一、导　言

　　常人方法学作为一种独特的定性社会科学研究方法范式，诞生于20世纪60年代的美国社会学领域。其产生深受塔尔科特·帕森斯（Talcott Parsons）社会学理论、阿尔弗雷德·舒茨等人的现象学和现象学社会学、路德维希·维特根斯坦（Ludwig Wittgenstein）的日常语言哲学，以及符号互动论的影响。常人方法学主张将社会科学引向对日常生活世界的实践活动进行经验分析，强调对社会生活中"显而易见的"（obvious）事实进行研究。因此，常人方法学弥补了质性研究方法的诸多不足。常人方法学认为传统社会学以科学理性的研究态度自居，但其并未遵循科学理性的态度和程序，而是在表面的科学程序之下运用和日常实践一样的假设、态度和推理过程，这种理论建构方式实际上恰恰暴露出传统社会学与日常生活实践的共同特性——朴素性,缺乏反思意识。① 基于这些事实,常人方法学家将自己视作范式的拯救者,认为自己提出了一种全新的范式,对现存的社会现实概念提出了挑战。②

常人方法学已在西方社会科学和跨学科研究中取得了长足发展,但在我国仍不普遍,在政治学与公共管理领域的研究和应用更是凤毛麟角。常人方法学对日常实践活动的重视和深入观察对于政治学尤其是公共管理学开展实地研究具有很好的启发意义和指引作用,为政治学与公共管理学者重新认识政治和行政现象、反思习以为常的政治和行政行为、建构政治学和行政学理论提供了全新的视角和有力的工具。

二、定义、特点和优劣势

(一) 定义

"常人方法学"(ethnomethodology),又称常人方法论、本土方法论、人种学方法论、民族学方法论、俗民方法学等。在英文中,也常简称为"EM"或"EM studies"。③ "Ethno"是希腊文,这里主要指普通人或成员(everyone),"ethnomethod"就是普通人运用其所拥有的"知识"来解决各种日常问题的"方法",即常人方法。④ 作为对传统社会学的深刻批判和范式转变,常人方法学既是一种社会建构理论(constituted theory),也是一种研究方法、一种新的知识形态。

作为一种社会建构理论,常人方法学的创始人加芬克尔试图用常人方法学来提供一种不同的社会学,一种研究日常生活中社会成员如何赋予日常生活以意义,以及建构、创造社会秩序时所运用的方法和技术的社会学。⑤ 作为一种研

---

① 黎民、张小山主编:《西方社会学理论》,华中科技大学出版社2005年版,第234—235页。
② 〔美〕乔纳森·特纳:《社会学理论的结构》(第6版·下),邱泽奇等译,华夏出版社2001年版,第38页。
③ 侯钧生主编:《西方社会学理论教程》(第三版),南开大学出版社2010年版,第296—325页。
④ L. Alberto Franco and Christian Greiffenhagen, "Making or Practice Visible: Using Ethnomethodology to Analyse Facilitated Modelling Workshops," *European Journal of Operational Research*, Vol. 265, No. 2, 2018.
⑤ 蔡禾主编:《现代社会学理论述评》,安徽人民出版社1992年版,第214页。

究方法,加芬克尔指出:常人方法学是一种研究社会生活的方法,其中心焦点是描述人们如何以有组织的、可识别的方式协调普通的社会活动以及这些活动的"做"(doing)的过程。对此,加芬克尔进一步解释道:常人方法学是对真实主观事件的研究,这些事件包含普通社会成员理解和应对他们所处情境的大量常识知识、程序和考虑。① 此外,不少学者基于加芬克尔的基本阐述对常人方法学的定义做了进一步的阐释(见表4.1)。

表4.1 常人方法学的相关定义

学者	定义
保罗·哈弗	常人方法学是研究人们之间的合作以及使其日常活动有意义的方式。该方法常常被用来研究互动,包括人与人、人与机器之间的互动
阿兰·库伦	常人方法学是分析人们处理其日常生活中不同事务的方法或程序,是对普通人用来达成其行为的普通方法的分析
罗娜·皮莱	常人方法学侧重于研究个人在社会生活中使用的方法,以期在情境中产生相互认可的互动,并进而产生有序性。它探讨了成员的实际的、日常的活动如何产生和如何管理有组织的日常情况

资料来源:Paul Drew and John Heritage, *Analyzing Talk at Work: An Introduction*, Cambridge University Press, 1992, pp. 3-65;Paul Ten Have, *Understanding Qualitative Research and Ethnomethodology*, Sage, 2004, pp. 2-56;Alain Coulon, *Ethnomethodology*, Sage, 1995, p. 2;Pranee Liamputtong, ed., *Handbook of Research Methods in Health Social Sciences*, Springer, 2019, pp. 269-283。

综合以上不同学者对常人方法学的解释,本书认为,作为一种研究方法的常人方法学,可以理解为是对普通社会成员理解和处理其日常生活和社会互动的基本方法、程序和过程等进行研究的一种方法范式;它经常通过破坏性实验或对日常实践与互动的深入系统分析等,发现社会成员习以为常的建构社会秩序的方式或方法等。

(二)特点

1. 主张研究日常生活实践

常人方法学把日常生活世界的秩序看作是人的主观创造,把发现人们建构

---

① Harold Garfinkel, *Studies in Ethnomethodology*, Prentice-Hall, 1967, p. 10.

日常生活秩序的技术和方法作为己任。而且,常人方法学认为日常生活实践或行动具有三个核心特征:可说明性、索引性与反身性。

(1) 可说明性(accountability)。

日常生活实践是一种可说明的实践,是可观察和报道的实践,或正处于观察和报道实践中的人们所能利用的实践。可说明性意味着,实践或行动的某部分可以被参与者或旁观者向他人描述、报道,可以被看到、被谈论,并因此为成员所理解,成为可认识的行动或实践。正是日常实践的可说明性提供了常人方法学在日常生活中的理论源泉。因此,也可以把可说明性理解为人们日常生活实践以及社会活动秩序等具有的可被观察、可被报告、可被理性分析和推断、可被理解、可被描述等的特性。因此,可说明性也可以通过这样一组说明得到清晰表达和确认:"社会活动是有序的(orderly)";"这种有序是可观察的(observable)";"这种可观察的秩序是寻常的(ordinary)";"寻常的可观察的有序性是有指向的(oriented)";"这种有指向的寻常的可观察的秩序是理性的(rational)";"这种理性的有指向的寻常的可观察的秩序是可描述的(describable)"①。例如,马路上步行者的一瞥这一行为显示了其"过马路"的意图;而这如果被正在驱车的汽车司机看到,就会被司机理解,从而促进了交通的正常运行。②

(2) 索引性(indexciality)。

虽然迈克尔·林奇(Michael Lynch)认为索引性在加芬克尔那里是一个"用过就扔"的术语,或者"只是常人方法论研究剧院的一张门票,但一旦跨进剧院的门槛,门票就被撕掉"③,但索引性的概念在常人方法学中仍然占有十分重要的地位。索引性描述的是这样一种情形:由于日常表达或行动具有情景性,人们在日常交流或行动时,不仅会经常用到许多简略的表达形式,而且这些简略表达或行动在特定的情景下,也可以为对方所理解,并不会妨碍人们正常社会

---

① 〔美〕迈克尔·林奇:《科学实践与日常活动:常人方法论与对科学的社会研究》,邢冬梅译,苏州大学出版社 2010 年版,第 29—30 页。
② 同上书,第 30 页。
③ 同上书,第 34 页。

互动的进行。① 因此,加芬克尔将那些人们彼此都理解的、没有明确语言解释的被省略的内容称作索引性表达(indexical expression)。② 在以上理解的基础上,我们也可以给索引性下这样一个大致的定义,即由于人的表达或行动具有情景性,因此,虽然特定情景下人的表达或行动本身具有省略、模糊、未被清晰说明等鲜明特征,但却又能在特定情景下或通过特定情景而被他人完整、清晰、确切地理解的特性。例如,"这里"(here)一词就在特定的情景下具有特定的意涵,也只有依赖特定的情景才能被正确理解。③

(3)反身性(reflexivity)。

常人方法学的另外一个核心概念是反身性。尽管在加芬克尔和其他社会科学者的论述中,反身性经常具有非常不同的内涵④,但是,我们大致可以把反身性理解为人类行动者的行为或行动自身所包含的一种对行动者行为或行动意图、目的、动机、权利、义务、社会地位⑤,以及场景等进行说明或描述的特征。这也就是说,反身性本身说明了现象或行为等的可说明性。因此,反身性是隐含在现象的可说明性之中的。同时,反身性也说明,一个活动的表达也是该活动的重要部分。或者也可以说,反身性是社会行为的一个特征,它预先假定了社会行为产生的条件,同时使社会行为作为一种可识别的行为被观察到。⑥ 例如,在我们的日常活动中,我们没有注意到这样一个事实:我们在说话的同时,其实正在建立我们正在做的事情的意义、顺序和合理性。在社会活动中,成员最终做出什么样的决定也能够反身性地说明他们做决定的方式,并且成员们的描述和公开争论也都反身性地嵌入他们的意愿。⑦ 同时,由于行动与环境是处于不断地相互建构之中的,因此在常人方法学看来,对人们行动的理解也应该

---

① 侯钧生主编:《西方社会学理论教程》(第三版),南开大学出版社2010年版,第296—325页。
② 〔美〕鲁思·华莱士、〔英〕艾莉森·沃尔夫:《当代社会学理论——对古典理论的扩展》(第六版),刘少杰等译,中国人民大学出版社2008年版,第239—251页。
③ 〔美〕迈克尔·林奇:《科学实践与日常活动:常人方法论与对科学的社会研究》,邢冬梅译,苏州大学出版社2010年版,第36—37页。
④ 同上书,第31页。
⑤ 同上。
⑥ Alain Coulon, *Ethnomethodology*, Sage, 1995, p.7.
⑦ 〔美〕迈克尔·林奇:《科学实践与日常活动:常人方法论与对科学的社会研究》,邢冬梅译,苏州大学出版社2010年版,第31页。

是对其实践系统的理解。而此时人们的行为也反身性地说明着人们及其行为所处的实践系统,并同时在描述和建构这一实践系统。

2. 强调日常生活实践的重要性

加芬克尔指出,在关注和研究具备可说明性、索引性和反身性特征的日常生活实践时,应该遵循以下五点方针:"(1)所有的社会背景,不论其琐碎不堪还是自视重要,都是可以调查研究的,因为其中每一个都是其成员的实践成就。因此,从这个意义上来说,核物理学和内阁会议并不比一次街头偶遇更具真实性。(2)主张、论证、统计等呈现出的只是一种或然性的成就,有赖于产生它们的那些社会安排。它们是一种'假象'或者说是前台的交谈,掩盖和保护着潜在的麻烦、问题和妥协。常人方法学在任何场合中都必须识破这些假象。(3)判断一项活动是否具有理性、客观性、有效性、连贯性等,依据的不是从另一个情境(比如说科学、社会学或形式逻辑)引入的标准,而是随发生活动的情境而定的或然性标准。(4)只要参与者能够给出有关情境的相互可理解的说法,就可以说这个情境是井然有序的。(5)所有形式的探问都在于组织有序、富于技艺的实践,因此在社会学的说法和日常说法之间并无原则上的不同。"①

3. 注重运用独特适当的方法开展描述

常人方法学的方法论继承了胡塞尔"回到事物本身"的主张,强调最大限度接近社会活动的原则。与其他社会学家相比,常人方法学家希望更接近社会生活的日常现实、更密切地关注经验,这便要求他们修改数据收集的方法和技术以及理论建构的要素。由此也决定了常人方法学的两个重要研究取向:一是注重"描述";二是方法的独特适当性。②

(1)注重"描述"。

常人方法学继承了胡塞尔的现象学主张,强调以"描述"为研究取向。为了实现对现象的描述,首先要使现象成为"可见的",因此要采取使现象陌生化的方式或者通过系统性地"破坏"日常生活中"习以为常"的常识结构来观察种种

---

① [澳]马尔科姆·沃特斯:《现代社会学理论》,杨善华等译,华夏出版社2000年版,第43页。
② 杨善华主编:《当代西方社会学理论》,北京大学出版社1999年版,第66—68页。

被人们所忽视的惯常现象;其次,要使现象被"忠实"地描述,通常需要使用录音或录像的方式来记录需要描述的客观现象。

（2）方法的独特适当性。

"回到事物本身"的方法论主张常人方法学要根据社会现象及其局部场景的特点"因地制宜"地采取研究方法,即根据具体研究对象的具体情况选择不同的具体研究方法,从而尽可能使方法和研究对象统一起来。加芬克尔指出,常人方法学的兴趣不在预先发明,事实上它也不指引严格的方法性探索,只有当研究者能够使其考察获得实践推理过程的特征时,研究者才使用这一方法。

（三）优势和劣势

作为一种研究方法,常人方法学的优势主要源于其独特的观察视角和资料收集方式的"忠实性",具体体现为以下两点：

（1）关注被忽视的问题。

常人方法学关注"司空见惯的日常生活"的组织过程,强调观察个人间的微观互动以及注重对行为者主观意图的理解,并把这种原则应用于经验研究,从而在方法论上发展和充实了韦伯理解的社会学。它彻底的反思性和批判性也为社会科学研究注入了新的活力,提供了新的观察和思考角度,从而使很多以前被忽略的社会现象和问题得到关注。

（2）数据基础扎实可靠。

常人方法学通常使用视频记录（video recordings）的方式收集数据资料,因此研究人员和其他团队成员可以多次查看数据,以满足经验研究的严格性要求。[1] 视频记录数据的另一个优势是,研究人员可以听到数据并看到互动过程,而非静态地阅读文字报告。常人方法学使研究者在分析过程中依赖于实际观察到的东西,而非直觉和回忆。由此,研究者能够接触广泛的实地互动材料,以防止分析结论成为直觉或实验设计的产物。[2]

---

[1] John Heritage, "Ethnomethodology," in Anthony Giddens and Jonathan H. Turner, *Social Theory Today*, Stanford University Press, 1987, pp. 224-272.

[2] Pranee Liamputtong, ed., *Handbook of Research Methods in Health Social Sciences*, Springer, 2019, pp. 269-283.

常人方法学的劣势同样源于其独特的观察视角和强调"忠实性"的数据收集方式,具体体现为以下四点:

(1) 研究对象过于琐屑。

刘易斯·科塞(Lewis A. Coser)认为常人方法学无视整体的历史性和整体的社会构成方法,研究的核心是一些琐屑的东西,斥责加芬克尔和他的同事所进行的详尽研究、所进行的对任何人都知道的事务的冗长细致的描写,如穿越马路的"方法"以及开始一个谈话的"方法"等,是浪费他们自己和读者的时间。① 林奇也认为常人方法学所取得的进展源于研究正常人都清楚的那些没有意义的琐屑的事物。②

(2) 研究问题保守、研究纲领激进。

一方面,常人方法学是一种"保守的"研究,很少讨论权力和压迫的问题。就表面性理解来看,常人方法学主张积极行为的活动者自由地创造他们在其中活动的世界。另一方面,常人方法学倡导一种"激进的"纲领。常人方法学否认结构决定论,其最为艰难的工作是对环境的相对性的强调以及对当下随机性的描述,这种强调和描述扰乱了权力和地位的特定内涵及其内在的运用结构。

(3) 研究现象不易被感知。

哈弗指出常人方法学有一些基本的方法论问题,这些问题的出现是由于这样一个事实:在常人方法学中,兴趣现象和感知实践在普通情境下很难被注意到,因为它们是这些情境的组成部分(内在的),并且不可避免地被用于任何研究实践本身。哈弗将这一基本的方法论问题称为"常识的隐形性"(the invisibility of common-sense)。③ 常人方法学想要关注的"司空见惯的现象"或常识不容易被直观地观察和聚焦。

(4) 数据收集存在挑战。

视频记录是常人方法学最受欢迎的数据收集方法,这将带来两个可能的挑

---

① Lewis A. Coser, "Presidential Address: Two Methods in Search of a Substance," *American Sociological Review*, Vol. 40, No. 6, 1975.

② 〔美〕迈克尔·林奇:《科学实践与日常活动:常人方法论与对科学的社会研究》,邢冬梅译,苏州大学出版社2010年版,第59页。

③ Paul Ten Have, *Understanding Qualitative Research and Ethnomethodology*, Sage, 2004, p. 51.

战:一是并非所有的研究对象都能同意接受视频记录,在某些文化背景或研究议题中,视频记录可能会遭到抵制;二是即使研究对象同意进行视频记录,出于研究伦理的事先告知也可能会影响研究对象的日常互动行为或表现。此外,如果使用访谈的方式收集到的数据是对某一事件的回忆,而事件发生时的实际行动却没有办法被观察到,那么这也可能会影响分析过程和分析结论。

三、起源、发展和理论基础

(一) 起源

哈罗德·加芬克尔被普遍认为是常人方法学的"创始人",他在20世纪50年代中叶发明了常人方法学这个术语。常人方法学的开端可以追溯到加芬克尔1954年参加的一项对陪审团的研究,这项研究通过追踪陪审团做决定的过程分析其工作方式。在转写关于陪审团法庭讨论材料的时候,加芬克尔提出了后来称为"常人方法学"的基本思想。[1] 加芬克尔在研究中发现,陪审团十分重视应使用什么方法来权衡各种相互冲突的证据,以重建对社会现实完整统一的认识。他发现与理论所规定的"陪审员应该做什么、应该如何做推理判断"不同,陪审团完成工作的实践方法完全不符合社会学教科书的论述。加芬克尔由此发现了传统社会学长期忽视的一个重要的社会现象领域,决定致力于这方面的研究,于是便诞生了常人方法学。[2]

(二) 发展历程

常人方法学在早期创立阶段很少受到重视,直到20世纪60年代中后期,在加芬克尔及其学生的数部相关著作出版之后,这一术语才被熟知。这一时期也被视为常人方法学自我建构的"科学革命阶段"。加芬克尔在加州大学任教期间,培养了一批对常人方法学感兴趣的学生,其中最为著名的是阿伦·赛克莱尔(Aaron Cicourel),两人成为这一时期推动常人方法学发展的领军人物,相

---

[1] Roy Turner, ed., *Ethnomethodology*, Penguin Books, 1974, p. 6.
[2] 杨善华主编:《当代西方社会学理论》,北京大学出版社1999年版,第50—51页。

继发表了不少颇具影响力的文章,并在 1964 年共同倡导举办了一场关于常人方法学的非正式研讨会,研讨会集结了不少当时有名的社会学和人类学家。同一时期,哈维·萨克斯(Harvey Sacks)组织了一个工作组专门研讨加芬克尔和赛克莱尔发表的作品,这一工作组集结了 25 位来自不同大学的老师和学生,并促进了后来常人方法学谈话分析的发展。1967 年,在大学晋升压力和身边朋友的迫切要求下,加芬克尔出版了后来被奉为常人方法学"圣经"的《常人方法学研究》(*Studies in Ethnomethodology*)一书,引入了常人方法论的基本策略和研究对象,系统阐述了常人方法学的理论主张。到了 20 世纪 60 年代和 70 年代初,越来越多新生代学生以常人方法学作为博士论文的选题,相关的重要出版物也大量发行。到 1972 年已经有 50 多名常人方法学家。此时,常人方法学发展出了包括谈话分析(conversation analysis)和工作研究(work studies)在内的两个研究纲领,这两个研究纲领成为常人方法学的主流。至此(1975 年),常人方法学自我建构的"科学革命阶段"基本结束,开始进入常规化发展时期。

常人方法学在 20 世纪 70 年代前后的蓬勃发展引起了传统社会学家的注意,并成为后者批判和攻击的主要目标。时任美国社会学协会主席的科塞将常人方法学的发展潮流描述为一个教派,认为其发展可能威胁整个美国社会学的未来。尽管受到不少批判和攻击,但 20 世纪 70 年代中期,常人方法学研究迅速从其大本营加利福尼亚州扩散到美国东海岸。到了 70 年代末 80 年代初,常人方法学研究则进一步扩散到了英国、德国和法国等欧洲国家。[1]

(三)理论基础

常人方法学在本质上脱胎于质性研究方法[2],其主要代表人物有加芬克尔、哈维·萨克斯、唐·齐默尔曼(Don Zimmerman)、伊曼纽尔·谢格洛夫(Emanuel Schegloff)、戴维·沙德诺(David Sudnow)、罗伊·特纳(Roy Turner)等。常人方

---

[1] Alain Coulon, *Ethnomethodology*, Sage, 1995, pp. 10-14.
[2] 范宏雅:《话语的社会建构:常人方法论谈话分析的理论和方法研究》,南开大学博士学位论文,2012 年,第 39 页。

法学的理论来源于塔尔科特·帕森斯的社会学理论,同时受到现象学、现象学社会学、语言哲学、符号互动论等的影响(见图4.1)。

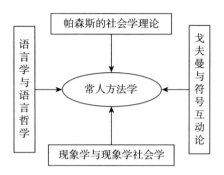

图 4.1 常人方法学的理论基础

1. 帕森斯的社会学理论

加芬克尔作为帕森斯的学生,其思想必然受到自己导师的影响。帕森斯对社会秩序问题的关注使得社会秩序问题成为常人方法学一个经典"母题"。事实上,常人方法学是在对帕森斯社会学理论继承与批判的基础上发展起来的。常人方法学在很多理论认识上是对帕森斯理论的"阿尔都塞式"颠倒,即对帕森斯理论的"去物化"和"去神秘化"。因此,理解帕森斯对于社会秩序问题的关注是理解常人方法学的关键。①

2. 现象学与现象学社会学

现象学与现象学社会学是对常人方法学影响最大的理论。② 舒茨对日常生活的分析、胡塞尔对生活世界的分析、古尔维奇(Georges D. Gurvitch)的现象学心理学、梅洛-庞蒂对"具体"行动的分析,以及海德格尔对"常人"的论述都对常人方法学的产生与发展产生了重要影响。③ 舒茨关于视而不见的背后经验或者视为当然世界的存在的研究,则是常人方法学的基石。④

---

① 李猛:《常人方法学四十年:1954—1994》,李培林、覃方明主编:《社会学理论与经验》(第二辑),社会科学文献出版社2005年版,第98—162页。
② 同上。
③ 同上。
④ 林聚任等:《西方社会建构论思潮研究》,社会科学文献出版社2016年版,第85页。

3. 语言学与语言哲学

常人方法学受到20世纪中叶西方社会科学方法论的"语言学转向",特别是后期维特根斯坦的语言哲学的影响。维特根斯坦的语言哲学指出,自然语言是通过有限单位和游戏规则生成无限句子的活动,学会语言游戏必须掌握这些有限的单位和游戏规则。① 这一思想不仅直接影响了早期常人方法学对行动意义的分析,而且与常人方法学后来发展出的重要分支"谈话分析"之间的关联更为明显。对于加芬克尔来说,维特根斯坦的语言哲学以及社会科学方法论的语言学转折的意义,正是在于其加强了社会研究同日常生活的联系,加强了社会科学对于生活世界的密切关注。

4. 戈夫曼与符号互动论

萨克斯、谢格洛夫等著名的常人方法学家都受到其老师戈夫曼思想的不同程度的影响。戈夫曼对日常遭遇与互动仪式的研究都与常人方法学有着密切的联系。常人方法论与符号互动论都把研究重点放在日常面对面的社会互动的微观分析上,都重视语言在社会互动中的重要作用,都主张从行动者的立场来解释现实的社会生活,都关注社会生活的主体性基础。而且,它们对实证主义的共同不满使之建立起一种共生关系。

四、适用范围与条件

由于常人方法学本质上是一种定性或质性研究方法②,故其适用范围和条件与其他质性研究方法大体相似,但也有其比较独特的地方。图4.2展现了常人方法学适用的研究类型、研究对象和实施条件。

图 4.2 常人方法学的适用条件

---

① 陈保亚:《论意义的两个来源和语言哲学的任务——从语言游戏规则和单位的还原说起》,《北京大学学报(哲学社会科学版)》2006年第1期,第32—39页。
② 〔美〕艾尔·巴比:《社会研究方法》(第11版),邱泽奇译,华夏出版社2018年版,第294页。

(一) 适合开展描述性研究

常人方法学继承胡塞尔"回到事物本身"的原则,主张最大限度接近社会现象、接近社会活动,其目的不在于解释这些现象,而在于描述。常人方法学希望通过描述容易被人们忽略的"司空见惯的现象",进而认识人们理解和应对各种日常事务的基本方法。因此,常人方法学更适合开展描述性研究,若想要进行解释性研究则需要结合其他研究方法一起使用。

(二) 研究对象为日常对话和行为

加芬克尔寻求将日常的实践活动和实践环境等作为常人方法学的实证研究主题。同时,常人方法学也被认为是对"微观"社会现象的研究,如发生在公共场所、运动场和工作场所的一系列"小的"面对面的互动。[①] 因此,常人方法学通常将人们日常互动的对话和行为作为研究观察对象,如人与人之间的谈话、互动行为,人们的做事方式、工作行为等。

(三) 便于录音或录像的情景

由于常人方法学以人们日常的互动或行为为研究对象,并强调"忠实地"描述这些现象,故倾向于通过录音录像的方式获取分析数据。因此,使用常人方法学作为研究方法时,不仅要考虑其适用的研究类型和研究对象,还要考虑该现象是否方便被录音、录像。若贸然进入研究现场,很有可能无法获取有效的研究数据。

五、方法分类

由于常人方法学注重研究日常实践活动中人们习以为常的方法程序或规范规则,加芬克尔创造了"破坏性实验"(breaching experiments),并主张通过

[①] Pranee Liamputtong, ed., *Handbook of Research Methods in Health Social Sciences*, Springer, 2019, pp. 269-283.

"打破常规来揭示常规,违反共同的理解来表明这些理解"①。随着常人方法学的发展,20世纪70年代,常人方法学又发展出了包括工作研究和谈话分析在内的两个研究纲领,成为常人方法学的两个有价值的研究手段。② 因此,常人方法学的常用方法类型主要包括破坏性实验、谈话分析和工作研究三种(详见表4.2)。

表4.2 常人方法学的方法分类

方法分类	方法介绍
破坏性实验	所谓破坏性实验就是要打破常规。它通过使实验者故意忽略和打破日常生活中无须言明的规则,使互动无法进行,以此来揭示普通人隐含的行为模式
谈话分析	谈话分析是常人方法学在发展中衍生出来的一种最有影响力的研究方法,被称为常人方法学王冠上的一颗明珠。常人方法学开启了对社会成员不言自明的社会行动和互动能力的研究,而谈话分析从广度和细节上进一步深化了常人方法学研究,为互动行为这一社会行动典型特征的研究提供了系统的纲领和操作方法
工作研究	常人方法学的工作研究寻求对自然科学活动的研究,认为科学研究活动也是一种日常活动。在常人方法学视角下,科学工作等同于常人的日常活动,都具有索引性、权宜性和反身性等特征

资料来源:〔美〕艾尔·巴比:《社会研究方法》(第11版),邱泽奇译,华夏出版社2009年版,第294页;郑晓娴:《常人方法学实践行为特征分析——以食堂打饭为例》,《青年研究》2007第2期,第29—32页;Douglas W. Maynard and Steven E. Clayman, "The Diversity of Ethnomethodology," *Annual Review of Sociology*, Vol. 17, No. 1, 1991;范宏雅:《谈话分析的社会研究方法论意义》,《科学技术哲学研究》2012年第4期,第41—45页;〔美〕迈克尔·林奇:《科学实践与日常活动:常人方法论与对科学的社会研究》,邢冬梅译,苏州大学出版社2010年版,第39页;刘堃:《常人方法学工作研究分析:以解数学题为例》,《湖南医科大学学报(社会科学版)》2009年第4期,第18—20页。

此外,谈话分析与话语分析是容易被混淆的两种不同研究方法,为便于将二者区分开,在此对二者进行一个简单的比较(见表4.3)。

---

① 〔美〕伊恩·罗伯逊:《社会学》,黄育馥译,商务印书馆1990年版,第184页。
② 〔美〕迈克尔·林奇:《科学实践与日常活动:常人方法论与对科学的社会研究》,邢冬梅译,苏州大学出版社2010年版,第38页。

表 4.3　谈话分析与话语分析的比较

	谈话分析	话语分析
理论背景	常人方法学	社会建构主义、语言学
提出者	哈维·萨克斯	乔纳森·波特
分析内容	会话形式与程序	会话内容及主题
研究问题	社会成员建构社会现实所使用的形式上的程序	如何根据有关特定对象或过程的话语来研究社会现实的生成
研究目的	找出行动者行动的原则和机制	理解身份、想法与制度之间的相互影响
资料收集	录音、录像	录音
方法类型	日常会话、结构性谈话	福柯式话语分析
方法缺点	过于重视形式而忽视内容	缺乏可操作性的方法建议

注：话语分析的一种主要方法类型，是法国哲学家米歇尔·福柯（Michel Foucault）所提出的一种话语分析方法。它旨在分析语言、权力和意识形态的关系，揭示语篇如何源于社会结构和权力关系，又如何为之服务。它把话语不仅视为现实的反映或表征，同时也视作社会实践的重要组成部分，主张从语言/语篇或符号学的角度来理解和解释社会现实。

资料来源：〔德〕伍威·弗里克：《质性研究导引》，孙进译，重庆大学出版社 2011 年版，第 273 页。

六、研究设计及有效性

（一）研究设计

保罗·腾·哈弗指出，常人方法学并没有固定的研究设计。[①] 但是，本书认为常人方法学也有自己独特的研究程序和方法。而且，考虑到研究是讲求信度和效度的，因此运用常人方法学进行研究也需要有研究设计。结合定性研究的研究设计原则与常人方法学研究方法的独有特征，常人方法学的研究设计主要应包括以下几项内容。

---

① 范宏雅：《话语的社会建构：常人方法论谈话分析的理论和方法研究》，南开大学博士学位论文，2012 年，第 39 页。

第一,与传统质性研究方法不同,常人方法学研究设计的第一步并不需要一个非常具体的问题,只需要确定一个大概的研究领域。

第二,确定研究对象。

第三,确定研究的资料来源与资料收集方法,以及如何对收集到的资料进行整理与分析。

第四,研究设计应考虑伦理问题。由于常人方法学的资料收集技术一般会用到录音、录像,因此需要考虑录音、录像的可行性以及是否能够征得研究对象的同意。

(二)有效性

社会科学家在对社会现象进行研究时,一般用"效度"这一概念评价一项研究是否有效以及它所得到的结论是否真实、可靠和确切。评价一项质性研究的有效性通常需要考虑以下五个方面的效度问题,分别是:描述型效度、解释型效度、理论型效度、推论型效度和评价型效度。[①] 常人方法学作为一种质性研究方法,其研究的有效性同样需要注意这五个方面的效度问题。

1. 描述型效度

描述型效度是指对外在可观察到的现象或事物进行描述的准确程度。衡量描述型效度有两个条件:一是所描述的事物和现象必须是具体的;二是这些事物或现象必须是可见或可闻的。常人方法学尤其重视描述的有效性。为提高描述型效度,开展常人方法学研究至少需要做到以下三点:一是准确、全面、无遗漏地收集分析资料;二是确保收集的资料是在自然状态下发生的,不受研究过程的干预;三是要真实地呈现资料,客观地描述社会现象,避免研究者的主观意志影响。

2. 解释型效度

解释型效度指的是研究者了解、理解和表达研究对象对事物所赋予的意义的"确切"程度。满足这一效度的关键是研究者必须站在研究对象的角度,从他

[①] 陈向明:《质的研究方法与社会科学研究》,教育科学出版社2000年版,第342—347页。

们所说的话和所做的事情中推衍出他们看待世界以及建构意义的方法。提高常人方法学研究的解释型效度一则需要采取多种方式收集材料;二则需要细致地分析、转写和转录材料,避免遗漏关键信息或转换错误;三则尽量避免主观推论,要保证任何结论都是从材料中分析而来。

3. 理论型效度

常人方法学的理论型效度主要是指基于研究结果建立起来的理论是否真实地反映了所研究的现象。理论往往涉及概念以及概念间的关系,提高研究的理论型效度一是须确保概念的构念有效性,使得概念能够准确地反映某个现象;二是确保概念间关系的准确性,确保这种关系客观真实地反映了所研究的现象。

4. 推论型效度

推论型效度包含内部推论和外部推论两个维度。内部推论是指研究结果代表了本样本的情况,可以在本样本所包含的时空范围内进行推论;外部推论指的是研究结果可以应用于本样本范围之外的同类事物。常人方法学研究既要注重内部推论的有效性,也要考虑外部推论的适用范围。

5. 评价型效度

评价型效度指的是研究者对研究结果所做的价值判断是否确切。提高常人方法学研究的评价型效度一是要尽量避免研究者的主观价值判断,即研究者需要避免对要探讨的对象有一些自己的"前设"或"倾见";二是可以采取参与者检验法,将研究结果反馈给研究对象,由其评价研究结果的准确性。

七、操作流程

常人方法学并没有统一的操作流程,三种类型的方法都有各自的操作流程以及注意事项。

(一) 破坏性实验的操作流程

依据加芬克尔及其他研究者进行的破坏性实验可以总结出进行破坏性实验的一般操作步骤(见图4.3)。

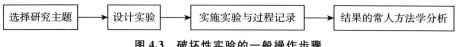

图 4.3 破坏性实验的一般操作步骤

资料来源:根据 Harold Garfinkel, *Studies in Ethnomethodology*, Prentice-Hall, 2006 及其他参考文献自制而成。

破坏性实验的实验设计原则就是要打破常规。例如有学者针对食堂打饭的日常现象设计了如下实验[①]:食堂中排队打饭的男生大都买三两或四两米饭,实验设计要求一名壮硕的男生实验者只买一两饭,进而观察打饭师傅的言语与表情。在这个过程中,研究者要全程旁观与记录,不得干预实验的进行,并将打饭师傅的言语、动作和表情记录下来。最后根据常人方法学原理对实验过程中所观察到的现象进行分析。

实验发现,打饭师傅对于又高又壮的男生只打一两饭表示惊奇并且议论纷纷,这就是加芬克尔所说的行动具有索引性的特征。索引性表达是与事物的特殊性和唯一性相联系的,是参照特定的场合和情境做出的,是受具体关系限制的。任何社会行动都处于具体的场景之中,行动者通过自己"权宜性的努力",使得行动与场景相符合。"虎背熊腰"对打饭的师傅而言就是一个线索,起着提供索引的作用:当打饭师傅看到一个这样身材的男生时,心中会预测他应该打三两以上的米饭,这才算与打饭者的身材相符。可见,人们的行为受索引性支配。但是很快我们就发现,打饭师傅会对这一现象做出一种解释,就是这个男生可能是给自己女朋友买饭,或者这个男生生病了因此饭量减少。这就与加芬克尔的反身性建构概念相符合。人们不是"判断的傀儡",而是具有主动建构性的。[②]

加芬克尔在《常人方法学研究》一书中汇报了他和研究助理开展的几项破坏性实验,其中一个案例记录的是一对夫妇晚上看电视时的对话[③]:

[①] 郑晓娴:《常人方法学实践行为特征分析——以食堂打饭为例》,《青年研究》2007 年第 2 期,第 29—32 页。

[②] Harold Garfinkel, *Studies in Ethnomethodology*, Polity, 1991, p. 47.

[③] 〔美〕玛格丽特·波洛玛:《当代社会学理论》,孙立平译,华夏出版社 1989 年版,第 220 页。

妻子：你哪儿觉得疲劳，是身上的、精神上的还是只觉得有些无聊？

丈夫：我也不太清楚，我想大概是身体疲劳吧。

妻子：你是说筋骨疼呢，还是肌肉酸呢？

丈夫：我想两者都有吧，不要太钻牛角尖。

（又看了一会电视以后）

丈夫：怎么所有的旧电影都有这种铁床架？

妻子：你是什么意思？你是指所有的旧电影，还是指大部分旧电影，或者是指这一部旧电影呢？

丈夫：你是怎么回事？你知道我说的是什么意思。

妻子：我希望你能讲得更清楚一点。

丈夫：你知道我说的是什么！别捣乱了。

这个例子说明以索引性表达展开的互动是有它的正常形式的，如果放弃正常的形式就会引起互动冲突和谈话不畅。在另一项实验中，加芬克尔让学生回到自己家里扮演寄宿生的角色，与家庭成员接触时，假装自己是寄宿的学生，表现得非常有礼貌，只有在别人问他的时候才讲话，并且避免议论别人。结果，在绝大部分个案中，家庭成员都感到困惑和震惊，急切地想理解这些学生的陌生举动，以便恢复正常的秩序。这些实验表明，在日常生活中习以为常的事件背后确实存在一些人们必须遵守的法则。当人们没有破坏它时，不会感觉到它的存在；而一旦破坏它，其控制力量就会显现出来。[①]

（二）谈话分析的操作流程

谈话是我们在这个世界进行交流与互动的主要方式，因此对谈话进行分析具有重要意义。正如前面所指出的，和话语分析不同，谈话分析的目的不在于对具体谈话内容与话题的分析，而是要从真实但琐碎的语料（语言材料）中分析出其所涉及的社会行动、社会成员的行为方式、社会成员如何向彼此展示话语

---

① 蔡禾主编：《现代社会学理论述评》，安徽人民出版社1992年版，第218页。

秩序与规则,以及话语规则与社会行动之间的共建过程等问题。这是谈话分析研究方法的核心所在。①

谈话分析的操作流程包括选择研究主题、提出假说、收集语料、转写语料、分析语料、得出结论、偏常案例分析、修正结论(见图4.4)。实际研究中,这几个步骤不是严格分开的,而是"螺旋式"交织在一起的。转写与分析的过程可能会为语料收集提供新的思路,而语料库的扩大又促进了新的研究发现。②

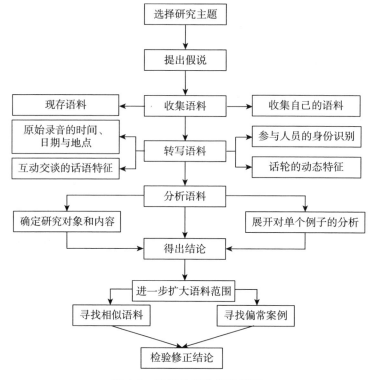

图 4.4　谈话分析的操作流程

资料来源:根据 Pau Ten Have, *Doing Conversation Analysis: A Practical Guide*, Sage, 2007 及其他参考文献自制而成。

---

① 范宏雅:《话语的社会建构:常人方法论谈话分析的理论和方法研究》,南开大学博士学位论文, 2012 年,第 39 页。

② Pau Ten Have, *Doing Conversation Analysis: A Practical Guide*, Sage, 2007, p. 68.

1. 语料收集,获取自然发生的真实语料

使用谈话分析收集语料有三点注意事项:首先,谈话分析所使用的语料应是非实验的和非合作产生的;其次,谈话分析并不使用访谈的方法而是通过观察法来获取语料;最后,资料获取所使用的技术手段包括录音、录像等。①

2. 语料转写

谈话分析中语料转写由分析者自己来做。谈话分析既关注互动交际的内容,更关注互动交际的方式;不仅要记录下人们互动交际中所说的每一句话,还要尽可能详细地记录互动谈话的细节特征,因为谈话分析的任务是发现互动交际中的序列特征,而语料转写的首要目标就是尽量真实再现录制语料的细节特征。围绕这一首要目标,盖尔·杰弗逊(Gail Jefferson)在20世纪60年代就创立了谈话分析的转写系统。这一系统的精确性与敏感性也是至今最为完善的,该系统所涉及的主要内容包括互动交谈的话语特征、原始录音的时间与地点、话轮(一般被理解为一个人获得说话机会时连续说出的话)的动态特征、参与人员的身份识别等(见图4.5)。

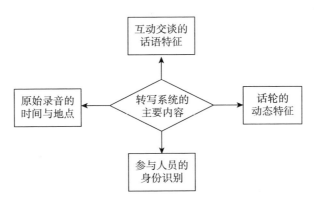

图 4.5 转写系统的内容

资料来源:根据 Pau Ten Have, *Doing Conversation Analysis: A Practical Guide*, Sage, 2007, pp. 93-114 自制而成。

---

① L. Alberto Franco and Christian Greiffenhagen, "Making or Practice Visible: Using Ethnomethodology to Analyse Facilitated Modelling Workshops," *European Journal of Operational Research*, Vol. 265, No. 2, 2018.

录音发生的时间、地点等情境细节是建立研究档案的重要环节。研究者需要对录音场景的背景特征进行详细记录。参与人员的姓名和职业等身份背景通常在转写语料的左侧列出。为了获取真实的语料,在录音和语料转写过程中需要注意时间、地点与身份背景的保密,研究者可以用只有自己熟悉的代码来表示这些信息。互动谈话的话语特征的记录方法不仅关注谈话参与者说了些什么,而且关注他们是"怎样"说的。除了记录语词之外,互动谈话中任何能够起到一定作用的声音都应该被转写下来。这包括很多不明其义的发声如"呃""呵""唔""嚄""啵"等,以及呼气声、吸气声和笑声等。这些声音不能被称为传统意义上的语词,但是它们对于建构整个话语的节奏和意义以及构成话轮方面都起到一定的作用。谈话分析语料转写的一个重要任务就是详细记录互动谈话中话轮的起始点,以及话轮重叠、间隔与停顿、呼吸声、笑声和沉默等具有话轮建构作用的成分与结构。具体例子见表4.4。

表 4.4 谈话分析的转写系统及常规符号

	常规符号 (规则)	代表含义
谈话 序列	[	左边的单个方括号代表重叠话语的起始点
	]	右边的单个方括号表示重叠话语结束的地方
	=	在下一话语的内部;或者一个在上一行的结尾,另一个在下一行的开端,表示中间没有"间隔"(gap)
计时 间隔	(0.0)	表示以秒为单位的沉默时间,如(4.1)表示4.1秒的停顿
	(.)	表示话语之间极短的停顿,一般少于0.2秒
言语 特征	词语	表示强调,可以通过增加音高、音量来实现,有时用斜体字来表示
	::	表示前一个语音的延长,冒号越多则语音越被延长
	-	表示声音突然结束
	.,??,	标点符号(表示语言特征,尤其是语调,并非语法单位)
	.	表示下降的语调
	'	表示继续的语调,如在朗读名单所列项目时
	?	表示上升的语调,并不一定代表问句
	,?	表示比逗号所表示的语调更为向上但比问号所表示的上升语调要弱

（续表）

常规符号（规则）		代表含义
言语特征		话语末尾缺失符号表示不确定语调
	↑↓	表示其后的话语出现急剧的上升或下降的语调
	大写	表示大写部分的话语与周围话语相比声音大很多
	°	话语相对低于周围声音
	< >	表示两个符号中间的话语比周围的话语语速快
	·hh	表示说话人的吸气声，h越多表明吸气声越长
	W(h)ord	将h加上括号或者一个单词中有一连串h表示气息声
	#abc#	同时发音
转写者的疑惑和评论	（词语）	括号表示转录者对括号中的转录内容不确定，包括自己的"最佳猜测"
	（　　）	表明转写者无法听清所说内容，括号中间空格长短表示无法转写的语言的长短
	(( ))	双括号表示包含转写者的描述
版面设置	文字处理	Word软件
	字体	Times New Roman 12
	边距	左2 cm，右5 cm
	行号	1，2，3，4，…每页重新计数
	行间距	1.5倍
	行对齐	左对齐
	页码标示	置顶，右侧
	段落格式	缩进1厘米
	页眉	访谈编号
	访谈者	I：访谈者（interview）
	受访者	IP：受访者（interview partner）

资料来源：根据 Harold Garfinkel, *Studies in Ethnomethodology*, Prentice-Hall, 2006, pp. 1-34; Rebecca Clift, Paul Drew and Ian Hutchby, "Conversation Analysis," in Jef Verschueren and Jan-Ola Östman, eds., *Handbook of Pragmatics: Manual*, John Benjamins Publishing Company, 2022, pp. 374-386 内容，作者自制。

3. 语料分析

语料分析是谈话分析研究的核心内容。谈话分析的目的是发现互动谈话的序列模式和技术,并通过系统总结这些谈话序列的策略来理解互动双方达成共识、实现交际目的的系统方法。因此,语料分析的核心任务仍然是发现社会成员运用互动话语实现社会交往和行动的途径以及方式。具体而言,就是要发现他们运用互动话语要完成怎样的社会行动,在成员"实践"中发现这些行动现实的建构模式以及某一特定的话语实践产生特定行动的具体过程。与社会科学的其他质性研究方法一致,"谈话分析模式"并不是指用统一的公式去对待语料从而生成某种固定模式的研究发现,而是指谈话分析的语料分析可以诉诸任一形式的解释技巧或途径来理解和发现语料中所呈现的话语互动模式。这一模式并不是用静态的和规定性的思维模式去看待语料,而是用开放的、审视的心态去发现语料本身所蕴含的内容。围绕这一核心思想,谈话分析在其发展过程中逐渐形成了以如下四个阶段(见图4.6)为代表的语料分析模式。

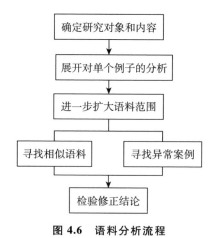

图 4.6 语料分析流程

第一阶段,确定研究对象和内容。

在录制语料和转写语料的步骤完成后,谈话分析开始研究互动谈话语料背后的运行模式和逻辑,而第一步就是要从语料中发现可能的研究对象和内容。与其他质性方法不同的是,谈话分析要求研究者在语料分析过程中不能存有任何预设的研究范围和对象,尽量避免已有理论概念对现有语料可能产生的影响,也就是尽量做到对所收集的语料"无动机地审视"(unmotivated examination)。无动机审视的唯一要求就是这些语料是自然发生的。

第二阶段,展开对单个例子的分析。

研究者需要对所取得的语料进行选择,通常是从单个例子入手,初步研究其中所存在的话语规律,并在其后的研究中进一步扩大范围并检验这一规律的普适性。哈弗建议在有目的地或任意地选择了转写语料之后,对语料的分析可以围绕以下四个相互区别但又相互关联的话语组织结构展开:话轮转换结构、话语序列结构、话语修正结构和话轮设计结构(见表 4.5)。①

表 4.5 语料分析过程中的四种话语组织结构

话轮转换结构	"谈话"的基本事实是,绝大多数情况下,某一时间只有一个人在说话,而说话者之间的轮换是以最小的间隙和最小的重叠反复出现。这一"事实"被看作是谈话者之间的一个连续的成就,它们是在一个接一个的基础上完成的;或者,更准确地说,是在任何一个"转换关联位置"、在任何一个"转换结构单位"的末尾完成的
话语序列结构	谈话中的话语是按顺序组织的,互动中的任何话语都被认为是在对话进行的过程中产生的,尤其是在前一句话之后,同时它为自己的"下一句话"创造了一个语境。邻接对是分析话语序列结构的主要工具
话语修正结构	用有组织的方法来处理互动过程中的各种问题,例如听力或理解问题。修复必须进行,且一旦开始,就会产生一种导致下一个行动的推迟或放弃的紧迫感
话轮设计结构	说话者以适合其接受者的方式建构话语。说话者预先假定了接受者所拥有的知识,进而设计自己的话语使其对特定接受者来说是可理解的问题

第三阶段,进一步扩大语料范围并完善理论陈述。

通过对单个例子的分析,总结出这些单个例子背后的互动谈话规则、原理、技术及其运算机制。随后,进一步扩大语料范围来检验这些结论的普适性是一个必要的过程。这里的关键是进一步选择语料从而实现理论不断扩充与更新的可能性。完善理论陈述有两条路径:一条是寻找类似语料从而验证已有理论

---

① Pau Ten Have, *Doing Conversation Analysis: A Practical Guide*, Sage, 2007, pp. 128-136.

的统一性,同时归纳出同一类别语料中可能出现的差异;另一条是寻找不同语料从而验证已有理论的普适性和差异语料的特性。就谈话分析而言,第一条路径就是不断扩大相似语料的来源,如从不同机构、媒体及参与人员中寻找类似的谈话模式、行动类型以及序列结构等,从而验证已生成的相关结论。另一条路径就是运用"异常案例分析"(deviant case analysis)法,挑选与已有结论不相符的谈话语料并分析其特殊性,同时论证其与已有结论的相关性。

第四阶段,检验修正结论。

扩大分析语料范围的目的不仅在于扩充与完善理论,还在于检验和修正结论。具体做法是在单个案例分析结束后,使用更多的实例(不同的个案、视觉数据或量化分析)重新按第二步的四种话语组织结构扩展分析;根据与初步总结的契合度来标记后面所做的观察,在此基础上,根据需要修改结论,使其适合新旧数据;重复这一过程直到处理完所拥有的语料,随着数据覆盖范围的扩大,结论被反复修改、检验,形成最终结论。①

(三) 工作研究的操作流程

皮尔斯·弗林在研究常人方法学运动时,将其划分为第一代、第二代、第三代和第四代,并指出第四代常人方法学家将研究集中于工作研究。② 工作研究开始于所谓的"希尔斯的抱怨"(Shills' complaint),希尔斯认为加芬克尔等人以前用互动网络分析研究陪审团工作的方法并未指出陪审团作为陪审团是如何工作的。因此,加芬克尔开始分析"一个职业作为职业如何工作"的社会现象。根据加芬克尔的说法,正式的工作研究开始于 1972 年沙德诺运用萨克斯对谈话事件的研究方法来分析职业爵士乐。③ 之后,加芬克尔及其同事对数学以及自然科学进行工作研究,包括天文学、生物学、神经学和光学④;阿尔贝托·佛朗

---

① Pau Ten Have, *Doing Conversation Analysis: A Practical Guide*, Sage, 2007, pp. 164-165.
② Pierce J. Flynn, *The Ethnomethodological Movement: Sociosemiotic Interpretations*, De Gruyter Mouton, 1991, pp. 25-70.
③ 杨善华主编:《当代西方社会学理论》,北京大学出版社 1999 年版,第 76 页。
④ Douglas W. Maynard and Steven E. Clayman, "The Diversity of Ethnomethodology," *Annual Review of Sociology*, Vol. 17, No. 1, 1991.

哥等人用常人方法学来研究行为运筹学[①];近年来,越来越多的学者将工作研究运用于医学卫生领域,如对手术活动的研究[②]。

工作研究通常以"某项工作如何开展或完成"为核心问题,遵循常人方法学的方法论准则:一方面涉及各种研究方法与技术的应用,如民族志、谈话分析方法以及录音、录像等技术;另一方面又因地制宜地采取各种研究策略与方法。一般而言,工作研究主要包括以下五个操作步骤(见图4.7)。

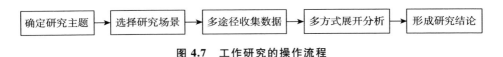

图4.7 工作研究的操作流程

1. 确定研究主题

开展工作研究首先需要明确研究主题,包括明确想要研究的工作类型、具体的工作场景以及需要探究的大致问题,如某个学生是如何解答数学题的,一项外科手术是如何顺利实施的,孩子们之间的游戏是如何顺利进行的,等等。

2. 选择研究场景

明确研究主题之后则需联系和确定适合开展工作研究的场景,包括确定某项工作实施的场地和相关人员,提前与他们取得联系并事先征求他们的同意,以及确保所选择的场地和人员能在自然状态下正常进行某项工作。同时,在数据收集阶段可能根据研究需要进一步拓宽被观察的人员和工作范围。

3. 多途径收集数据

正式开展工作研究时,一般需要采取多种方法和技术收集研究数据。如对工作过程进行录音、录像,对工作过程进行实时观察、拍照和记录,查看和收集工作人员的工作记录,对相关工作人员进行访谈,等等。

---

① L. Alberto Franco and Christian Greiffenhagen, "Making or Practice Visible: Using Ethnomethodology to Analyse Facilitated Modelling Workshops," *European Journal of Operational Research*, Vol. 265, No. 2, 2018.

② M. S. Svensson, P. Luff and C. Heath, "Embedding Instruction in Practice: Contingency and Collaboration during Surgical Training," *Sociology of Health & Illness*, Vol. 31, No. 6, 2009.

4. 多方式展开分析

数据收集初步完成后,需对数据进行整理,进而展开分析。分析应同时考虑和结合多种方式,包括视频转录、谈话分析、关键事件分析等。

5. 形成研究结论

在综合分析的基础上,围绕研究问题形成初步的、符合逻辑的研究结论。得出初步结论后,可进一步与实施该项工作的相关人员展开讨论,以验证结论的正确性和科学性。

八、质量评价和保证

常人方法学的研究质量可以从资料真实性、程序合适性、转写有效性、结论可靠性和报告规范性这五个维度展开评价(见表4.6)。

表 4.6　常人方法学的质量保证

评价标准	质量保证
资料真实性	收集的资料要全面客观和真实,避免信息遗漏和数据中断;同时确保收集的资料是自然发生的,没有受研究者和研究过程的干预与影响
程序合适性	根据研究问题的需要来确定转录内容和精确性标准。以下为评估口语资料转录体系的几个一般性原则:可操作性(对于转录者而言)、可读性、可学习性、可诠释性(对诠释者和电脑而言)
转写有效性	进行录音转写时要保证转录标准的一致性和不同转录人员转写结果的一致性。质量保证的方法在于将多个人的转写记录进行比较。通过寻找异常案例来完善已有结论,以增加其推论效度
结论可靠性	适合采用参与者检验的方式对研究结论进行质量评价,在研究的初步结论出来以后将结论反馈给研究对象,根据研究对象的意见,结合丰富的原始材料,进一步修正研究结论,以提高研究结论的可靠性
报告规范性	既要遵循研究报告的基本规范,报告研究背景、问题、目的、方法、过程和结论等,同时也要体现常人方法学研究的特性,在报告中规范地展现分析过程和呈现各类佐证材料(如图片、视频转辑、研究对象所做记录等)

九、使用中应注意的问题

常人方法学注重观察,并关注在不使用传统理论框架的情况下实际发生了什么,强调任何活动都可以在创造秩序的自然环境中进行实时研究。无论是破坏性实验,还是谈话分析与工作研究,都非常注重对研究对象的忠实刻画、记录与描述。使用常人方法学开展研究需要注意以下几个问题:

(一) 注意研究伦理

跟其他任何研究方法或研究设计一样,常人方法学也需要得到伦理上的认可。这可能是使用常人方法学的一个巨大挑战,如前所述,常人方法学最主要的数据收集技术是视频记录。研究者一是需要得到研究对象对其实践行为与互动谈话进行录像、录音,甚至出于研究目的以各种方式公开录像、录音材料的许可;二是需要避免研究主题或研究内容侵犯研究对象的隐私,从而对研究对象产生负面影响;三是需要注意开展破坏性实验的情境选择,避免相关实验给研究对象的日常生活带来过多的不良影响。

(二) 客观准确收集研究资料

为确保研究对象能被客观、准确地观察和描述,在使用常人方法学开展研究时,需采取多种方式保证数据资料收集的质量。一是研究者需对收集数据资料的录音、录像设备非常熟悉,能够熟练并自然地运用和操作这些设备,避免由于设备故障或操作失当导致的数据不连续、不完整。二是使用录音方式收集数据时,应确保口语被清晰地捕捉到;使用录像方式收集数据时,视频记录要能清晰捕捉互动细节,如面部表情、凝视方向和具体互动等。

(三) 熟练掌握转写转录技能

一旦录音录像完成,必须对音频或视频数据进行转写转录。这一方面要求研究者提高使用技术的技能,因为语音或视频的编辑和剪辑过程会涉及大量的数据资料的处理,对技术水平要求较高。另一方面则要求研究者熟练掌握语料转写和视频转录的技能。若研究者对技术操作不熟练,不仅会因为转写转录涉及大量数据而耗时太长,更可能导致转写转录错误,丢失关键信息或无法识别重要信息,进而导致理论建构出现偏差偏误。此外,在转写和转录过程中,应该严格遵守客观的规则和流程,避免流程不完善或个人主观行为带来的影响。

关键术语

常人方法学　可说明性　索引性　反身性　破坏性实验　谈话分析
工作研究　福柯式话语分析　话轮

思考题

1. 常人方法学与现象学的关系是什么?
2. 常人方法学的三种方法类型各适合研究哪类问题?
3. 常人方法学三种方法类型的具体操作流程具有什么异同点?
4. 在政治学与公共管理领域,哪些研究问题适于用常人方法学进行研究?
5. 在政治学与公共管理领域使用常人方法学进行研究时,应该注意哪些问题?

延伸阅读

Alain Coulon, *Ethnomethodology*, Sage, 1995.

Deirdre Boden and Don H. Zimmerman, *Talk and Social Structure: Studies in Ethnomethodology and Conversation Analysis*, University of California Press, 1991.

Douglas W. Maynard and Steven E. Clayman, "The Diversity of Ethnomethodology," *Annual Review of Sociology*, Vol. 17, No. 1, 1991.

Harold Garfinkel, *Studies in Ethnomethodology*, Prentice-Hall, 1967.

Jeff Coulter, *The Social Construction of Mind: Studies in Ethnomethodology and Linguistic Philosophy*, Springer, 1987.

Louise Preget, "Understanding Organizational Change as an Interactional Accomplishment: A Conversation Analytic Approach," *Journal of Change Management*, Vol. 13, No. 3, 2013.

Paul Ten Have, *Doing Conversation Analysis: A Practical Guide*, Sage, 2007.

Pranee Liamputtong, ed., *Handbook of Research Methods in Health Social Sciences*, Springer, 2019, pp. 269-283.

Roy Turner, ed., *Ethnomethodology*, Penguin Books, 1974.

李猛:《常人方法学四十年:1954—1994》,李培林、覃方明主编:《社会学理论与经验》(第二辑),社会科学文献出版社2005年版,第98—162页。

〔美〕迈克尔·林奇:《科学实践与日常活动:常人方法论与对科学的社会研究》,邢冬梅译,苏州大学出版社2010年版。

经典举例

Harold Garfinkel, *Studies in Ethnomethodology*, Prentice-Hall, 1967.

1. 著作简介

《常人方法学研究》(*Studies in Ethnomethodology*)一书被誉为常人方法学学派的"圣经",其问世标志着常人方法学的正式确立。该书汇编了加芬克尔的早期研究成果,系统介绍了常人方法学的基本思想以及按常人方法学范式展开的相关研究。全书利用舒茨的研究思路来思考社会行动、社会结构与社会秩序等问题,在此基础上提出了独特的行动理论,并说明了常人方法学的研究程式,从而为常人方法学奠定了理论和方法论基础。在引用自己开展的系列研究论证常人方法学的核心思想和研究范式的基础上,加芬克尔最后阐述了科学活动和常识性活动的理性特质,分析了行为的各种理性属性,以及理性行为发生的社会系统条件。加芬克尔同时指出,传统社会学虽站在科学理性的高度,以实证主义的范式来研究社会变动,但事实上并未遵循科学理性的态度进行社会学研究,而是以日常生活态度观察具体的社会现象,提出假设、经过推理来了解社会,因而得出的理论往往是理念型的。

值得一提的是,书中介绍了一个运用常人方法学范式开展的研究,该研究展现的是一个天然存在的"破坏性实验"在遭受常规社会的各种压力后,如何重新适应社会、融入社会的种种努力,以此呈现社会实践中普遍存在的,而不被社会成员或科学研究所重视和关注的各种"习以为常"的行为、规则与习惯。下面是对该研究的简单介绍。

2. 研究背景和问题

加芬克尔的这项研究是从关注一个跨性别者——阿格尼丝(Agnes)的生活历程展开的。在当时社会的正常认知里,人的性别只存在男性和女性,两者之间在生理、心理、行为等方面存在严格的区分,社会及生活在其中的每个成员对男性和女性已然存在固有的认知和期望。然而,阿格尼丝却是个特殊的存在,其同时拥有男性的生殖特征和女性的身体特征。由于其拥有男性的生殖器官,所以从出生起阿格尼丝的性别就被定义为一个男性,在生活中也被当作男性对待。然而,由于其女性身体特征以及内心的女性自我认知,阿格尼丝逐渐反感人们将其视为男性;同时阿格尼丝也因表现出许多"被认为"是女性的行为,而不被身边的人理解,甚至被嘲笑。于是,为了成为一个真正的、正常的、自然的女性,阿格尼丝开始了从身体、行为到生活方式的重新塑造过程。

加芬克尔希望通过观察阿格尼丝的这一重塑过程,探究成员如何确保自身与同伴相同,并使同伴相信自己与他们确实是一样的,即获得同伴的信任;成员如何将自己和别人的过去、现在和未来的场景"合理化";以及为什么成员会要求对方也这么做。

3. 研究方法与过程

为回答上述问题,加芬克尔需要对阿格尼丝的转变过程有非常深入、细微的了解和观察。因此,在研究过程中,加芬克尔综合采用了访谈和情景观察的方法进行材料收集。首先,加芬克尔对阿格尼丝开展了长达9个月的每周定期谈话,形成了阿格尼丝的个人传记材料。通过谈话以及对谈话材料的分析,加芬克尔了解了阿格尼丝的性格特征、内心想法、过去的经历、身体特征的变化过程、对自己身体和行为的认知、社会环境给阿格尼丝带来的压力等等。同时,加芬克尔在阿格尼丝接受性别转换手术前后进行了深入的谈话和跟踪谈话,以了解阿格尼丝如何一步一步将生理与身体特征完全转化为女性,并且不断适应和提升自身女性生理特征的种种努力。

此外,加芬克尔还通过观察各种场景下阿格尼丝的表现以及对其跟踪谈话了解阿格尼丝在行为方式上的转变与对环境的适应。加芬克尔发现阿格尼丝每时每刻都在通过不同的方式学习像女人一样行事。在不同场合中,阿格尼丝被要求遵守女性行为习惯、着装习惯,并表现出一般女性拥有的技能、情感表达方式甚至是愿望。对阿格尼丝来说,学习这些习惯与标准是一个持续不断的自我完善过程。阿格尼丝需要弥补过去所缺失的女性经历,需要在不同的场合管理自己的行为,因应场景表现出符合社会成员期待的女性形象,直到自己被大家所接受,并理所当然地被视为正常的、自然的女人。

4. 研究发现和意义

阿格尼丝的案例研究是通过跟踪研究一个不符合社会常规期待的角色(跨性别者)如何一步步转变为正常角色(正常、自然的女性)的过程,使人们重新发现普遍存在的、不被人所关注和重视的、被认为是代表女性的日常社会行为、习惯与规则,展现一个打破常规者重新发现、认识和学习常规的过程。对阿格尼丝来说,日常生活中稳定的常规是其"不可分离的"成就,通过坚持不懈的、瞬间的、情境化的即兴创作过程来保证其行为符合社会其他成员的期待。通过对这一案例的研究,加芬克尔发现了社会成员在他们实际参与的实践中,是如何从内部"了解"社会,从而产生稳定、负责任的实践活动,即日常活动的社会结构。加芬克尔指出,"价值稳定性""对象稳定性""印象管理""遵守合理预期的承诺""合理化"与成员应对现实情况的不可避免的行为有着紧密的联系。

5. 质量保证与评价

在研究过程中,加芬克尔通过长时间的深入谈话获得了丰富的材料,他将谈话整理的材料称为阿格尼丝的"传记",这充分说明了其研究资料的扎实和细致。此外,加芬克尔还将情景观察与跟踪谈话相结合,以细致展现阿格尼丝在不同场合下的真实表现,既保证了研究过程的完整性,又增强了研究结论的可靠性和说服力。此外,在这项研究中,加芬克尔巧妙地利用跨性别者改变自身、适应社会的案例来说明日常活动社会结构的存在,以及成员是如何持续产生和维护这一社会结构的。这一案例可视为一个天然存在的"破坏性实验"试图恢复常规的过程，实验对象通过不断学习和展示被社会成员视为常规的行为、规则与习惯，消除令人感到困惑或矛盾的现象，从而使自我被社会成员所接纳，并在此过程中重新发现为人所忽略的"习以为常"的社会行动、社会秩序和社会结构，实现了通过"打破常规—学习常规"来重新发现常规的目的，有力地阐明了常人方法学的理论与方法论主张。

第五章 扎根理论*

本章要点

- 扎根理论的定义、特点和优劣势；
- 扎根理论的适用范围和条件；
- 不同类型的扎根理论；
- 扎根理论的基本研究设计方法和操作流程；
- 扎根理论质量评价和保证的一般方法。

一、导　言

扎根理论（grounded theory）是一种常用且有影响力的社会科学研究方法，在收集数据资料、确定核心概念、探寻社会现象间关系、建构理论等方面有着显著优势，且其流程清晰，步骤明确，可操作性强，具有规范性和科学性的特点。扎根理论发展至今，也出现过不同取向、不同版本间的争议与讨论。

本章不介入这些争议和讨论，只从一般性的角度，就这一方法进行概括性介绍。本章所关注的主要问题有：扎根理论的特点、优势和劣势是什么？扎根理论适用于哪些政治学与公共管理学的研究情境？扎根理论的基本操作程序有哪些？扎根理论的研究质量如何保证并进行评价？这些问题是扎根理论研究者必须面对并解决的问题。

---

* 本章部分内容改编自本章作者公开发表的论文，详见贾哲敏：《扎根理论在公共管理研究中的应用：方法与实践》，《中国行政管理》2015 年第 3 期，第 90—95 页。

二、定义、特点和优劣势

（一）定义

确切地说，扎根理论并不是一种理论，而是一种研究方法论。经典扎根理论认为扎根理论即从经验数据中生成理论①；程序化扎根理论认为扎根理论是源于质性资料分析的理论建构②；建构扎根理论认为，扎根理论方法包括一些系统而又灵活的准则帮助研究者收集和分析质性数据，并扎根在数据中建构理论③。施特劳斯和科宾将扎根理论定义为用归纳的方式对现象加以分析整理并得出结果的方法。④ 陈向明认为，扎根理论是一种自下而上建立理论的方法，即在系统收集资料的基础上，寻找反映社会现象的核心概念，然后通过在这些概念之间建立起联系而形成理论。⑤

本书认为，扎根理论指的是研究者通常不预先确定具体问题（相对而言）和研究假设，也不拘泥于对研究现象的描述和解释，而是通过数据收集和资料分析自下而上归纳形成概念和类属，并进一步在概念和类属间建立联系以形成理论的研究方法。例如，巴尼·格拉泽（Barney Glaser）认为，"扎根理论的目标是通过生成理论去解释与参与者有关或与参与者涉及问题相关的行为模式"⑥。总之，扎根理论试图"填平理论研究与经验研究之间的鸿沟"⑦，并在科学与艺术之间寻求平衡。

---

① Barney Glaser and Anselm Strauss, *The Discovery of Grounded Theory: Strategies for Qualitative Research*, Aldine, 1967, p. viii.
② 〔美〕朱丽叶·M. 科宾、安塞尔姆·L. 施特劳斯:《质性研究的基础:形成扎根理论的程序与方法》，朱光明译，重庆大学出版社 2015 年版，第 1 页。
③ 〔英〕凯西·卡麦兹:《建构扎根理论:质性研究实践指南》，边国英译，重庆大学出版社 2009 年版，第 3 页。
④ Anselm Strauss、Juliet Corbin:《质性研究概论》，徐宗国译，巨流图书公司 2004 年版，第 25 页。
⑤ 陈向明:《质的研究方法与社会科学研究》，教育科学出版社 2000 年版，第 327 页。
⑥ Barney Glaser, *Theoretical Sensitivity: Advances in the Methodology of Grounded Theory*, Sociology Press, 1978, p. 93.
⑦ Ibid, p. vii.

（二）特点

一般认为，扎根理论的使命是让质性研究从描述走向解释与理论建构。其主要特点如下：

（1）文献延迟。扎根理论并不要求研究者在研究开始前就已经全面掌握了该领域先前的所有文献。研究者可以自行选择如何使用先前的文献。例如，借助文献提出用以进行经验观察或访谈的问题；将文献本身视为分析资料，用于概念或理论抽样结果的比较；或者只是为了研究进行必要的知识储备。此外，研究者还要注意不应被先前文献所限制，要以开放的心态对文献加以利用。

（2）重视经验事实和数据材料。扎根理论十分重视收集经验事实的资料，收集多元、丰富、扎实的数据，并对所有数据进行编码，且分析与结果都要基于数据。但扎根理论的主要特点并不在于经验性，而在于它从经验事实中抽象出了新的概念和思想。因此，扎根理论方法基于的是后实证主义的范式，强调对目前已经建构的理论进行证伪。①

（3）持续比较。扎根理论的另一个特点是在分析的过程中进行持续比较，在事件和事件之间、资料和资料之间、数据与数据之间不断进行对比，寻找相似点与差异性，并在比较结果的基础上提炼出类属和属性。持续比较能够让研究者将一种类属或属性从另一种类属或属性中区别开来，发现新类属以及该类属特有的维度②，从而帮助研究者将所掌握的资料、概念类属、类属的特性以及概念类属之间的关系描述出来，作为对研究问题的回答③。

（4）致力于建构能"解决问题"的理论。如前所述，扎根理论基于资料自下而上地建构理论，尤其致力于建构介于宏大理论和微观操作性假设之间的实质理论。④ 这些理论要能够解释或解决一个特殊领域的具体问题，而不是只提供空洞、宏大、抽象的宏观框架，并能够实现积累，生成更为丰富的理论。

---

① 陈向明：《扎根理论的思路和方法》，《教育研究与实验》1999年第4期，第58—63页。
② 〔美〕朱丽叶·M.科宾、安塞尔姆·L.施特劳斯：《质性研究的基础：形成扎根理论的程序与方法》，朱光明译，重庆大学出版社2015年版，第81页。
③ 陈向明：《扎根理论的思路和方法》，《教育研究与实验》1999年第4期，第58—63页。
④ 同上书，第58—63页。

（5）重视互动和诠释。建构扎根理论可以看作是研究者、资料、文献持续互动的过程,研究者对经验资料的"诠释"是关键所在。因此,研究者与研究对象之间要深入互动以产生真正的意义,并不断加深理解。而且,在这一过程中生产出的并加以运用的"符号"是至关重要的。

（三）优势和劣势

扎根理论研究方法的主要优势如下：

（1）操作相对规范。与其他质性研究相比,扎根理论具有一套完整、相对规范的操作流程,这就提高了质性研究的科学性,也使其具有较强的实用性。

（2）重视数据的收集。扎根理论几乎使用所有质性研究常用的数据收集方法,如深度访谈、焦点小组访谈、观察法等,还会使用其他各种类型的资料(如档案、通告、报道、手稿、日记、影像等),这使得扎根理论研究的数据基础非常扎实。

（3）数据的整理与分析较科学规范。扎根理论研究方法要求对经验数据进行多层次的编码,并重视资料之间的比较与关联。这种基于数据的归纳、提炼与比较,贯穿于研究始末,能够最大限度地挖掘数据与资料的价值,确保每一项理论建构都来源于经验数据。

（4）融合或借鉴多种质性研究的思路与方法。扎根理论颇具开放性,融合、借鉴了多种质性研究的思路与方法,例如：从民族志研究中学习进入现场、文化礼仪与伦理;借助文本分析的思路挖掘"文本"潜在的意义;将多个个案研究成果作为经验资料的基础之一;借鉴历史分析方法来理解、解析各类政策文本或经济数据。正是这种较为开放、包容性极强的特点,使得扎根理论能够实现更有洞见、更为深入的研究。

（5）擅长建构理论。扎根理论通过质性资料的系统分析,对社会现象或问题做出普遍深入的解释,探索事物之间的关联并预测规律与趋势,致力于生成理论,弥补了质性研究在理论建构方面的不足。

但是扎根理论也有自己的一些劣势：

（1）研究成本较高,研究周期长。扎根理论倡导研究者尽量收集最为全面的资料,且在编码和分析的过程中需要反复整理、提炼资料,建构理论阶段也需要进行多次理论抽样。这些都要花费研究者较多的时间和精力,且对研究经费与研究条件也有较高要求。

(2)看似容易上手,但实际上具有较高的门槛。初学者经常面对海量的资料而不知所措,在提炼概念和理论建构时感到捉襟见肘。即使是有经验的研究者也需要反复学习、训练,不断实践、总结经验、优化和提升研究能力,这样才能用好扎根理论。

(3)过程中容易存在一些不规范操作,如数据收集不到位、编码不完整、不做备忘录、理论不饱和等,影响扎根理论的质量。

(4)容易导致盲目研究、重复研究等。扎根理论所强调的"无偏见"的文献延迟容易导致研究者滑向盲目研究、重复研究或无意义研究的深渊,这是研究者尤其是初学者应当避免的。

(5)研究结果受制于研究者的理论敏感性。研究者理论敏感性的差异容易导致研究结果的差异,问题和理论的自然呈现也极易夭折于研究者的理论敏感性,这也导致扎根理论面临着"一般人都能用,一般人用不好"的困境。

三、起源、发展和理论基础

(一) 起源

扎根理论缘起的一个重要背景,即社会科学量化研究占据主导地位,而质性研究被低估了。定量研究者重视社会调查,热衷于将可观察、可认知的经验事实转化为可测量的变量,通过统计方法验证假设并寻求因果解释。质性研究则被认为是非科学的,只能用来描述现象或探究社会个体,或是作为量化研究展开调查的辅助手段,而扎根理论在理论研究和经验研究中的桥梁作用使得质性研究方法获得突破。20世纪60年代,社会学家巴尼·格拉泽与安塞尔姆·施特劳斯对医院重病患者的死亡过程进行了深入研究。通过长期的观察与访谈,他们记录了医患之间的所有信息流动与互动行为,并对大量的笔录、日记、数据资料进行了详细分析,建构了死亡过程分析理论,并于 1967 年出版著作《扎根理论的发现》(*The Discovery of Grounded Theory*),第一次阐释了扎根理论研究方法论及其策略。

(二)发展

扎根理论的发展可以概括为以下两个阶段:

1. 经典扎根理论的发展

《扎根理论的发现》的出版,标志着经典扎根理论的诞生。随后,格拉泽和施特劳斯在此基础上又进行了大量研究。格拉泽于 1978 年出版了《理论的敏感性:扎根理论方法论前沿》(*Theoretical Sensitivity: Advances in the Methodology of Grounded Theory*),施特劳斯于 1987 年出版了《社会科学家的定性分析》(*Qualitative Analysis for Social Scientists*),这些成果极大地推动了经典扎根理论的发展。

2. 各扎根理论研究取向的共存

1990 年,施特劳斯和他的学生朱丽叶·科宾合著的《质性研究的基础:形成扎根理论的程序与方法》(*Basics of Qualitative Research: Grounded Theory Procedures and Techniques*)出版了。书中重新界定了扎根理论的程序、方法和概念,形成了程序化扎根理论(proceduralised grounded theory)。而这在格拉泽看来有悖于经典扎根理论的基本精神:研究者需要保持"学术中立"和"学术空白"以进入研究场景,拒绝事先设定的研究问题和假设。1992 年,格拉泽出版了《扎根理论分析基础:浮现对强制》(*Basics of Grounded Theory Analysis: Emergence vs. Forcing*),代表着格拉泽和施特劳斯的分歧正式产生。随后,施特劳斯的另一位学生凯西·卡麦兹(Kathy Charmaz)从实证主义的源头再出发,融合建构主义发展出建构扎根理论(constructing grounded theory)的研究取向,但这一研究取向同样也被格拉泽所批判。

(三)理论基础

扎根理论的创立与发展承继了非常丰富的理论源流,它通常被认为至少嫁接了社会学中两个互相矛盾而且彼此竞争的传统:哥伦比亚大学的实证主义和芝加哥学派的实用主义传统①(见表5.1)。

表5.1 扎根理论的理论源流

理论源流	内涵
实证主义	一种认识论,认同一元论科学方法,包括在外部世界进行客观的系统观察和实验。实证主义探究的目标是发现和建立普遍规则,以解释研究对象,并根据普遍规则进行预测。最后,实验和预测会导致对研究现象的科学控制
实用主义	一种美国的哲学传统,认为现实的特征是非决定性和流动的,是对多元解释开放的实用主义假设,人是积极的和具有创造性的。实用主义哲学中,意义是通过解决问题的实践行动、通过人们认识世界的行动而产生的。实用主义把事实和价值看作是相互关联的,而不是隔离的,把真理看作是相对的和临时的
符号互动论	一种来自实用主义的理论视角,假设人们通过互动建构了自我、社会和现实。这一视角关注的是意义和行动之间的动态关系,它解决的是人们产生和传递意义的积极过程。意义产生于行动,反过来又影响行动。这一视角假设,个体是积极的、具有创造性和反思性的,社会生活是由过程组成的
建构主义	一种社会科学的视角,解决现实是如何形成的问题。这一视角假设,人们,包括研究者,建构了他们所参与的现实。建构主义的探究从经验出发,追问其成员是如何建构了他们的经验的。建构主义者会尽最大努力进入现象,获得对现象的多元观点,并将其放在联系与限制的网络中。建构主义者认识到,他们对被研究现象的解释本身就是一种建构

资料来源:〔英〕凯西·卡麦兹:《建构扎根理论:质性研究实践指南》,边国英译,重庆大学出版社2009年版,第236—238页。

格拉泽在哥伦比亚大学曾经跟随保罗·拉扎斯菲尔德(Paul Lazarsfeld)一同从事量化研究。他将扎根理论"沉浸在冷静的经验主义、严格的编码方法之

---

① 〔英〕凯西·卡麦兹:《建构扎根理论:质性研究实践指南》,边国英译,重庆大学出版社2009年版,第8页。

中,强调'生成'(emergent)的发现,以及模仿量化方法有些模糊的专门化语言"①,这使得经典扎根理论充满实证主义的色彩。

施特劳斯曾在芝加哥大学攻读博士学位,因此受到芝加哥学派实用主义传统和符号互动论的影响。实用主义传统将行动者、生成过程、社会的及主观的意义、问题解决过程及行动的开放研究引入扎根理论,而符号互动论则假设社会、现实及自我是通过互动建构起来的。② 施特劳斯与科宾所倡导的程序化扎根理论是在实用主义哲学和符号互动论的基础上的再出发。芝加哥学派还尤其重视采用参与观察和深度访谈的方法来收集资料,这一方法原则也被扎根理论所广泛采纳。

卡麦兹提出的建构扎根理论则吸收了建构主义思想,强调研究者与研究对象之间的互动与沟通,希望明确人们是如何建构了他们的经验。这使得扎根理论逐渐带有解释主义的色彩。卡麦兹的论点包括三方面:(1)扎根理论方法不必是生硬的或规定性的;(2)在运用扎根理论方法的过程中同时强调意义,加深解释性理解;(3)吸收扎根理论的同时可以剔除实证主义对早期扎根理论立场的理解。③

四、适用范围

科宾等曾经谈道:"致力于扎根理论的研究者之所以倾向于使用这一方法,是因为这种方法中的流动性(fluid)、演进性(evolving)以及动态的本质更加吸引他们。"④但更为重要的是,研究者需要明确扎根理论是否适用于他们所选择的研究问题。通常而言,质性研究所适用的概括性问题、特殊性问题、差异性问题、过程性问题、意义类问题、情境类问题、比较类问题、因果类问题都可以考虑

---

① 〔英〕凯西·卡麦兹:《建构扎根理论:质性研究实践指南》,边国英译,重庆大学出版社2009年版,第9页。
② 同上。
③ 〔美〕诺曼·K.邓津、伊冯娜·S.林肯主编:《定性研究(第2卷):策略与艺术》,风笑天等译,重庆大学出版社2007年版,第545页。
④ 〔美〕朱丽叶·M.科宾、安塞尔姆·L.施特劳斯:《质性研究的基础:形成扎根理论的程序与方法》,朱光明译,重庆大学出版社2015年版,第15页。

使用扎根理论方法。① 具体到管理学领域,有学者提出了适用扎根理论的两种主要情境:第一种是按照时间顺序对已发生的事件进行回顾,并且在回顾过程中展现相关事件的因果关系;第二种则主要探讨组织管理领域未完全明确或未得到广泛认同的概念的内涵与外延。② 针对扎根理论方法的优势以及政治学与公共管理的学科特点,在如下四类问题中,研究者可以考虑选用这一方法开展研究。

(一) 因素识别类问题

因素识别是指研究者试图从数量庞大的基础资料中发现影响某一问题的几类因素,并探寻变量间的因果关系,从而建构关于研究问题的中层理论。政策分析、危机管理、政治参与、政府治理等领域都有大量与"因素识别"有关的议题,这也是应用扎根理论最多的一类研究问题。例如,有国内学者研究了地方政府网络治理,识别了影响网络治理形成的三个因素,包括政府主体、公共服务、社会环境,探讨了不同因素对网络治理形成的影响,形成概念模型并提出假设。③ 还有学者通过对网络评论帖进行编码,用扎根理论研究了政策态度形成的过程模型,并认为"政策认知定势"和"政策沉淀"分别是导致网民政策认知偏差的主客观因素。④ 另有研究对影响基层县级政府社会稳定风险评估机制的关键因素进行了探索性识别,认为内隐意识、执行成本、行政系统规范、制度工具情境这四个主要范畴对以县级政府为代表的基层社会稳定风险评估执行存在显著影响。⑤

(二) 解读过程类问题

解读过程类问题的目的是通过对繁琐、细微的社会现象和对资料的总结与

---

① 陈向明:《质的研究方法与社会科学研究》,教育科学出版社2000年版,第327页。
② 王璐、高鹏:《扎根理论及其在管理学研究中的应用问题探讨》,《外国经济与管理》2010年第12期,第10—18页。
③ 刘波等:《地方政府网络治理形成影响因素研究》,《上海交通大学学报(哲学社会科学版)》2014年第1期,第12—22页。
④ 陈娇娥:《基于扎根理论的网民公共政策态度形成研究》,《公共管理学报》2010年第3期,第89—94页。
⑤ 刘泽照、王惠佳、黄杰:《基于政策执行的基层政府社会稳定风险评估——一项面向西部Z县的质性研究》,《东北大学学报(社会科学版)》2013年第6期,第606—612页。

概括，发现动态过程、变化规律、互动关系。这类问题主要出现在公共组织研究领域与"历时性研究"领域。如康妮·格斯克使用扎根理论考察了团队发展的生命周期问题，建构阶段式平衡团队周期理论。① 卡拉比·博泽拉夫利用参与观察详细检视了六个非营利机构，用扎根理论的思想与方法观察成熟社区中社会组织进行健康服务的全部过程。② 对于组织研究来说，人际互动、升迁过程、决策过程、沟通过程等都可以运用扎根理论方法进行研究。

（三）分析不易掌握的问题

如果在研究中遇到研究对象情况复杂、难以接近研究对象、数据不易获取、研究对象具有争议性、研究所涉及条件或关系过多等问题，扎根理论可能是最适宜的研究方法，因为它可以通过"步步扎根"来获得结果。如布莱斯·霍福伦德通过扎根理论探索了论坛中的领导网络"黑箱"，认为扎根理论基于经验数据提供了一个研究"不为人知"现象的明确方法，并可以探索领导网络过程。③ 阿兰·胡克斯特拉和米埃尔·卡普坦则基于对地方政府的深度访谈与扎根理论，发现了用以描述诚信制度化的类型，认为"一刀切"制度化方式是不存在的，制度化过程是相对复杂与"条件性"的。④

（四）对新生事物进行探索性研究

随着信息社会的发展，社会要素变化催生出一系列新现象与新事物，为公共管理带来了新的研究机遇。扎根理论可以用来执行对这些新生社会事实的质性分析，探索重要的类目与概念，建立解读的理论框架。例如，国内学者利用

---

① Connie J. G. Gersick, "Time and Transition in Work Teams: Toward a New Model in Group Development," *Academy of Management Journal*, Vol.31, No. 1, 1988. 转引自王璐、高鹏：《扎根理论及其在管理学研究中的应用问题探讨》，《外国经济与管理》2010 年第 12 期，第 10—18 页。

② Karabi Bezboruah, "Community Organizing for Health Care: An Analysis of the Proces," *Journal of Community Practice*, Vol. 21, No. 1-2, 2013.

③ A. Bryce Hoflund, "Exploring the Use of Grounded Theory as a Methodological Approach to Examine the Black Box of Network Leadership in the National Quality Forum," *Journal of Health and Human Services Administration*, Vol. 35, No. 4, 2013.

④ Alain Hoekstra and Muel Kaptein, "The Institutionalization of Integrity in Local Government," *Public Integrity*, Vol. 15, No. 1, 2012.

爬虫软件收集次生型网络舆情危机的数据,运用扎根理论探索公共危机发生的内在逻辑,从而发现了网络舆情危机的耦合共变机制[1];还有学者利用扎根理论建构出精准脱贫战略实施以来的地方复合治理框架[2]。此外,扎根理论还被尝试用于医闹行为的干预路径研究[3]、粤港澳大湾区大学的协同共治研究[4]等新生问题。

五、类　型

如前所述,扎根理论在其发展的过程中受到不同理论源流的影响,存在不同的研究取向。马克·切斯勒(Mark A. Chesler)认为扎根理论可分为1967年的格拉泽和施特劳斯版本、1990年的施特劳斯和科宾版本、1992年的格拉泽版本。[5] 费小冬认为扎根理论至少存在三种版本,即原始版本、程序化版本和建构型版本。[6] 更为常见的是三种取向分类:经典扎根理论、程序化扎根理论、建构扎根理论(见表5.2)。

表5.2　三种扎根理论类型

扎根理论类型	代表人物	哲学基础和理论来源	编码过程	理论形成方式	研究逻辑
经典扎根理论	格拉泽	实证主义、实用主义	实质编码和理论编码	理论呈现	自下而上的归纳分析

---

[1] 高虎源等:《公共危机次生型网络舆情危机产生的内在逻辑——基于40个案例的模糊集定性比较分析》,《公共行政评论》2019年第4期,第101—123、192页。

[2] 白浩然、李敏、刘奕伶:《复合治理:地方脱贫进路的一个理论解释——基于153个脱贫摘帽县的扎根研究》,《公共行政评论》2020年第1期,第22—40、195—196页。

[3] 王英伟:《医闹行为的归因模型建构及干预路径选择——基于扎根理论的多案例研究》,《公共行政评论》2018年第6期,第68—86、211页。

[4] 许长青、黄玉梅:《协同共治:粤港澳大湾区建设中大学的角色定位及其实现路径》,《公共行政评论》2020年第2期,第109—124、197页。

[5] Yvonne D. Eaves, "A Synthesis Technique for Grounded Theory Data Analysis," *Journal of Advanced Nursing*, Vol. 35, No. 5, 2001, p. 662.

[6] 费小冬:《扎根理论研究方法论:要素、研究程序和评判标准》,《公共行政评论》2008年第3期,第23—43页。

（续表）

扎根理论类型	代表人物	哲学基础和理论来源	编码过程	理论形成方式	研究逻辑
程序化扎根理论	施特劳斯、科宾	实用主义、符号互动论和解释主义	开放编码、主轴编码和选择编码	理论呈现	自下而上的归纳分析
建构扎根理论	卡麦兹	解释主义、建构主义	初始编码和聚焦编码	通过互动建构	自下而上的归纳分析

（一）经典扎根理论

经典扎根理论起源于格拉泽与施特劳斯20世纪60年代在医院进行的实地观察及《扎根理论的发现》的出版。经典扎根理论融合了实证主义和实用主义传统，认为研究问题不是预设的，理论是通过不断分析之后自然呈现的。在整个分析过程中，研究者不仅要悬置个人的"偏见"，同时也要超越学术界已有的"定见"。① 经典扎根理论拒绝先入为主的假设，主张将文献回顾一直延迟到基本理论框架已经廓清之后。此外，经典扎根理论也将编码分为实质编码（substantive coding）和理论编码（theoretical coding）。实质编码反映被研究的实质研究领域中的一个理论的范畴及其特征。理论编码的过程是将实质编码联系起来形成假设进而整合成理论的概念化过程。②

（二）程序化扎根理论

施特劳斯和科宾在经典扎根理论的基础上，对扎根理论的程序和方法进行了拓展，引入了如"维度化"（dimensionalizing）、"主轴编码"（axial coding）和"典范模型"（paradigm model）等新的概念和方法。程序化扎根理论强调研究者的能动性。"程序化"尤其体现在编码环节，该理论将编码的程序划分为开放式编

---

① 陈向明：《质的研究方法与社会科学研究》，教育科学出版社2000年版，第332页。
② Barney Glaser, *Theoretical Sensitivity: Advances in the Methodology of Grounded Theory*, Sociology Press, 1978, p. 72.

码(open coding)、主轴编码和选择性编码(selective coding)三级①,这也是目前扎根理论操作程序中最广为人知的编码方法。程序化带来的规范化,使得这类扎根理论方法的使用范围较广,不少研究者直接选取此方法或参照此方法的部分程序展开研究。此外,程序化扎根理论在建构概念、类属间关系时,提出"因果条件—现象—脉络—条件—行动/互动和情感—后果"的典范模型②,且放松了经典扎根理论对文献延迟的限制。

(三) 建构扎根理论

卡麦兹基于实证主义的思考提出一种始源性视角,将建构主义思想融合到扎根理论方法中来,将扎根理论看作是一套原则和实践,而不是处方或包装好的程序。③ 建构扎根理论将研究者视为研究内容的一部分,而分析的方向始于互动和解释,并不囿于外部程序的规定。"通过我们在过去和现在的参与,以及人们、视角和研究实践的互动,我们建构了自己的扎根理论。"④在编码环节,建构扎根理论认为编码至少包括初始编码(initial coding)和聚焦编码(focused coding)两个部分。初始编码贴近数据,要求尽量用反映行动的词语来编码。⑤聚焦编码则意味着使用最重要的和出现最频繁的初始代码,用大量的数据来筛选代码。⑥ 建构扎根理论的操作较为灵活,整个过程构成研究者实践的一门手艺⑦,更具流动性与开放性。

六、研究设计

研究设计是展示研究中收集、分析、解释和报告数据的具体过程,可以引导

---

① 李贺楼:《扎根理论方法与国内公共管理研究》,《中国行政管理》2015 年第 11 期,第 76—81 页。
② 参见〔美〕朱丽叶·M. 科宾、安塞尔姆·L. 施特劳斯:《质性研究的基础:形成扎根理论的程序与方法》,朱光明译,重庆大学出版社 2015 年版,第 98—99、243 页。
③ 〔英〕凯西·卡麦兹:《建构扎根理论:质性研究实践指南》,边国英译,重庆大学出版社 2009 年版,第 12 页。
④ 同上书,第 13 页。
⑤ 同上书,第 61 页。
⑥ 同上书,第 73 页。
⑦ 同上书,第 14 页。

研究者去执行必要的程序,也为研究者在研究末尾做出解释提供严谨的逻辑支撑。[①] 传统的研究设计尤其是定量研究设计普遍遵照线性模式,讲求每一项研究工作按照研究计划依次执行。

对于扎根理论而言,研究设计有其特殊性。首先,扎根理论强调无偏见地进入研究情境以及文献回顾延迟。其次,扎根理论的数据收集、数据分析、理论建构等步骤不是简单的线性关系,而是循环、互动、比较、反复的过程。再次,扎根理论的每个环节之间都存在关联且彼此间互相影响,研究者需要在研究的全过程中随时进行调整、补充、修缮。最后,扎根理论是一种灵活性较强的研究,最初的研究设计可能只能促进研究顺利地开始,一旦深入下去,研究者可能发现已有研究设计的失效。这时就需要研究者回到起点,重新思考与设计,直到再次启动研究。

尽管如此,我们仍然建议扎根理论的研究者经过一定的研究设计之后再进入扎根程序。通常而言,扎根理论研究方法包括如下步骤:确定研究大致方向或问题、文献利用、目的性抽样、确定研究方法、制订数据收集方案、有效性评估,最后制定研究计划安排表,具体内容和注意事项如表5.3所示。

表5.3 扎根理论研究设计的组成

组成部分	主要内容及注意事项
确定研究大致方向或问题	主要来自研究兴趣,应精练简洁地加以概括
文献利用	经典扎根理论并不提倡在研究设计阶段就完成系统的文献综述。但程序性扎根理论和建构扎根理论却不在一开始就拒绝文献,研究者可根据自己的研究取向加以选择和取舍。要注意避免阅读文献后带着一大串已知的概念进入扎根程序
目的性抽样	在开展研究之前,先要进行目的性抽样。目的性抽样基于研究者对某一现象或某一领域的研究兴趣,选取典型性样本进行初步研究,目的是进一步缩小研究范围,进一步明确方向和问题

[①] 〔美〕约翰·W.克雷斯维尔、薇姬·L.查克:《混合方法研究:设计与实施》,游宇、陈福平译,重庆大学出版社2017年版,第54页。

(续表)

组成部分	主要内容及注意事项
确定研究方法	确定将采用何种研究方法收集数据。根据研究问题、自身特长、研究经费和时间许可确定使用深度访谈、参与观察、民族志,还是文本分析,使用其中一种还是综合使用它们等问题,并尽可能地评估这些方法的可行性
制订数据收集方案	确定具体的数据收集方案。如联络访谈对象;确定访谈人数、地点和时间;确定参与观察的具体地点并确认中间人,明确进入方案,确定文本资料包括哪些内容,应如何获取,以及是否需要抽样,抽样方案为何,等等
有效性评估	由于真正的扎根研究尚未开始,这一阶段的有效性评估注重对研究设计本身的评估,尤其是评估研究方法和数据收集方案的效度。这有两层含义:一是一种研究方法或数据收集方案是否收集并测量到了研究对象的全部内容;二是所选用的研究方法和数据收集方案在何种程度上能够测量、呈现出研究方向和研究问题所意欲回答的东西
制定研究计划安排表	研究设计中还应包括比较明确的研究计划安排,确保一项繁杂的扎根理论研究能够顺利进行,包括:进度规划、时间表、研究经费预算明细、团队分工等等

总而言之,研究设计对于扎根理论研究者来说,并非一份严格的行动指南。如前所述,随着数据收集和数据分析的不断深入,最初的研究设计会经历反复多次的调整,甚至重建。但研究设计至少在两个层面上十分必要:一是鼓励研究者进一步明确研究目的、意义和基本行动步骤,审慎思考所选择的研究问题是否真的适用扎根理论,并确定是否使用扎根理论研究方法;二是评估自身的研究条件、研究技术与能力,并进行时间上的初步安排,以确保能够完整地执行一项扎根研究。

七、操作流程

尽管不同类型的扎根理论在具体操作流程上存在一定偏差,以程序化扎根理论为基础,我们仍然可以概括出执行一项扎根理论研究应当遵循的基本流程：确定大致研究方向、数据收集、数据分析（编码）、撰写备忘录、理论抽样、理论建构、撰写研究报告七个步骤（见图5.1）。

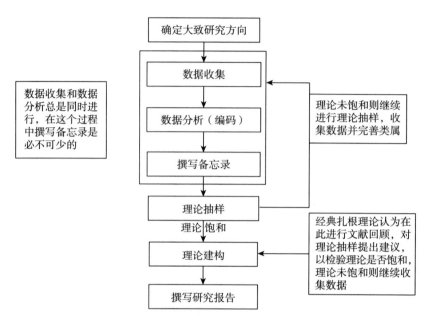

图 5.1 扎根理论研究的基本操作程序

（一）确定大致研究方向

扎根理论不要求研究者在进入研究情境前确定具体研究问题和提出研究假设。在扎根研究中，研究者应基于对某一领域或某一现象的研究兴趣进入研究情境。

（二）数据收集

几乎所有质性研究获取资料的方式都可以为扎根理论所用，研究者可以通过参与观察、深度访谈、焦点小组、查阅文本资料等多种方式收集数据。参与观察应当致力于详细描述各类社会行动，包括仔细记录研究对象语言、姿态、表情、谈话和趣闻，重视行动发生的过程与情境，还应特别注意收集能够分辨行动意图、目的的数据。深度访谈"可以生成大量的文本性资料，丰富的访谈资料便于运用扎根理论对个体经验进行比较、辨析,从而抽象出概念"①。研究者需要不断提高开展深度访谈的基本技能,只有与访问对象共同进入一种良好的人际互动关系,赢得被访者的信任,才能获得真实、充分、有价值的访谈数据。

此外,各类文本资料或实物资料也是扎根理论研究中不可缺少的数据。马丁·哈默斯利和保罗·阿特金森认为,对这类资料进行分析应当追问其来源、产生过程、目的、背景,以及文本或物品资料的使用者、使用结果以及相关者等②,即不仅要对文本或实物信息进行详细的观察与记录,还要尽可能收集背景与历史语境。例如,要将某刊物中的某篇报道列入扎根数据,不仅要考察这篇报道提到的人物、事件、观点与评论,还要全面考察诸如社会背景、记者背景、刊物背景、历史作用、传播范围、效果等;如果以某政策文本作为资料,那么既要对政策内容详细研读,还要将政策出台的背景、过程、目的与意义、政策执行效果、利益相关者对政策的反应等多重资料收集起来,共同作为研究数据。

可以看出,扎根理论对于数据收集的要求是非常高的。扎根理论数据总量通常较大,虽然并没有规定深度访谈人数,但由于"开放式问题"的访谈特点,有时候一个受访者的访谈记录就有十几页之多,再加上各类文本数据,需要处理的文字、图片数据通常有上百页。扎根理论还强调"比较研究"的思想,这要求研究者在收集数据的时候就有比较意识、关联意识等,往往使得数据滚雪球式增长。另外,扎根理论的质性数据结构复杂,很多时候并非只有一种数据,而是包括了各种数据类型,且一般来说,扎根理论研究对于数据深度与广度的要求也比较高,这无疑给数据的整理与分析工作增加了较高难度。

(三) 数据分析(编码)

在数据收集之后,扎根理论研究者需要立即着手进行数据的分析,主要有编码和撰写备忘录两个步骤。编码是扎根理论最为核心的步骤,而备忘录的撰写贯穿于整个编码过程。

---

① 孙晓娥:《扎根理论在深度访谈研究中的实例探析》,《西安交通大学学报(社会科学版)》2011年第6期,第87—92页。

② Martyn Hammersley and Paul Atkinson, *Ethnography: Principle in Practice*, Routledge, 1983, p.143.

质性研究中的编码并不是将数据量化以便于统计、计算分析,而是进行有效的分类与概括,以便提炼概念、展示意义、明确关联,是在浩繁的经验数据中提取概念并进行类属化,以进一步升华成理论的过程。编码的科学性和有效性直接决定了扎根理论最终的质量和解释力,而扎根理论不同研究取向所倡导的编码过程也有所差异(见表5.4)。

表 5.4 不同扎根理论取向的编码过程

	编码过程	具体操作手段
经典扎根理论	实质编码	实质编码又具体细分为开放编码和选择编码。开放编码是将数据概念化、类属化的过程,选择编码是提取核心类属的过程
	理论编码	将实质编码中形成的概念和类属之间的关系进一步概念化
程序化扎根理论	开放式编码	将数据打散,不断比较提取概念、类属(同时确定类属的属性和维度),以重新组合经验数据
	主轴编码	通过典范模型建构类属与类属之间的关系,并确定主要类属和次要类属
	选择性编码	通过故事线提取核心类属;核心类属能够最大范围囊括经验数据,并频繁出现
建构扎根理论	初始编码	对数据资料进行逐行逐句分析,形成概念,为数据的每个词、句子或片段命名
	聚焦编码	使用最重要的或出现最频繁的初始代码来对大部分数据进行分类、综合、整合和组织,以期在一大堆数据中发现和形成最突出的类属

资料来源:〔英〕凯西·卡麦兹:《建构扎根理论:质性研究实践指南》,边国英译,重庆大学出版社2009年版,第61—76页。

由于程序化扎根理论的三级编码目前应用较为广泛,下面主要对三级编码过程做进一步探讨。

首先,在开放式编码阶段,需要从原始资料中提取概念,并在属性和维度上发展这些概念。① 研究者要对资料中的所有词句、段落、图片等进行仔细的阅读(可以按段落编码,也可以按句子、句群来编码),不遗漏任何重要的信息,且头

---

① 〔美〕朱丽叶·M.科宾、安塞尔姆·L.施特劳斯:《质性研究的基础:形成扎根理论的程序与方法》,朱光明译,重庆大学出版社2015年版,第169页。

脑中不能有任何预先形成的概念①,最大可能贴近原始数据,从其中"自然而然"提炼可能的类型、概念与标识,并逐项命名。在这个过程中,既要完成数据的整理,又要完成数据的"清洗",即通过细致的分析与总结概括,使得整个数据脉络清晰起来,呈现为一系列重要的概念与类属。

其次,主轴编码的主要任务是发现和建立概念类属之间的各种联系,以表现资料中各个部分之间的有机联系,这些联系可以包括因果关系、时间先后关系、语义关系、情景关系、相似关系、差异关系等等。② 主轴编码要求在这些类属与关系之中区分出主要的类属,围绕这个"主轴",分类、综合、组织大量的数据,以新的方式重新排列它们。③ 可见,在第二层次的主轴编码之后,概念与类属之间的关系将更为明确,核心与重要的概念也会浮现出来,为建构理论提供一个基本框架。

最后,选择性编码则是一个更为聚焦的过程,将以主轴编码中呈现出的核心概念为中心,进行重新编码,而与主题无关的类属会被抛弃。核心概念类属在所有类属中占据中心位置,比其他所有的类属都更加集中,与大多数类属之间存在意义关联,最有实力的成为资料的核心,且最容易进一步发展成为理论。④

需要注意的是,每一个层次的编码,几乎都需要对所有资料重新梳理,上一个阶段的编码表将是进一步梳理资料的"提纲",这是一个反复比较、筛选,且不断重新排列组合的过程。

科宾和施特劳斯曾经在《质性研究的基础:形成扎根理论的程序与方法》一书中给出一个三级编码的举例。访谈资料主要来自战士们参加越南战争时的经历,研究目的是从参加战争的战士的角度来解释越南战争,以帮助人们增加对战士的经历和不得不在战区中生活的理解。

---

① Barney Glaser, *Basics of Grounded Theory Analysis: Emergence vs. Forcing*, Sociology Press, 1992.
② 陈向明:《质的研究方法与社会科学研究》,教育科学出版社 2000 年版,第 333—334 页。
③ John Creswell, *Qualitative Inquiry and Research Design: Choosing among Five Traditions*, Sage, 1998.
④ 陈向明:《质的研究方法与社会科学研究》,教育科学出版社 2000 年版,第 334 页。

> **扩展知识**
>
> 《实践论》是毛泽东讨论认识和实践关系的著作。文中对认识的发展过程进行了如下阐述：
>
> "由此看来，认识的过程，第一步，是开始接触外界事情，属于感觉的阶段。第二步，是综合感觉的材料加以整理和改造，属于概念、判断和推理的阶段。只有感觉的材料十分丰富（不是零碎不全）和合于实际（不是错觉），才能根据这样的材料造出正确的概念和论理来。"
>
> 资料来源：《毛泽东选集》（第一卷），人民出版社1991年版，第290页。
>
> 该文完成于1937年7月，文中关于认识发展过程的论述，与四十年后美国社会学家格拉泽和施特劳斯所倡导的扎根理论的编码过程是否有异曲同工之处呢？

在开放式编码环节，研究者将收集到的访谈资料拆分开，勾画出概念来代表这些原始资料，提出了包括24项属性或类属的"编码清单"①：

①定位自我：入伍的时候；②自愿参军 vs.被征入伍 vs.逃避应征；③作为一名非战斗人员 vs.作为一名战斗人员；④敌人；⑤安全区域和冲突区域或杀戮区域；⑥军队制度；⑦战争体验和阻挡或减少矛盾的策略；⑧战争体验；⑨战争文化及其矛盾；⑩心理生存策略；⑪敌人和心理生存策略；⑫放下情感警惕；⑬战争的道德矛盾和心理生存策略；⑭军队制度内的矛盾；⑮使情况正常化：另一种生存策略；⑯道德矛盾；⑰回家继续生活；⑱美国人的失败：战争敌对环境；⑲逐渐醒悟：战争的新意义；⑳战争作为成熟过程中的垫脚石：变化的自我；㉑沉默之墙；㉒打破沉默之墙；㉓生存；㉔努力寻找意义：去战争纪念馆。

在接下来的环节中，研究者进一步"连接"这些开放式编码清单中所得到的

---

① 〔美〕朱丽叶·M.科宾、安塞尔姆·L.施特劳斯：《质性研究的基础：形成扎根理论的程序与方法》，朱光明译，重庆大学出版社2015年版，第202—203页。

类属和概念,这就是"主轴编码"。"连接"可以发生在各种层次,较低层次的概念,如"阻挡",到一个较高层次的概念,如"心理生存策略"。开放编码表中的类属与概念就像一系列积木,而主轴编码的意义在于提供排列规则或连接方式,以帮助这些积木构成一种结构性要素,最终建构成为金字塔。这一环节是动态的。主轴编码的结果会不断形成,而开放式编码可能也会继续,重新添加内容到编码清单中。

在进一步对主轴编码进行比较分析后,研究者会进入选择性编码,进一步整合和聚焦,提炼出核心概念,如"生存""战争文化"等,开始着手进行下一步的理论建构。①

(四)撰写备忘录

撰写备忘录是扎根理论研究中一个很有特色的步骤。与田野笔记不同的是,备忘录是研究者有关事件的更完整的和更深入的思考,是数据收集和论文草稿写作之间关键的中间步骤。② 扎根研究期待研究者能在写备忘录的时候,停下来分析他们关于代码以及生成性类属的想法。③ 备忘录的撰写贯穿于整个编码过程,研究者任何思路、想法都应该被完整记录下来,以帮助研究者"专注数据"并激发其灵感,更好地将数据提炼为概念与类属。在扎根研究中,备忘录也要作为资料进入下一步研究,这一点需要引起研究者足够的重视。

(五)理论抽样

理论抽样开始于第一次数据分析之后,并贯穿整个扎根理论研究过程。④ 目的并不是使其更有代表性,而是澄清所有类目,进一步完善核心类属与概念,并能够精确、深入地描述其内涵与外延。理论抽样的主要方法是回到数据收集

---

① 〔美〕朱丽叶·M. 科宾、安塞尔姆·L. 施特劳斯:《质性研究的基础:形成扎根理论的程序与方法》,朱光明译,重庆大学出版社2015年版,第203—287页。
② 〔英〕凯西·卡麦兹:《建构扎根理论:质性研究实践指南》,边国英译,重庆大学出版社2009年版,第93页。
③ Barney Glaser, *Doing Grounded Theory: Issues & Discussions*, Sociology Press, 1998.
④ 〔美〕朱丽叶·M. 科宾、安塞尔姆·L. 施特劳斯:《质性研究的基础:形成扎根理论的程序与方法》,朱光明译,重庆大学出版社2015年版,第160页。

和资料分析阶段,不断寻找能够解释类属的命题、事件或案例。① 如果数据中不会再发现新的类属,则说明编码处于理论饱和的状态,就可以着手建构理论了;如果依然有新的类属出现,那么就要重复数据收集、资料分析与三级编码,直到理论饱和为止。经典扎根理论中,文献回顾被置于数据分析之后的环节,其主

备忘录举例

战争作为迈向成熟的垫脚石:变化的自我

2006.06.13

(研究者使用了概念性标签"变化的自我"和"垫脚石",体现研究者对这一段内容的理解。)

[访谈原始资料]

"我觉得这场战争经历给了我积极地做一些事的动力,我那时可能才 22 岁或 23 岁,我在战争中形成了很多打算退役后要做的计划。后来,回家后,我申请去上大学,获得了护理方面的学士和硕士学位。我很忙,我业余时间在工作并继续上学。"

[备忘录写作:将思考作为备忘录呈现出来]

我们的受访者指出了战争带给他的意义是给了他去上学和做一些他生活中事情的动力。他在访谈的剩余部分里提到了战争使他成熟的一些原因,如一些必须要承担责任的事,要有好的角色模式,以及最终学会了接受自己是一名同性恋。这只是"他的生命中的一年",他人生成长的"一个方面"。与其说战争经历是他人生的"转折点",还不如说是一个重要的"里程碑"。所以在这份资料中还描述了一个过程——"变化的自我"。在他的例子中,这是一个走向成熟的过程。战争是改变他自我的一个垫脚石。

资料来源:〔美〕朱丽叶·M. 科宾、安塞尔姆·L. 施特劳斯:《质性研究的基础:形成扎根理论的程序与方法》,朱光明译,重庆大学出版社 2015 年版,第 172、174、194—195 页。

---

① 〔英〕凯西·卡麦兹:《建构扎根理论:质性研究实践指南》,边国英译,重庆大学出版社 2009 年版,第 131 页。

要作用之一便是进行理论抽样,检验理论是否饱和,这便是"文献回顾延迟"。总而言之,理论抽样建立在资料收集和分析两者齐头并进的基础之上,有时甚至到研究者撰写研究报告之时还会发现新的类属,这时研究者就需要回到收集数据和资料的步骤。①

(六)理论建构

扎根理论的主要目的也是其主要优势是建构并呈现理论。经过了烦琐的扎根步骤,研究者就可以根据之前的结论进行理论建构并展开讨论。扎根理论是自下而上,通过对于类属、概念、备忘录的归纳、推演来建构理论的。

进入理论建构与呈现的环节时需要注意以下四点:一是,对于核心的概念类属要进行充分的解释与预测,要积极地抽象概念并建立概念类属间的关联,最后形成理论。二是,理论可以是形式理论,也可以是实质理论,而扎根理论更适用于建构实质理论,提供对所有资料多方面的有力解释。三是,扎根分析是一个复杂的过程,理论建构受到许多因素的影响,如资料完整情况、核心类属的合理性、理论抽样是否饱和,同时还受到研究者个人理论素养、学术背景与概括能力的影响。四是在经典扎根理论视域中,文献回顾可以一直延迟到理论建构基本廓清之时,以实现对现有理论的证伪、补充或重构。

(七)撰写研究报告

严格使用扎根理论的研究往往要经历漫长的过程,要处理海量的资料、进行编码以及撰写备忘录,还要应对理论抽样之后可能的重复步骤。但是,扎根理论的部分研究过程并不需要展现在最终的研究成果中。一般而言,扎根理论研究报告主要应包括以下几个部分:(1)阐述研究问题;(2)详述研究设计,包括为什么选用扎根理论、数据收集的过程等;(3)展示编码过程,但在写作中通常只需根据选择的扎根理论取向展示最后的三级编码或两级编码表,并根据需要展示关联关系;(4)对建构的理论进行详细讨论,回应最初提出的问题,得出

---

① 〔美〕朱丽叶·M.科宾、安塞尔姆·L.施特劳斯:《质性研究的基础:形成扎根理论的程序与方法》,朱光明译,重庆大学出版社2015年版,第155页。

研究结论。此外,对研究的成就和局限性的阐述以及对未来的展望也是不应被忽视的内容。

八、质量评价和保证

扎根理论的质量评价与保证不同于量化研究的一般准则。同时,相对于其他质性研究,扎根理论也有其自身的特点。格拉泽和施特劳斯认为,一项好的扎根理论研究需要满足适合性(fitness)、理解性(understanding)、推广性(generality)和控制性(control)。① 施特劳斯和科宾认为,对于一项以理论建构为导向的质性研究,除了效度、信度、可信性与理论本身的评价以外,研究历程的充分性和研究发现的扎根性也是至关重要的。② 卡麦兹则将可信性(credibility)、原创性(originality)、共鸣(resonance)、有用性(usefulness)视为扎根理论研究的评价标准。③ 整合不同的观点,本书认为,在完成扎根理论研究之后,研究者可根据可信性、原创性、理解性、实效性四个原则,逐条对照表5.5中的评价标准,对扎根理论的质量进行评价。

表5.5 扎根理论研究质量的评价和保证的具体内容

质量评价和保证标准	具体内容
可信性	研究是否对背景或问题足够熟悉
	是否在观察与观察之间、类属与类属之间进行了系统的比较
	类属是否涵盖了经验观察的广泛领域
	在所收集的数据和你的论点及分析之间是否有很强的逻辑联系
	概念、类属、核心类属和理论能否经得起原始经验数据的回溯检验
	研究报告中是否有关于备忘录的证据或讨论

---

① Barney Glaser and Anselm Strauss, *The Discovery of Grounded Theory: Strategies for Qualitative Research*, Aldine, 1967, pp. 237—250.
② Anselm Strauss、Juliet Corbin:《质性研究入门:扎根理论研究方法》,吴芝仪、廖梅花译,涛石文化事业有限公司2001年版,第271—279页。
③ 〔英〕凯西·卡麦兹:《建构扎根理论:质性研究实践指南》,边国英译,重庆大学出版社2009年版,第230—231页。

（续表）

质量评价和保证标准	具体内容
	研究者是否对研究步骤进行简短回顾，发现并告诉读者该研究的优势和不可避免的局限
	编码所形成的概念是否有系统的关系
	理论抽样是建立在什么类属的基础上；在进行理论抽样之后，这些类属如何证明就是资料的代表
	最初的抽样是如何选出来的，后来的抽样又是如何进行的
	理论中概念的密度是否足够大，其内部耦合性是否足够强
原创性	你的类属是否新鲜，它们是否提供了新的见解
	你的分析是否为数据提供了新的概念呈现
	是分析推进了研究，还是研究由某些事先预想的思想或假设所推进，并将这些思想或假设强加给资料
理解性	这些类属是否充分描述了被研究的经验
	你揭示的是不是原初的、不稳定的习以为常的意义
	你是否在集体或制度与个体生活之间进行了关联，当数据有这方面的指示的时候
	研究是否为观点提供了足够的证据，让读者能够形成独立的评价，并同意你的论点
	对于你的研究对象或那些和他们具有同样背景的人来说，你的扎根理论是否有意义，你的分析是否为他们提供了关于他们生活的更深刻的见解
实效性	你的分析是否提供了人们可以在日常生活中使用的解释
	你的分析类属是否展示了一些一般的过程
	如果展示了一些一般的过程，你是否检验了这些一般过程所默认的含义
	分析是否激发了其他领域进一步的研究
	研究是否具有社会意义或理论意义
	理论是否能说明我们所观察到的现象

资料来源：根据 B. Barney Glaser and Anselm Strauss, *The Discovery of Grounded Theory: Strategies for Qualitative Research*, Aldine, 1967, pp. 237-250；〔美〕朱丽叶·M. 科宾、安塞尔姆·L. 施特劳斯：《质性研究的基础：形成扎根理论的程序与方法》，朱光明译，重庆大学出版社 2015 年版，第 319—324 页；〔英〕凯西·卡麦兹：《建构扎根理论：质性研究实践指南》，边国英译，重庆大学出版社 2009 年版，第 230—231 页及相关资料整理。

九、使用中应注意的问题

(一)操作问题

1. 反复比较

早期的扎根理论方法被格拉泽和施特劳斯称为"不断比较的方法"。他们认为,扎根理论研究是一个不断比较、持续思考与反复对话的过程。反复比较发生在扎根理论的全过程,涉及文献与文献、概念与概念、概念与类属、类属与类属的比较,还有研究者与自身的对话,直到理论建构出来为止。很多情况下,理论建构完成之后,还要再次回到经验数据中进行比较,并回应经验数据。

2. 一切皆为数据

格拉泽认为,一切皆为数据。[①] 这里的"一切"包括了观察、访谈、文献、备忘录等等。扎根理论从经验数据而来,指向最终的实质理论。因此,每一项数据都是分析和归纳的基础,每一项数据都能在最终形成的理论中找到相关性。

3. 理论敏感性

在扎根理论研究中,研究者才是最重要的研究工具,而理论敏感性对于作为研究工具的研究者而言又至关重要。理论敏感性来源于既往的社会经验和学术训练,还有在扎根理论研究过程中激发出来的创意。[②] 无论是进行理论抽样、资料收集,抑或是面对浩繁的资料,都需要研究者有高度的理论敏感性。理论敏感性尤其体现在概念提取、类属抽象、关系建构等环节。随着信息技术的不断发展,各种辅助的研究工具也为研究对象们所倚重,如 ATLAS.ti、NVIVO、MAXQDA 等软件在文本编码方面可以给研究者带来很大便利,但是计算机发现不了数据背后的隐形信息,而这些都要依靠研究者个人具有很强的理论敏感性。

[①] Barney Glaser, *The Grounded Theory Perspective:Conceptualization Contrasted with Description*, Sociology Press, 2001.

[②] Anselm Strauss、Juliet Corbin:《质性研究概论》,徐宗国译,巨流图书公司 2004 年版,第 2 页。

(二) 伦理问题

现有的关于扎根理论的研究更加偏重对资料的分析和理论的形成,对于扎根理论这一方法特有的伦理问题讨论较少。然而,从科学规范的角度来看,扎根理论研究中的伦理问题是一个无法回避、必须重视的问题,且伦理问题贯穿扎根理论研究的全过程。一般而言,扎根理论作为质性研究的一种方法论,也应遵循质性研究伦理的一般准则。尤其在面对研究者与研究对象的关系、研究者运用研究程序的过程、研究者自身的价值取向等问题时,扎根理论研究者也必须注意知情同意、尊重与平等、无伤害与受益原则等最基本的伦理规范(见表5.6)。

表5.6 扎根理论研究中应注意的伦理问题

研究阶段	伦理准则
进入研究现场	告知研究对象有关研究的基本信息,尊重其个人隐私并承诺为其保密,研究对象要充分理解研究的所有必要信息,并完全自愿参与研究
资料收集	在访谈、观察、问卷调查等收集资料的过程中要尊重研究对象,取得其许可和信任,不能诱导或强迫其做出某种偏离事实的回答,也不能因为研究者个人不恰当的言语、动作、表情等对研究对象造成伤害,不能伪造或切割数据,同时要给予研究对象一定的报酬
编码	不能为了形成理论随意或刻意编造概念、类属,要以客观公正的态度对待编码过程
目的性抽样	严禁为了达到理论饱和进行高度重合的目的性抽样
撰写备忘录	真实、科学、严谨地记录研究过程,注意对研究对象身份信息的保护
研究报告	真实反映编码过程与研究成果,遵守研究对象匿名原则并客观公正描述研究对象
研究结束	研究成果被合理、正当使用,逐步退出研究,并妥善处理好与研究对象的关系,确保研究对象在物质、人身安全、精神上不受侵害

关键术语

扎根理论　实证主义　实用主义　建构主义　经典扎根理论　程序化扎根理论

建构扎根理论　实质编码　理论编码　开放式编码　主轴编码　选择性编码
初始编码　聚焦编码

思考题

1. 扎根理论和其他质性研究方法之间有什么异同？
2. 经典扎根理论、程序化扎根理论和建构扎根理论之间有什么联系和区别？
3. 如以程序化扎根理论为基本取向，如何对数据进行三级编码？
4. 查阅你所在的研究领域里的期刊，找出使用扎根理论研究方法的文献，评价其对该方法的使用，并思考和讨论扎根理论是如何帮助作者建构理论的。

延伸阅读

Anselm Strauss, *Qualitative Analysis for Social Scientists*, Cambridge University Press, 1987.

Anselm Strauss and Juliet Corbin, *Basics of Qualitative Research: Grounded Theory Procedures and Techniques*, Sage, 1990.

Barney Glaser and Anselm Strauss, *Awareness of Dying*, Aldine, 1965.

Barney Glaser and Anselm Strauss, *The Discovery of Grounded Theory: Strategies for Qualitative Research*, Aldine, 1967.

Barney Glaser, *Theoretical Sensitivity: Advances in the Methodology of Grounded Theory*, Soci-ology Press, 1978.

Barney Glaser, *Basics of Grounded Theory Analysis: Emergence vs. Forcing*, Sociology Press, 1992.

Barney Glaser, *Doing Grounded Theory: Issues & Discussions*, Sociology Press, 1998.

Barney Glaser, *The Grounded Theory Perspective: Conceptualization Contrasted with Description*, Sociology Press, 2001.

Kathy Charmaz, *Constructing Grounded Theory: A Practical Guide Through Qualitative Analysis*, Sage, 2006.

Roy Suddaby,"Fromthe Editors: What Grounded Theory Is Not," *Academy of Management Journal*, Vol. 49, No. 4, 2006.

陈向明:《质的研究方法与社会科学研究》,教育科学出版社2000年版,第二十章。

〔英〕凯西·卡麦兹:《建构扎根理论:质性研究实践指南》,边国英译,重庆大学出版社2009年版。

〔美〕朱丽叶·M.科宾、安塞尔姆·L.施特劳斯:《质性研究的基础:形成扎根理论的程序与方法》,朱光明译,重庆大学出版社2015年版。

经典举例

Barney Glaser and Anselm Strauss, *Awareness of Dying*, Aldine, 1965.

1. 著作简介

《死亡意识》(*Awareness Of Dying*)是巴尼·格拉泽与安塞尔姆·施特劳斯合著的一部社会学专著,主要关注病人在医院临终前会发生什么样的事情,并重点讨论了"互动"的问题,因为在"互动"的框架内,"死亡意识"问题对于临终的病人和给他提供医疗与护理服务的医护人员来说都是至关重要的。尽管在1967年扎根理论的概念才正式提出,但是《死亡意识》一书中所体现出的研究方法与理念已然包含了扎根理论的基本方法与原则。

2. 研究问题

该书集中讨论了一组相关的问题:临终病人和医院工作人员之间反复出现的互动是什么?医院工作人员在处理与病人相关的问题时所用的策略是什么?互动和策略的条件是什么?它们在何种程度上影响了临终病人、家庭和医院工作人员的目标和利益?

3. 研究方法

该研究的一手资料来源于作者在旧金山大都会区医院的实地观察和访谈,研究主要关注的是病人在面对死亡的过程中与其他相关者之间的互动模式。

在整个研究中,资料分析(编码)的过程也开始于研究之初或接近研究之初,研究人员根据他们的基本分析类别对数据进行系统的思考。尽管全书的内容并未提及编码的具体操作流程,但从调查开始到接近尾声,编码、数据收集和数据分析都模糊交织在一起。格拉泽和施特劳斯通过归纳的方式提出了死亡预期和意识语境的概念,以及研究意识语境的范式。对死亡预期和认识的关注指导了作者初步的数据收集,关于死亡预期和认识的相关概念与范式的系统制定也指导了进一步的数据收集和随后的分析。在研究过程中,格拉泽和施特劳斯发现了4种明显不同的意识语境范式:封闭意识、怀疑意识、相互伪装意识和开放意识。该书进一步探讨了实质理论和形式理论的区别,并指出此项研究最终的目的是忠实于实质性领域,以适应对病人进行临终关怀的现实。

4. 质量保证

该书所提供的类属、概念充分描述了研究对象,符合扎根理论质量保证中的可信性要求。在原创性标准上,该书以充分的数据为基础,给出了新的、有价值的概念呈现。从理解性和实效性的角度来看,作者对临终病人死亡过程中与其他相关者的互动的研究过程和结论都极富洞见,为读者提供了关于临终病人生活更为深刻的见解,并为未来的扎根理论研究提供了范本,具有理论意义和方法意义。

第六章 行动研究

本章要点

- 行动研究的定义、特点和优劣势;
- 行动研究的起源和理论基础;
- 行动研究的适用范围和条件;
- 行动研究的不同类型及其主要特点;
- 行动研究的操作流程;
- 行动研究质量评价和保证的基本方法及其在使用中应该注意的问题。

一、导　言

行动研究(action research)作为一种研究方法,最初主要运用于社会学、心理学、人类学和部分工业领域。但随着行动研究的深入开展,它逐渐被应用于其他社会领域,并在近年来广泛应用于教育研究等领域。自约翰·科利尔(John Collier)和科特·勒温(Kurt Lewin)在社会学以及心理学领域倡导行动研究以来,经过斯蒂芬·科里(Stephen Corey)、阿瑟·弗谢(Arthur Foshay)、劳伦斯·斯滕豪斯(Lawrence Stenhouse)以及约翰·埃利奥特(John Elliott)、斯蒂芬·凯米斯(Stephen Kemmis)等研究者的努力,行动研究至今已经发展成为一种颇有影响力的研究方法。

目前,学界经常使用的"行动研究"的概念,一般有两个基本含义:一是"对行动的研究",是一种研究类型,指对人们行动过程的外部表现如组织冲突、社会动乱、行为习惯、团体氛围等方面的研究;二是"在行动中研究"或"行动中的研究",指一种研究方法。① 当"行动研究"指研究方法时,研究人员同实践者密切配合,从实践者那里收集、获取信息,经过分析或实验研究后,将结果反馈到实践者那里,对实际工作或团体行为过程产生影响②,甚至实际工作(或行动)会再次促进研究,并通过研究再次促进行动,循环往复。此时,反馈是行动研究的关键环节,是研究和行动的中介,帮助研究者发现事实和利用事实之间的有效联系,成为沟通现实与理论的桥梁。本章也正是在研究方法的意义上来介绍行动研究的。

二、定义、特点和优劣势

(一) 定义

对于行动研究的定义,学者们众说纷纭,莫衷一是。行动研究的积极倡导者、英国学者埃利奥特将其归结为一种研究取向。③《国际教育百科全书》则将行动研究总结为一种反思研究。④ 威尔弗雷德·卡尔和斯蒂芬·凯米斯将行动研究进一步归结为一种具体的基于自我反思的研究方式。他们认为,"行动研究乃是社会情境中的实践者为了提高他们实践的合理性和正当性,提升他们对实践的理解,改善他们所处的社会情境而进行自我反思的探究形式"⑤。罗伯特·拉波波特将行动研究定义为"在双方可接受的伦理意向中,通过协议合作

---

① P. Holly, "Action Research: The Missing Link in the Creation of Schools as Centers of Inquiry," in A. Lieberman and L. Miller, eds., *Staff Development for Education in the 90's: New Demands, New Realities, New Perspectives*, Teachers College Press, 1991, pp. 137-155.

② K. Lewin, *The Principles of Topological Psychology*, McGraw-Hill, 1936, p. 120.

③ John Elliott, "What Have We Learned from Action Research in School-based Evaluation?" *Educational Action Research*, Vol. 1, No. 1, 1993.

④ Petra Ponte, "Action Research as a Tool for Teachers' Professional Development," in Penelope Peterson, Eva Baker and Barry McGaw, eds., *International Encyclopedia of Education*, Elsevier, 2010, pp. 540-547.

⑤ Wilfred Carr and Stephen Kemmis, *Becoming Critical: Education, Knowledge and Action Research*, Falmer Press, 1986, p. 162.

既解决当前问题情境中人们的实际问题,同时又追求社会科学的知识"①。这说明,在他看来,行动研究不仅需要合作参与、解决问题,也需要产生知识,而产生知识的基本条件是必须采用必要的科学方法,以便做适当的统计和抽象。

总之,目前在理论界,学者们关于"行动研究"的概念并没有形成一致的意见。代表性的观点有两类:一类是突出行动研究的合作性。例如,拉波波特认为,行动研究指实践者和研究者在都能够接受的道德规范下的共同协作,目的是通过在相互接纳的伦理框架内合作,对理解社会科学的研究目标以及解决人们在实践情境中的问题做出贡献。② 另一类是突出行动研究的批判性。例如,理查德·萨格(Richard Sagor)认为,行动研究是指"由实践者将实际的工作情境和研究相结合,是实践者进行自我反思的一种形式,以改善实务行动为目的。采取批判、自省、质疑的研究精神,改进实务工作,并获得专业的成长和提升"③,使得实践者能够在社会情境中更好地理解和解决紧迫的问题。

可见,与传统研究方式——无论是一般的实证主义研究,还是诠释主义与批判性研究——往往只强调研究本身,且常常将研究和实践截然分开不同,行动研究强调研究和实践的结合,乃至融合。因为,在行动研究者看来,行动中的"知"很难用概念和语言表达,只有在具体情境和问题解决中,才能了解到行动者思维和情感的"真实"。故此,行动研究以实践认识论(与技术理性相对)为基础,强调以社会改进为目的,由行动者做研究,在行动中研究,并为行动而研究。④

基于上述内容,本书将行动研究(方法)定义为:一种研究人员和实践者(或参与者)密切配合,从实践者那里收集、获取信息,经过分析或实验研究后,又将结果反馈到实践者那里,从而对实际工作产生影响,并促进实际工作改进的研究范式或方法。或者说,行动研究是一种不仅强调研究对象本身也应该参与到

---

① Robert N. Rapoport, "Three Dilemmas in Action Research: With Special Reference to the Tavistock Experience," *Human Relations*, Vol. 23, No. 6, 1970.
② Ibid.
③ 〔美〕理查德·萨格:《行动研究与学校发展》,卢立涛等译,中国轻工业出版社 2006 年版,第 3 页。
④ 陈向明:《质性研究的新发展及其对社会科学研究的意义》,《教育研究与实》2008 年第 2 期,第 14—18 页。

研究中和研究者共同推进研究、强调研究对象或行动者本身应该做研究,而且强调通过研究和实践以及研究者和研究对象的高度融合、相互促进,进而推动研究和实践的共同发展,尤其是推动实践发展的研究范式和方法。这一定义不仅强调了行动研究中研究和实践的结合、研究者和研究对象的结合,强调了行动研究过程的行动本质,强调了行动研究的目的是推动研究和实践的共同发展,尤其是推动实践的发展;而且强调了行动研究不仅是一种研究方法论或范式,也是一种具体的研究方法或技术。

(二) 特点

对于行动研究的特征,不同学者有不同的看法。詹姆斯·麦克南总结不同的行动研究并归纳出16个特征,包括促进理解、参与、关注案例与事件、评价与反思、共享、对话交流、批判性等。[1] 斯滕豪斯认为行动研究首先作为一种研究,是一种"系统的、持续的、有计划的和自我批判的研究,这种研究应该接受公众的批评,并在适当的时候接受经验检验"[2]。埃利奥特指出,"行动研究是在社会情境中进行的,旨在改善社会情境中行动质量的研究",由此他将行动研究的基本特征确定为"改进实践"。[3] 在凯米斯看来,行动研究具有三个目的,即改进实践、增进理解、改善社会情境,这三个目的又可以归纳为两个"核心目的",即改进和参与。[4] 巴锡参考凯米斯和斯滕豪斯关于行动研究特征的观点,认为行动研究具有改进、参与、反思三个特征。[5] 基于此,我们认为行动研究有七个关键性特征:融合、参与、改进、系统、公开、主动、开放。

---

[1] James McKernan, *Curriculum Action Research: A Handbook of Methods and Resources for the Reflective Practitioner*, Kogan Page, 1996, pp. 32-33.

[2] Lawrence Stenhouse, "What Counts as Research?" *British Journal of Educational Studies*, Vol. 29, No. 2, 1981.

[3] John Elliot, *Action Research for Educational Change*, Open University Press, 1991, p. 69.

[4] Wilfred Carr and Stephen Kemmis, *Becoming Critical: Education, Knowledge and Action Research*, Falmer Press, 1986, p. 165.

[5] M. Bassey, "Does Action Research Require Sophisticated Research Methods?" in D. Hustler, T. Cassidy and J. Cuff, eds., *Action Research in Classrooms and Schools*, Allen & Unwin, 1986, p. 24.

1. 融合

在行动研究中,理性的认识与实践的认识被整合在一起,理论和实践的边界被消解。一方面,理性的认识指导着实践,并丰富了实践的内涵;另一方面,实践也深化着人们对理论的理解,新的实践认识有助于扩展现有的理论形式。

2. 参与

行动研究必须将与研究活动相关的参与者纳入研究过程,不断增加参与者的数量,确保受研究影响的人都能参与研究。[1] 而且,在行动研究中,参与者和研究者需要紧密合作。例如,在研究的决策中,参与者与研究者同等重要,参与者也需要知晓决策的内容和出发点,并参与到具体决策中;在类似政策委员会的组织中,参与者和研究者要共同审核项目的进度并对其进行修正。同时,行动研究不仅强调对参与者的招募和训练,而且强调应该促进参与者的成长和给参与者以支持。

3. 改进

"改进"即改进实践,解决问题。埃利奥特将"改进实践"视为行动研究的基本目的和特征,认为"行动研究的基本目的是改进实践而不是建构理论。建构和利用理论从属于且依赖于这个基本目的"[2]。这也就是说,行动研究将对社会问题系统的研究以及实践努力结合起来,通过政策干预,寻求对社会问题的解决,其主要目标是促进组织和社群的变革[3]、社会实践的改进、他者状况的改善。而且,在行动研究中,研究者和参与者需要产生基于实践的认识,拥有对他者的同情,将社会利益置于问题的核心,将这一实践认识论作为社会实践的基础[4],并最终促进社会实践的改进。

---

[1] Wilfred Carr and Stephen Kemmis, *Becoming Critical: Education, Knowledge and Action Research*, Falmer Press, 1986, pp. 165-166.

[2] John Elliot, *Action Research for Educational Change*, Open University Press, 1991, p. 49.

[3] David Bargal, "Action Research: A Paradigm for Achieving Social Change," *Small Group Research*, Vol. 39, No. 1, 2008.

[4] Jean McNiff and Jack Whitehead, *Action Research: Principles and Practice*, Routledge, 2002, pp. 2-6.

4. 系统

"系统"是研究必备的基本条件。这也就是说,但凡是研究,就必须是一种具有系统性和持续性的探究,而不是分散性和暂时性的思考。所以,虽然行动研究强调与实践以及参与者的结合,但行动研究本身作为一项研究,也必须遵循研究的基本条件。因此,行动研究不仅经常涉及数据收集、目标确定、执行、结果评估、反思的过程,而且其政策干预结果会被不断地改进、完善,以满足行动者和各方的需要。同时,行动研究的不同环节也都必须成为相互联系的、系统的批判性反思活动。

5. 公开

公开是指,行动研究者要将自己的研究过程与研究成果公开发表,接受同行评审和"公开的"探究,而不是私下琢磨;同时,也要与其他参与者或研究者公开合作,而不能是私下的个人化操作。此外,行动研究还需要基于政策干预的结果,对所有参与者进行有效信息反馈,以提供需要具体改变的内容和其优先级;同时,应尽量将所有参与各方的价值、目标和能力等都纳入考量。

6. 主动

主动是指,行动研究者应具有主动性。在行动研究中,研究者处于研究的中心,既是研究的主体,也是研究的客体,要对自身行为负责,要拥有自己的判断,要自己主动进行研究,并自己撰写研究报告。特别地,行动研究者要通过主动的批判性的反思和自我学习,将自身的实践置于研究的中心。

7. 开放

开放是指,行动研究者要保持开放的心态。行动研究者应鼓励他人参与到相互协调的共享实践中;要尊重其他行事方式,并对不同观点持有开放的态度,愿意承认自身可能的错误,并为之负责等。[1]

(三)优势和劣势

行动研究的优势主要体现在以下四个方面。

(1)弥合理论和社会行动之间的鸿沟。学术研究通常与具体的实践是分

---

[1] Jean McNiff, Pamela Lomax and Jack Whitehead, *You and Your Action Research Project*, Routledge, 2004.

离的,但行动研究通过计划、行动、反思、再计划的螺旋过程,提供了解决实际问题的可能路径①,弥合了理论和社会行动之间的差异。

(2)结论开放。行动研究的结论是开放的。行动研究并不以固定的假设开始研究,且研究的观点总是处于动态调整中。另外,行动研究本身也是一个修正和发展观点的过程。在这一过程中,研究者和研究参与者共同探讨提出新的行动观念与策略,并检视这些观念与策略的实践结果是否与预期符合,并不断进行自我评价。②

(3)促进合作。行动研究注重研究过程中研究者和研究参与者的合作,以帮助研究参与者解决问题。同时,行动研究也将观察者、验证者等其他行动者纳入研究中来,实现共同协作,以从不同视角和范式出发,监督研究者并提供反馈意见。

(4)有助于研究参与者的职业发展。与其他研究不同,行动研究还有助于参与者的职业发展。例如,行动研究会帮助改善参与者的工作环境,帮助参与者创设具有更加开放、民主、平等、和谐的职业环境,以助其更好地履行工作职责。而且,行动研究还能提升参与者的学习和适应能力,帮助他们获得更多职业上的肯定。

行动研究的劣势则主要体现在以下四个方面。

(1)结论的有限适用性。行动研究者往往基于有限的信息进行预测并指导实践。可是,只有当同样的实验组(treatment group)适用于整个人群时,将基于统计置信区间的预测应用于实践才有意义。遗憾的是,这一条件在具体情境中常常难以满足。③ 由于实践的情境往往处于动态变化之中,基于过往有限经验的预测经常难以适用于新的异质性的行动情境。而且,在很多情况下,即使是基于总体得出的结论,也可能难以适用于总体中特定的人群。

(2)参与者难以参与到行动研究中。虽然行动研究强调参与者是潜在的

---

① Michael Peters and Viviane Robinson,"The Origins and Status of Action Research," *The Journal of Applied Behavioral Science*, Vol. 20, No. 2, 1984.

② Jean McNiff, *Action Research for Professional Development*, Hyde, 1995.

③ Lawrence Stenhouse,"What Counts as Research?" *British Journal of Educational Studies*, Vol. 29, No. 2, 1981.

研究者,但现实却是,实践者往往难以参与到行动研究中。这不仅因为实践者经常缺乏从事研究的必要训练、时间、激励和支持,而且因为实践者置身其中的组织环境也常会阻碍他们从事相应的研究。[①]

(3)操作成本较高。行动研究需要将涉及的研究者、研究参与者、验证者等多种行动主体都纳入研究,这就导致其本身具有较高的组织、沟通和协调成本。而且,行动研究需要实践的反馈,这也会导致其研究项目往往持续的时间较长,花费也较高,对行动研究的时间和项目资金都提出了较高的要求。

(4)伦理风险。行动研究也经常面临较高的伦理风险。行动研究致力于改善参与者的境况,这就不可避免地会影响到参与者的实际工作与生活,也会对群体行为方式产生一定的影响。但是,这些影响经常并非都是完全可控的,也可能会对参与者的工作和生活等带来诸多负面冲击。

三、起源、发展和理论基础

(一)起源和发展

1. 起源

有学者将20世纪30年代末勒温的研究工作视为行动研究的开端。[②] 但是,美国学者麦克南则把目光放得更远,他将行动研究追溯到了19世纪晚期的"教育科学化运动"(the Movement in Education Science)[③],认为在当时已经有不少社会改革家主张采用"科学方法"(自然科学所重视的"假设—检验"法)来解决教育实践中所面临的问题,而这种主张带有一定程度的行动研究精神。此外,早期行动研究的倡导者之一科里,在1954年发表的《教育中的行动研究》一

---

① Jean A. King and M. Peg Lonnquist, *A Review of Writing on Action Research: 1994-Present*, Center for Applied Research and Educational Improvement, 1994, p. 25.

② 〔美〕米歇尔·刘易斯-伯克、艾伦·布里曼、廖福挺主编:《社会科学研究方法百科全书》(第一卷),沈崇麟等译,重庆大学出版社2017年版,第5页;Kurt Lewin, *A Dynamic Theory of Personality: Selected Papers*, D. K. Adams and K. E. Zener, trans., McGraw-Hill, 1935。

③ James McKernan, *Curriculum Action Research: A Handbook of Methods and Resources for the Reflective Practitioner*, Sage, 1996.

第六章　行动研究

文中则认为,"八年研究"①中评价组的评价方式也与行动研究极为相似。②

"行动研究"作为一个术语出现,最初始于美国的科利尔。他在 1933 年至 1945 年担任美国印第安人事务局局长期间,为探讨改善印第安人与非印第安人之间关系的方案,将非专业人士引入研究过程,与他的同事进行合作研究,并称这种方式为"行动研究"。在科利尔看来,"既然研究成果必须通过行政人员和非专业人士操作实施,而且必须经受他们的审查和批评,那么,行政人员和非专业人士就可以根据他们自己的需要创造性地参与研究"③。但是,科利尔只是使用了"行动研究"一词,而没有对"行动研究"的内涵做具体的阐释。

一般认为,真正将"行动"和"研究"相融合的是约翰·杜威和科特·勒温。杜威观察到"科学的实验性使它本身就是'直接行动'的模式"④,然而现代社会中绝大部分的研究者却运用了自然科学的模式,以致科学与实践之间一直是分离的。他批评这种知识与行动的长期"分家",希望能将实验性探究延伸到社会实践中,以引导科学与实践的整合。勒温在 20 世纪 40 年代撰写的《行动研究和少数民族问题》(Action Research and Minority Problem)一书中再次提到行动研究。勒温在自己的研究中与犹太人和黑人合作,让他们均以研究者的身份参与研究,积极地反思自己的境遇,以改变自己的现状。他将这种性质的研究称为"行动研究",并对"行动研究"的特点及操作流程进行了界定。行动研究强调行动与研究之间的密切关系,强调行动场域中科学活动及学习活动之间的连续性,强调科学、民主以及教育价值的相互强化,并有利于科学与社会实践的联结。勒温认为,行动研究包括这样几个方面:一是分析问题,收集事实;二是制订行动计划,执行它们,然后收集更多的事实并予以评价;三是将上述行动进行

---

① "八年研究"(Eight-Year Study)是美国进步教育协会于 1934—1942 年这八年间展开的一项针对中等教育的调查研究。因历时八年,故被称作"八年研究",有时也被称为"三十校实验"。
② Stephen Corey, "Action Research in Education," Jorunal of Educational Research, Vol. 47, No. 1, 1953.
③ John Collier, "United States Indian Administration as a Laboratory of Ethnic Relations," Social Research, Vol. 12, No. 3, 1945, p. 276.
④ John Dewey, Experience and Nature, Norton, 1929, p. 24.

循环式和螺旋式的重复。① 也正是在这个意义上,很多研究者将勒温的工作视为行动研究的起点。

2. 发展

杜威和勒温等学者开辟的研究脉络被斯滕豪斯、埃利奥特和凯米斯等学者进一步发展。斯滕豪斯指出,科学研究在实践中的第一个也是最明显的应用,是为我们提供关于行动背景信息的预测;第二个应用是运用一般性规律去预测特定行为的结果,使行动者可以基于相对可靠的行为结果估计来设计自己的行动。② 尤其是,斯滕豪斯聚焦于教育实践,强调教学和研究紧密相连。教师应该作为研究者,检视他们如何影响教育过程,反思其课程教学实践。③ 埃利奥特和凯米斯对勒温的行动研究理论进行了修正。埃利奥特将执行的复杂性纳入考量。行动研究者在制订好行动的方案后,首先进行初步的执行,对执行过程和效果进行监控,反思存在的失误,进而修正行动方案,再次执行。行动研究是一个在行动中不断修正可能的问题的螺旋过程。④ 凯米斯建构了新的行动过程模型,设计出包含计划、行动、观察、反思、再计划的行动研究螺旋过程模型。凯米斯将其应用于教育实践中,改变发问的方式,鼓励学生自我发问,观察记录学生的对话,反思如何用相对更少控制的方式,让课程自我运行。⑤

此外,更多学者对螺旋过程模型进行了反思,指出具体实践的演进并非线性的、单一的。例如,埃巴特认为埃利奥特和凯米斯提出的反思性螺旋模型并非行动—反思过程中最为有用的模型,并不能决定行动研究的具体实践。⑥ 麦

---

① K. Lewin, "Group Decision and Social Change," in G. Swanson, T. Newcomb and E. Hartley, eds., *Readings in Social Psychology*, Henry Holt & Company, 1952, pp. 340-344.

② Lawrence Stenhouse, "What Counts as Research?" *British Journal of Educational Studies*, Vol. 29, No. 2, 1981.

③ Lawrence Stenhouse, *An Introduction to Curriculum Research and Development*, Heinemann, 1975, p. 2.

④ John Elliot, *Action Research for Educational Change*, Open University Press, 1991, p. 66.

⑤ Stephen Kemmis and Robin McTaggart, *The Action Research Planner*, Deakin University Press, 1988, pp. 120-125.

⑥ David Ebbutt, "Educational Action Research: Some General Concerns and Specific Quibbles," in Robert Burgess, ed., *Issues in Educational Research*, Falmer Press, 1985, pp. 152-174.

克南指出,时间和资源支持的缺乏是阻碍反思性螺旋过程的重要因素。① 朱伯-斯凯里特则从批判理论视角,提出行动研究者需要反思实践者自身,对结果进行问责,自我评价实践表现,并参与到问题解决过程中。②

(二) 理论基础

行动研究的理论基础可以追溯到亚里士多德的"实践智慧(实践理性)"、杜威的实用主义和反省思维、法兰克福学派的批评理论(新马克思主义)、勒温的团体动力学、克里斯·阿吉里斯(Chris Argyris)的行动科学、唐纳德·舍恩(Donald Schön)的实践研究范式等。③

在这里,我们着重介绍阿吉里斯的行动科学理论。阿吉里斯在《行动科学:探究与介入的概念、方法与技能》一书中谈道:"可以把行动理论视为一大套环环相扣的假设。行动理论中的假设形式是:'在 S 情境中,若要达到 C 结果,便须执行 A 行动。'从拥有这一理论的行动者的角度来看,这是一种控制理论。它陈述了要达到某一特定的结果,行动者应做什么。从观察者的角度来看,归纳行动者的行动理论的特点,就是提出一套解释或预测的理论。……因此,一个行动理论的假设既可以视为行动者的倾向性,也可被理解为行动者的因果责任。"④

阿吉里斯的行动理论主要包括信奉理论和使用理论、单路径学习和双路径学习、第一型使用理论和第二型使用理论。⑤ 阿吉里斯的行动理论认为,人们是自己行动的设计者,会根据目的和意义建构行动并通过结果来检验行动的有效性。因此,行动理论旨在倡导行动科学家以研究者、教育者和介入者的身份揭示人类行动的逻辑和模型,据此帮助人们设计并实施行动,以改进实践工作。

1. 信奉理论和使用理论

阿吉里斯将行动理论分为两类,即信奉理论和使用理论。信奉理论(espoused

---

① James McKernan, *Curriculum Action Research: A Handbook of Methods and Resources for the Reflective Practitioner*, Kogan Page, 1991, pp. 186–187.

② Ortrun Zuber-Skerritt, *New Drreetions in Actron Research*, Falmer Press, 1996.

③ 〔以〕艾米娅·利布里奇等:《叙事研究:阅读、分析和诠释》,王红艳主译,重庆大学出版社 2008 年版,总序第 XI 页。

④ 〔美〕克里斯·阿吉里斯等:《行动科学:探究与介入的概念、方法与技能》,夏林清译,教育科学出版社 2012 年版,第 59 页。

⑤ 同上书,第 59—76 页。

theory)是指个体宣称他所遵循的理论,使用理论(theory-in-use)则指那些由实际行动推论出来的理论。信奉理论是人们在采取行动之前预设的一种行为模式,是从应然的角度出发设计行动该如何实施。但很多时候,人们并没有按照预期的那样采取行动,而是在事后才发现自己使用了另外一种行为模式,从这种实际行动中总结出来的理论就是使用理论,它是从实然的角度解释已经发生的行动。简单来说,信奉理论与使用理论之间的差异可以被认为是一种言行不一致,也可以被表述为"说一套,做一套",但这种差异不是理论与行动的差异,而是两种不同行动理论的差异:人们认为自己遵从的理论以及他们真正使用的理论之间的差异。阿吉里斯认为,人们的行动一定和他的使用理论一致,但不一定和其遵循的信奉理论一致。①

全面分析一个人的行动理论是复杂费时的,为此阿吉里斯建立了使用理论模型(theory-in-use model)(如图6.1),将人们日常生活行动中的逻辑明白地呈现出来,进而为行动科学家提供检验及扩展行动理论的方式,也协助当事人系统反映他们的使用理论并学习新的使用理论。

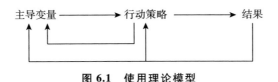

图 6.1 使用理论模型

资料来源:〔美〕克里斯·阿吉里斯等:《行动科学:探究与介入的概念、方法与技能》,夏林清译,教育科学出版社2012年版,第62页。

使用理论模型主要包括三个要素,即主导变量(governing variables)、行动策略(action strategies)和结果(results)。主导变量是行动者寻求的价值观,是指导行动者采取行动措施的价值标准。在一个行动场域中有可能同时存在多个主导变量,此时行动者就需要在这些主导变量中做出选择并进行排序。行动策略是行动者在特定情境中为满足主导变量而采取的系列措施。结果是行动者赋予行动策略的预期结果,他们相信这些行动策略能够导致这样的结果,这些结果会向行动策略和主导变量提供反馈。最终的行动结果可能是行动者想要达

---

① 〔美〕克里斯·阿吉里斯等:《行动科学:探究与介入的概念、方法与技能》,夏林清译,教育科学出版社2012年版,第60页。

到的,也可能是其不希望实现的,可能是有效的,也可能是无效的,因为行动的结果不只依赖行动者如何采取行动策略,还依赖接受者的使用理论。行动结果是伴随着行动策略以及行动者对接受者使用理论的预设所产生的,这就为单路径学习和双路径学习提供了机会。

2. 单路径学习与双路径学习

当行动结果与行动者的预期不匹配时,人们有两种调整策略:一种是保持主导变量不变,转变行动策略;另一种是改变主导变量本身,即变革根本价值标准。阿吉里斯称前者为单路径学习(single-loop learning),把后者称为双路径学习(double-loop learning)。单路径学习是在确定主导变量的价值标准的前提下从多种行动策略中选取一种能够实现预期结果的措施,而双路径学习则是在相互竞争着的多套标准之间做选择。在行动科学的取向中,双路径学习是行动科学家关注的焦点,他们将抑制与促进双路径学习的使用理论进行区分,从而采取相应的使用理论增强实践者进行双路径学习的能力。

3. 第一型使用理论和第二型使用理论

(1) 第一型使用理论。

阿吉里斯和舍恩将抑制双路径学习的使用理论定义为第一型使用理论(theory-in-use model I),第一型使用理论的特点如表6.1所示。

表6.1 第一型使用理论

主导变量	行动策略	对行为世界的影响	对学习的影响	有效性
确定目标并且努力实现这些目标	单方面控制和单方面保护自己与他人(如劝说、提出更大目标)	行为主体防御性强、缺乏一致性、好竞争、好控制他人、害怕自己变得脆弱、压制情感、过分关注自我和他人或者根本不关注他人	自我封闭	有效性降低
尽可能赢,避免输	把持并控制工作(如声称对工作的所有权,把持对工作的界定权和执行权)	防御性的人际和组织关系(依赖行为主体、缺乏凝聚力,缺少对他人的帮助)	单路径学习	有效性降低

(续表)

主导变量	行动策略	对行为世界的影响	对学习的影响	有效性
尽可能避免生成或者表达负面情绪	单方面的自我保护(如不以可直接观察的行动为基础进行判断,忽视语言和行动之间的差异,用责备、刻板印象、压制情感和理智化等防御行为减少这种差异)	防御性行为模式(从众、外在承诺、强调处理人际关系的策略、以权力为中心的竞争与敌对状态)	不公开验证理论,大多私下验证理论	有效性降低
保持理性	单方面地保护他人不受伤害(如隐瞒信息,创造控制信息和行为的规则,召开私人会议)	缺乏选择自由、内在承诺以及冒险精神	—	有效性降低

资料来源:Chris Argyris and Donald A. Schön, *Theory in Practice: Increasing Professional Effectiveness*, Jossey-Bass, 1974, pp. 68-69。

在第一型使用理论的主导变量指导下,人们会采取单方面控制和单方面保护自己与他人的策略,将会导致自我封闭这种不利于人类学习的结果,包括防御性的人际与组织关系,缺乏选择自由、内在承诺和冒险精神等。在这些情况下便不可能发生双路径学习,容易得出错误的行动结果,也降低了解决问题的有效性。

使用理论不仅引导个体精心设计行动,同时也引导了组织行为世界的建构,而人们所共同建构的行为世界反过来又以其组织层面的使用理论引导个体的社会化。据此,阿吉里斯和舍恩还创造了一个与第一型使用理论相对应的行为世界模型——组织化的第一型使用理论模型。这个模型从家庭、团体及组织的行为世界层面考察在组织中进行双路径学习的条件。当所有个体都运用第一型使用理论处理具有威胁性的问题时,便创造了组织双路径学习的初级抑制路径,即创造了"不容讨论""自我实现预言""自我欺骗历程""衍生错误"的存在条件。初级抑制路径导致了次级抑制路径,如输—赢的动力、保持一致性、团体间的二极对立以及组织中欺上瞒下的游戏。[①] 次级抑制路径强化了初级抑制路径,两者结合使人们在组织中进行双路径学习的机会受到破坏,过程如图6.2所示。

---

① Chris Argyris and Donald A. Schön, *Organizational Learning: A Theory of Action Perspective*, Addison-Wesley, 1978, pp. 117-118.

第六章 行动研究

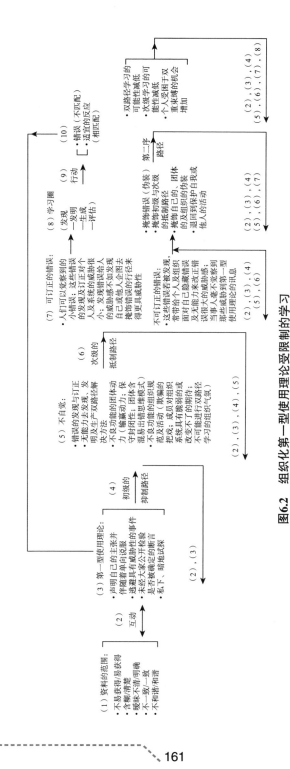

图6.2 组织化第一型使用理论受限制的学习

资料来源:[美]克里斯·阿吉里斯等:《行动科学:探究与个人的概念、方法与技能》,夏林清等译,教育科学出版社2012年版,第70—71页。

（2）第二型使用理论。

能够增进双路径学习的使用理论被称作第二型使用理论（theory-in-use model Ⅱ）。与第一型使用理论威胁人们行动有效性、抑制人们学习不同,第二型使用理论会增加有效学习。第二型使用理论的特点如表6.2所示。

表6.2　第二型使用理论

主导变量	行动策略	对行为世界的影响	对学习的影响	对生活品质的影响	有效性
有效的信息	设计情景或环境,行为主体在其中可以产生并清晰地检验个人基本假设、行动策略与行为结果之间的因果关系	行为主体体验到最低程度的自我防御（成为促进者、合作者和选择的创造者）	证明自己行动理论不正确的过程	积极影响多于消极（例如,更有真实性,更多自由）	提高长期有效性
充分自由及信息的充足选择	工作由参与双方共同控制	在人际关系和组织的互动中,体验到最低程度的自我防御	双路径的学习	更有效地解决问题和决策,尤其在有难度的问题上	提高长期有效性
对自己的选择有内在的承诺,并持续监督其执行	对自我的保护是一个双方共同合作的事情,而且它是成长导向的（以直接的、可观察的行为资料来讨论,以降低对自己矛盾与不一致的盲点）;双向地保护他人（指非一方单方面地保护另一方）	以学习为导向的行为规范（例如,信任、个体性、碰到困难的事件敢公开地当面澄清）,即行为的规范是以拓展与催化参与者学习为重的	可公开试验的理论	—	提高长期有效性

资料来源:Chris Argyris and Donald A. Schön, *Theory in Practice: Increasing Professional Effectiveness*, Jossey-Bass, 1974, p. 87。

在第二型使用理论的三个主导变量指导下,行动者将会采取不同于第一型使用理论中单方面控制与倡导的行动策略,而是更多倡议与其他行动者共同探究。这些行动策略鼓励所有行动者公开交流和互动,进而形成高度融洽、低防御性、自由的人际与组织关系,从而有助于促进双路径学习,提高行动的有效性。

当人们采取第二型使用理论时,在组织层面便形成了组织化的第二型使用理论。个体之间的公开交流互动将会中断自我欺骗的过程,消解双路径学习的初级抑制路径,增进组织学习,具体过程如图6.3所示。

四、适用范围与条件

一般而言,行动研究需满足以下条件:

第一,研究不仅仅是为了纯粹的研究或纯粹的理论建构,还为了改进社会实践,甚至主要是为了改进社会实践。

第二,研究对象愿意而且能够参与到研究中来,共同推动研究;同时,研究者和研究对象也可以真诚合作、相互促进。

第三,不存在不可控制的伦理风险。在进行行动研究之前,需要对不可控制的伦理风险有足够的估计,如果风险确实不可控,则不适合进行行动研究;如果可控,则适合进行行动研究。

上述三个行动研究的基本条件缺一不可。这些条件组合起来,也就基本划定了行动研究的适用范围。

五、方法的分类

在行动研究的分类方面,研究者根据知识建构的方法、研究侧重点、发展历程、与研究参与者(实践者)的关系、参与者对自己行动的反映五个维度,对行动研究进行了不同角度的划分。

1. 根据"知识建构"方法分类[①]

凯米斯借鉴了哈贝马斯关于"知识建构"的分类方法,把行动研究分为技术性行动研究、实践性行动研究、解放性行动研究三种。技术性行动研究是按照研究者提供的一般技术程序来对实践者的行动进行研究。它是一种通过外力

---

① Stephen Kemmis, Robin McTaggart and Rhonda Nixon, *The Action Research Planner: Doing Critical Participatory Action Research*, Springer, 2014, pp. 8-11.

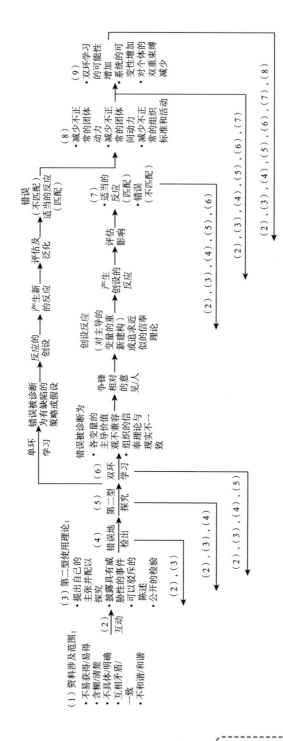

图6.3 组织化第二型的学习系统：促进错误的检出与修正

资料来源：[美]克里斯·阿吉里斯等：《行动科学：探究与介入的概念、方法与技能》，夏林清等译，教育科学出版社2012年版，第74—75页。

对行动的研究,研究者处于研究的中心,实践者通过研究者提出的理念或假设,而不是通过对自己实践的理解、反思来认识实践的合理性。实践者处于被动地位,实践者在这种研究中与研究者之间的关系不是真正的合作关系。确切地说,技术性行动研究应是"研究者的行动",而非实践者的行动研究。在实践性行动研究中,研究者与实践者已由技术性行动研究的实施关系变成了合作的伙伴关系。研究者帮助实践者进行表述,形成自己的问题,拟订行动计划,控制变化中的问题,反思实际上已达到的结果和价值。在这种行动研究中,实践者与研究者一起工作,"研究者辅导实践者"进行研究,研究者的角色是为实践者提供一种探索途径,实践者通过这种途径,反思自身的研究。在解放性行动研究中,实践者担任双重角色——研究者和实践者,并且研究者角色更为重要。解放性行动研究才是一种真正的行动研究。凯米斯认为,解放性行动研究提供了检验和改进行动的方法,将实践置于系统的理论知识和研究基础之上,这有助于发展实践者的批判性自我反思意识,从而增强实践者的专业自主性。

2. 根据研究侧重点分类[①]

根据研究侧重点,行动研究主要包括三类:对自己行为的研究、对遇到的实际问题的研究、对实践的批判性反思。对自己行为的研究强调运用统计和测量等科学方法,开展小规模的实验研究,或者大规模的验证性调查;对遇到的实际问题的研究涵盖多样化的资料,比如实践者个人资料(日志、谈话记录等),并结合统计资料等,运用科学方法进行研究,强调对工作实践的改进;对实践的批判性反思则涉及实践者通过自我反思追求自由,改进行动,强调批判性功能。

3. 根据发展历程分类[②]

根据发展历程,行动研究主要有四类:试验型、组织型、专业型、赋权型。试验型行动研究注重通过科学的方法探讨社会问题,由研究引发行动的改变被认为是理性的,追求科学性和理性;组织型行动研究强调研究者与实践者合作寻找问题,拟定可行的改善措施,以解决组织问题为目的,突出研究是一个合作的

[①] 郑金洲:《素质教育与教师行动研究》,《教育研究与实验》1997年第3期,第17—20页。
[②] 陈向明:《什么是"行动研究"》,《教育研究与实验》1999年第2期,第60—67页。

过程;专业型行动研究强调研究根植于现实的社会机构,通过研究社会实践活动,对自己的价值观念进行反思,以改变既定的行为实践;赋权型行动研究强调对社会群体的赋权,与社区发展紧密相关,为社会弱势群体呐喊,以改变社区现状为目的。

4. 根据与研究参与者的关系分类[①]

根据与研究参与者的关系,行动研究主要包括合作模式、支持模式、独立模式三类。合作模式中,研究者与实践者一起合作,共同研究。合作行动研究的特点是可以发挥多个研究及参与主体的集体智慧和力量,但可能存在理论指导方面较欠缺的问题。支持模式中,参与者自己提出并选择需要研究的问题,自己制订行动方案,研究者作为咨询者帮助参与者形成理论假设,计划行动具体方案,并评价行动的过程和结果。独立模式中,参与者进行独立研究,对自己的行动进行批判性思考,并加以改进。独立行动研究的特点是规模小,研究问题范围小,易于实施,但力量单薄,很难有深入的、细致的、有说服力的研究。

5. 根据参与者对自己行动的反映分类[②]

根据参与者对自己行动的反映,行动研究主要包括三类:探究内隐性知识的行动研究、在行动中反思的行动研究、对行动进行反思的行动研究。探究内隐性知识的行动研究强调对参与者日常的工作行动进行研究,通过观察与反思了解参与者的内隐性知识。在行动中反思的行动研究将目标和手段视为相互建构的关系,强调将思考转化为行动,在行动中反思,推进研究者对事物及实践活动的探究。对行动进行反思的行动研究强调参与者把自己抽离出行动,对自己的行动进行反思,建构知识,以促进沟通和知识传承。

六、研究设计及有效性

行动研究设计更接近质性研究的研究设计。研究问题一般是参与者自身

---

① 郑金洲:《行动研究:一种日益受到关注的研究方法》,《上海高教研究》1997年第1期,第27—31页。

② 〔美〕Altricher, Posch & Somekh:《行动研究方法导论——教师动手做研究》,夏林清等译,远流出版事业股份有限公司1997年版,第5—9页。

遇到或试图解决的谜题,例如评价一个机构、官员或者学校如何表现等。此外,行动研究设计应该提供足够的文献来阐述研究问题,预测研究可能的方向。在研究设计中,行动研究者还要梳理研究问题领域的研究进展,明确什么样的数据可以通过日常的工作获得,本研究还有哪些数据资料需要增加。此外,研究者需要罗列出新的可能的参与者,探讨如何建构外在的关系以开展研究等,因为相互信任在行动研究中至关重要。[①]

行动研究者还需要通过对研究项目的结构和过程的合理安排,来确保研究的信度和效度。在行动研究中,想要确保研究的信度可以从这样两点入手:第一,重复观察。第二,不断反思,修正计划,重复行动研究的循环流程。

研究效度常见于定量研究中,表明研究结论在一定置信区间内可以被接受,变量与被测度的对象相一致。但效度概念日益被应用于质性研究中,用来评价研究结果与实际研究的相符程度。从研究设计的角度而言,无论是定量研究还是定性研究,都需要考虑构念效度、内部效度和外部效度三个重要的效度问题。而且,对于定性研究而言,又常常需要考虑描述型效度、解释型效度、理论型效度、推论型效度、评价型效度这五个关键效度,以及反身性效度、反讽效度、新实用主义效度、根状效度和情景化效度等多种效度。[②] 对于行动研究而言,应当基于以上多种效度评估研究对于促进研究者与参与者在开展合作、交流、学习、实践等活动方面的效果,如评价研究者和研究对象学习的收获,判断利益相关者之间的讨论是否关键和深入、是否有助于产生新的知识,以及评估研究者与研究对象之间的关系协同程度等。

在行动研究中,一些原则有助于提高研究效度。具体包括:(1)行动研究报告应该详细且清晰地描述数据收集方式。(2)由于同样的数据和经历可以被组织成不同版本的故事,研究者需要说明为什么特定的叙事比其他版本更为可信和真实,详细地描述特定的叙事如何被数据资料所建构。(3)行动研究很难识别因果关系,除非采用实验或者准实验的研究设计,但是,研究者可以借助理论

---

① Kathryn Herr and Gary L. Anderson, *The Action Research Dissertation: A Guide for Students and Faculty*, Sage, 2014, pp. 63—65.

② 陈向明:《质的研究方法与社会科学研究》,教育科学出版社2000年版,第391—396页。

以及提供具体解释来说明为何某种行为会导致特定结果,以此提高研究的有效性。[1]

七、操作流程

行动研究自产生以来,其操作流程也逐步完善。例如,让·麦克尼夫指出,行动研究的基本方法步骤包括:检视当下的实践,识别需要提高的方面,思考可行的行动方式,进行尝试,评估发生的后果,进一步修改和评估方案直到满意为止。在具体操作中,行动研究可能还涉及准备(识别领域,系统阅读,思考伦理事宜,撰写计划书)、资源获取(起草预算、申请资金)、与他人合作(邀请潜在参与者和验证者、与政策制定者讨论)、执行(记录任务过程、收集证据、识别指标、寻找并施行解决方案、评估后果等)、撰写报告并评价项目等。[2]

但是,一般认为,行动研究法是一种扩展的螺旋式结构,主要有四环节(四阶段)。例如,凯米斯等人在继承勒温思想的基础上认为,行动研究过程是由计划、行动、观察、反思所构成的螺旋式循环[3](如图6.4)。

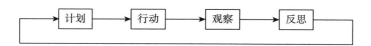

图 6.4　行动研究循环图

其中,计划是行动研究的第一步,始于实践研究者对问题解决的需要和设想,包括总体计划和具体计划。行动是行动研究的关键,是行动研究能否取得成功的基础,是实务工作者能否改进工作实践的关键,是有目的、按计划、负责任地进行的,也是灵活的、能动的,且重视实际情况变化的个体行动。观察,主要是对行动者(包括其性格、能力等特点)、行动过程、行动结果以及实现环境进

---

[1] Allan Feldman, "Validity and Quality in Action Research," *Educational Action Research*, Vol. 15, No. 1, 2007.

[2] Jean McNiff, Pamela Lomax and Jack Whitehead, *You and Your Action Research Project*, Routledge, 2010, pp. 35–56.

[3] 〔澳〕S. 凯米斯:《行动研究法》(上),张先怡译,《教育科学研究》1994年第4期,第32—36页。

行观察。观察要全面、具体,由于受到现实中不确定性因素的影响,需要使用一定的方法和技术来规避现实中不确定性因素的影响。反思,是一个循环的终结也是另一个循环的开始,是对计划、行动、观察环节进行整理、描述和归纳,并评价解释的过程。研究者通过反思计划与结果的差异,进行再构想、再计划,确定下一循环的行动计划。

如果同时存在多个行动研究计划,则可以将图6.4改进为图6.5所示的具有不同循环阶段的流程图。

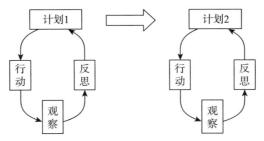

图6.5 行动研究多循环图

此外,艾米丽·卡尔霍恩还提出了"行动研究循环"方法(action research cycle methodology),包括选择一个领域或感兴趣的问题、收集数据、组织数据、分析和解释数据、采取行动五个环节。① 具体过程如图6.6所示。

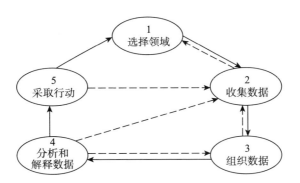

图6.6 卡尔·霍恩的行动研究循环图

资料来源:〔美〕杰夫·米尔斯:《教师行动研究指南》,王本陆等译,重庆大学出版社2010年版,第19页。

---

① Emily Calhoun, *How to Use Action Research in the Self-renewing School*, Association for Supervision and Curriculum Development, 1994, p. 2.

行动研究的数据指的是系统地监测人们在做什么,以收集有关他们的信息。行动研究要尽可能使用第一手数据资料。数据收集有多种方法,包括问卷调查、结构及非结构观察、深入访谈、文件分析、个案研究等。非结构观察、深入访谈、文件分析等也成为主要的数据资料来源。数据收集、分析的策略包含归纳、演绎、比较、因果关系等。利用收集到的数据,研究者可以确定研究问题,分析和解释数据,最后制订出一个行动计划,形成一个循环的研究过程。

更进一步,凯米斯在1998年根据勒温的理论绘制了一张著名的行动研究的"螺旋表图"(spiral cycle chart)(见图6.7),包括诊查、制订计划、第一步行动、监测、评价和反思;然后修订总体计划,再进入第二步行动。应该说,这一模式较好地反映了行动研究的操作流程,值得读者参考学习。

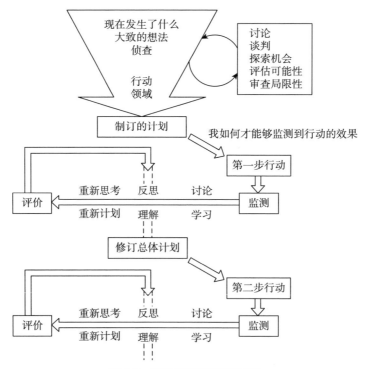

图6.7 勒温行动研究循环图

资料来源:Stephen Kemmis, Action Research in Retrospect and Prospect, Deakin Uriversity Press, 1998, p. 29. 转引自〔美〕杰夫·米尔斯:《教师行动研究指南》,王本陆等译,重庆大学出版社2010年版,第18页。

八、质量评价和保证

对行动研究的质量评价通常包括三个维度：基本评价、形成性评价、总结性评价。基本评价会询问利益相关者对于项目成功的定义、预期目标和实现途径等，然后将数据分析与相关的访谈对话相互结合并形成基本评价；形成性评价积极追踪利益相关者对项目成功的定义和预期目标，鼓励他们反思和修改项目预期，帮助他们完善项目设计，进而提升表现；总结性评价是对项目总体进行判断，并对项目结果与其他情境类似的项目进行比对。[1]

在对行动研究的质量进行评价时也应遵循一些标准：比如易于理解，运用合适的技术，清晰且准确；具有真实性，研究运用经过验证的证据，清晰揭示证据的本质，不夸大研究的结论；研究的解释是诚恳的，尊重其他学者的观点，并清晰表明其差异等。[2]

在具体操作中，研究者也经常运用多种技术方法来保证行动研究的质量。其中，三角互证是重要的方法。其基本内涵是，要测量某一个点的位置和距离，不能只从一个点去观测，而至少要从两个点去观测才比较准确。它要求将来自不同角度的资料置于一个更加一致的参考框架中，以相互比较或对照。这也就是说，行动研究不仅应用不同的技术去研究同一问题，而且应从不同的角度让不同的人分析评价同一现象、问题或解决方案。行动研究者观点之间的一致性和差异性对行动研究的结果都极为重要。三角互证包括数据三角（多种数据源的使用）、理论三角（使用多个理论视角解释同一组数据）、方法三角（使用多种方法来研究一个问题）、跨学科三角[3]、研究者三角[4]等等。

---

[1] Victor Friedman and Jay Rothman, "Action Evaluation: An Action Research Practice of the Participative Definition, Monitoring and Assessment of Success in Social Innovation and Conflict Engagement," in Hilary Bradbury, ed., *The SAGE Handbook of Action Research*, Sage, 2015, pp. 90-99.

[2] Jack Whitehead and Jean McNiff, *Action Research: Living Theory*, Sage, 2006, pp. 140-152.

[3] Valerie Janesick, "The Dance of Qualitative Research Design: Metaphor, Methodolatry, and Meaning," in Norman K. Denzin and Yvonna S. Lincoln, eds., *Handbook of Qualitative Research Design*, Sage, 1994, pp. 209-219.

[4] 〔美〕阿巴斯·塔沙克里、查理斯·特德莱：《混合方法论：定性和定量方法的结合》，唐海华译，重庆大学出版社2010年版，第39—42页。

九、使用中应注意的问题

在使用行动研究方法的过程中,研究者应该注意以下几个问题[①]:

(一)研究问题要聚焦于小议题

行动研究是实践导向的,应该关注整个图景中的一个维度,研究问题不宜过大。个体不可能立刻改变世界,但或许可以改变其中的一小部分,所以,在行动研究中,研究问题不仅需要有一定的现实感,而且需要聚焦于一个议题,深入其中,理解其本质。最好的做法是:在一个维度已经有足够进展的情况下,再开始扩展到其他维度或领域。

(二)仔细规划

行动研究者需要进行科学的研究设计,仔细规划。但需要注意的是,在实际的研究过程中,研究的进展经常与预期不同,研究者可能需要转换研究注意力,改变问题,修改和再定义标准等。因此,在研究设计中,研究者最好有一个相对宽泛的大纲和评价标准。此外,研究者需要设计一个详细的时间表,对预期要完成的研究事项进行时间规划,并尽可能留出充足的时间以应对预料之外的突发情况。

(三)与他者同行

在行动研究中,需要将几类人包含在研究过程中:研究参与者、观察者、验证者、潜在的研究者。具体而言,研究参与者可以提供真实的反馈,有助于研究者更好地完善设计;邀请其他人观察整个过程并提供反馈,有助于研究者尊重并借鉴他人观点;验证者可以对观点和结论进行确证,提供有效建议;邀请其他潜在的研究者参与研究有助于建构行动研究的社群,实现研究者之间相互助益。

---

① Jean McNiff, *Action Research: Principles and Practice*, Routledge, 2013, pp. 85-91.

(四) 研究应符合伦理道德

在行动研究中,研究者可能会滥用自身权威使得研究服务于自身的利益。因此,行动研究者应受到伦理道德的约束。具体而言,研究者需要和主管部门、参与者、监督者等进行有效的沟通协调,需要确保对参与者信息、数据、身份等的保密,需要保证参与者可以从研究中退出的权利,以及知晓研究的过程与后果等。

(五) 认识到潜在困难

行动研究总是带有政治属性的,这种属性往往会影响研究者与参与者的表现。行动研究者经常被外在的情境所约束,被自身能力、信心等所限制,因此,帮助研究参与者重塑自我并非易事。而且,鉴于现状给予一些参与者足够的适应空间、安全感和情感纽带,他们可能已经满足于当前的状况,因此会出现中途放弃参与的情况。这些都应是行动研究者预先考虑到的困难。

关键术语

行动研究方法　信奉理论　使用理论　主导变量　行动策略　单路径学习　双路径学习　第一型使用理论　第二型使用理论　螺旋表图

思考题

1. 单路径学习和双路径学习的联系和区别是什么?
2. 第一型使用理论和第二型使用理论有什么异同?
3. 为什么会有不同行动研究的循环模型,它们分别适用于哪些不同的问题?
4. 如何避免行动研究中可能存在的伦理风险?
5. 如何看待行动研究在政治学与公共管理中的适用性?

延伸阅读

Davydd Greenwood and Morten Levin, *Introduction to Action Research: Social Research for Social Change*, Sage, 2007.

〔美〕克里斯·阿吉里斯等：《行动科学：探究与介入的概念、方法与技能》，夏林清译，教育科学出版社2012年版。

〔美〕克里斯·阿吉里斯、唐纳德·A.舍恩：《实践理论：提高专业效能》，邢清清、赵宁宁译，教育科学出版社2008年版。

〔美〕欧内斯特·斯特林格：《行动研究：协作型问题解决方案》（第四版），郭蔚欣译，北京师范大学出版社2017年版。

经典举例

James Karlsen and Miren Larrea, *Territorial Development and Action Research: Innovation through Dialogue*, **Routledge, 2016.**

1. 研究背景与问题

该书将行动研究方法应用到区域发展研究中。在区域发展研究中，研究者往往是外来者，缺乏对微观过程的了解，因而导致其研究往往是抽象的和脱离具体情境的。该书试图通过行动研究方法，更好地理解区域发展的微观动态过程，以及个人和群体在其中扮演的角色等。

2. 方法选择及原因

作者选择行动研究方法主要基于三方面的原因：首先，行动研究贴合这一主题，提供了新的研究范式。作为一种研究方法，行动研究由参与者作为研究的主体并进行自我反思，通过"研究"与"行动"的双重活动，将研究直接应用于自己的实践，进而促进人际信任，在微观行动中促成改变。其次，虽然区域发展通常被视为宏观的过程，但微观的行动在一个区域中会产生宏观的效果。探究微观的过程有助于更好地理解区域中的宏观现象。最后，区域存在各式各样的差别，一个地区的政策不太可能直接复制粘贴到其他地区，所以研究不同区域存在的差异性至关重要。行动研究可以使政策制定者和居住在当地的行动者一起合作，制定适宜当地发展的政策。

3. 研究设计与操作流程

作者论证了研究者在区域创新系统中扮演的角色。区域创新系统是政策制定系统、知识子系统、生产子系统"三位一体"、相互作用的系统。研究者与其他区域行动者一起解决潜在的冲突,建构集体的认知。通过具体的案例,作者揭示了研究者如何找寻合适的方式参与区域发展的过程,如何从解决冲突到走向共识,基于社会资本建构相互信任的互动模式。此外,作者运用第二型使用理论模式来阐释区域发展中知识的共同生产。在第二型使用理论模式中,知识生产存在于应用情境中,知识的生产与应用被整合在一起,涉及跨学科的合作与异质性的知识,质量控制由参与者来完成。在区域发展中,研究者和政策制定者在对话中贡献各种类型的知识,基于实践和学术的角度进行反思并付诸行动,以解决共同的问题,建构集体的认知。进一步,不同行动者之间的民主对话和沟通对于区域创新至关重要。交流对话模式的改变,影响发展的议题界定和表现形式,形塑工作组织,改变技术元素的构成与选择。所以说,区域发展是在追求民主的对话与沟通中形成的。

此书通过西班牙巴斯克地区吉普斯夸省(Gipuzkoa)的行动研究项目的案例论证了不同行动者的民主对话对创新的促进作用。吉普斯夸省在2009年推出该项目,以增加社会资本,提高区域竞争力。在项目开始前,行动研究就被视为其中主要的方法之一。2009—2011年基于问卷调查,该项目评估了当地的社会资本,设计了干预的方案。来自不同社会群体的行动者也参与其中。从2011年开始,政策制定者和研究者通过工作坊的方式进行了持续的对话和反思。一些项目得以保留,部分项目进行了再定义。在2012年,项目参与者对拉美的类似案例进行了学习和借鉴,深化了对该项目的内容和操作的反思并进行了相应的协调。此后,该项目逐渐形成了学习与协调、协调与政策设计、政策干预"三位一体"的对话空间。

4. 质量保证

该书采用多种方式进行质量控制。首先,在吉普斯夸省的项目中,三个研究团队参与其中,进行多角度的交叉评估和验证,完善了项目的学习与协调机制。其次,研究采取了对参与者进行社会问责的方式进行质量控制。最后,对于该书的质量控制而言,作者结合真实的案例,对案例的情境、适用的理论进行清晰的界定,并与现有研究进行了有效的对话,弥补了文献的不足。

第七章 批判性研究

本章要点

- 批判性研究及其在社会科学研究中的重要性；
- 批判性研究的概念及其内涵；
- 批判性研究、诠释性研究和实证性研究的联系与区别；
- 批判性研究的特点及其优势和劣势；
- 批判性研究的起源、发展及其理论基础；
- 批判性研究的适用范围与条件；
- 批判性研究有哪些更具体的研究方法；
- 批判性研究设计及确保研究有效性和质量的方法。

一、导　言

批判性研究(批判主义研究)是社会科学研究中一种非常重要的研究路径(或称研究类型、研究模式)。严格意义上来讲，它不是一种操作意义上的研究方法，更像是一种哲学性的研究路径。[①] 在哲学与社会科学领域，关于批判性研究、诠释性研究和实证性研究的类型区分，最早可以追溯到尤尔根·哈贝马斯(Jürgen Habermas)。在他看来，知识来源于人的旨趣，而人的旨趣又可划分为

---

① Päivi Eriksson and Anne Kovalainen, *Qualitative Methods in Business Research*, Sage, 2008, pp. 260-275.

第七章 批判性研究

三种,并对应着三种主要的知识类型:整合了技术认知旨趣的经验—分析(empirical-analytic)科学进路;整合了实践认知旨趣的历史—诠释(historical-hermeneutic)科学进路;整合了解放性认知旨趣的批判取向(critically-oriented)科学进路。① 这里,哈贝马斯将"逻辑—方法规则"与"知识构成性旨趣"之间的探究过程划分为三种基本模式,实际上就区分了社会科学研究中三种不同类型的研究取向。

事实上,学者们认为,政治学与公共管理学领域的研究也可划分为这三种研究类型。例如,在政治学研究中,布莱恩·费伊(Brian Fay)从社会理论和政治实践的关系出发,主张在社会科学研究中划分实证社会科学(positivism social science)、诠释社会科学(interpretive social science)和批判社会科学(critical social science)三种类型,并倡导发展一种批判的社会科学。② 在公共管理领域,杰·D.怀特(Jay D. White)也提出了批判性研究(critical research)、诠释性研究(interpretive research)和实证性/解释性研究(positive/explanatory research)三种研究模式,并从多个向度对这三种研究模式进行了比较分析。③ 总之,虽然这三种类型研究的旨趣各异,但它们都是政治学与公共管理中知识增长的来源④,也获得了不少学者的认可⑤。

但是,就目前而言,批判性研究在社会科学领域尚未获得足够的重视,在政治学与公共管理学研究中亦是如此。一方面,与实证性研究这种当下主流的研

---

① Jürgen Habermas, *Knowledge and Human Interests*, Jeremy J. Shapiro, trans., Beacon Press, 1971, p. 308.

② Brian Fay, *Social Theory and Political Practice*, George Allen & Unwin, 1975, p. 13.

③ Jay D. White, "On the Growth of Knowledge in Public Administration," *Public Administration Review*, Vol. 46, No. 1, 1986.

④ Jay D. White, *Taking Language Seriously: The Narrative Foundations of Public Administration Research*, Georgetown University Press, 1999, p. 43.

⑤ 这里主要体现在一些比较权威的社会科学研究方法的教材和学术论文中。教材方面,如:William Lawrence Neuman, *Social Research Methods: Qualitative and Quantitative Approaches*, Allyn & Bacon, 2000; Jerry Willis, *Foundations of Qualitative Research: Interpretive and Critical Approaches*, Sage, 2007; Benjamin F. Crabtree and William L. Miller, *Doing Qualitative Research*, Sage, 1999;陈振明主编:《社会研究方法》,中国人民大学出版社 2011 年版。除了以上提及的一些教材之外,也有很多学术论文认可这三种研究类型的划分,具体参见:Robert B. Denhart and Jay D. White, "Beyond Explanation: A Metnodological Note," *Administration and Society*, Vol. 14, No. 2, 1982;陈向明:《从"范式"的视角看质的研究之定位》,《教育研究》2008 年第 5 期,第 30—35 页。

究类型相比,批判性研究仍然处于十分边缘的地位。① 例如,自觉运用批判性研究对特定研究议题开展学术研究的学者仍是少数,与批判性研究相关的教材、教师和课程更是稀缺,运用批判性研究取得的学术成果在社会科学研究中所占的比重仍然较小。另一方面,作为一种相对独立的研究类型,批判性研究自身也尚未实现系统化、规范化,尤其面临着缺乏可操作性的突出问题。② 不仅如此,批判性研究还常常被批评是反科学的、非理性的,且具有精英主义、过于理论化的倾向。③ 或许,正是由于批判性研究在研究体系上不够系统化,所以在某种程度上导致了其身份危机及其在社会科学研究中的边缘化地位,继而制约了批判性研究在知识增长中的贡献。

我们的观点是,既然科学研究必须拥抱多元化的研究路径,那么批判性研究作为一种独立的研究类型自然不容被忽视;而且,政治学与公共管理学由于自身的独特性,更应该重视批判性研究。杰伊·D. 怀特和盖·B. 亚当斯(Guy B. Adams)就曾强调,知识的发展需要研究者给予多元化的途径以同等地位,没有哪一种研究途径可以被武断地抛弃④,这自然也包括批判性研究方法。其实,除了批判性研究这一独特路径和方法之外,批判精神、批判意识、批判方法等在政治学与公共管理的实践中也同样至关重要。例如,路德维希·冯·米塞斯(Ludwig von Mises)就曾指出,"批判意识的消失是维护我们文明的大敌,它使江湖骗子更容易愚弄人民"⑤。概言之,批判性研究在社会科学研究中的地位之所以举足轻重,一方面是它以进行批判性的审视为目的,进行创造性研究;另一方面,它能从不同的批判传统出发,生成"不同的更好的治理模式"⑥。

---

① Richard C. Box, "Critical Theory and the Paradox of Discourse," *American Review of Public Administration*, Vol. 25, No. 1, 1995.
② 戴黍:《公共行政学中的批判理论》,中山大学博士后论文,2008 年,第 62 页。
③ Raymond Allan Morrow, *Critical Theory and Methodology*, Sage, 1994, p. 26.
④ 〔美〕杰伊·D. 怀特、盖·B. 亚当斯:《公共行政研究——对理论与实践的反思》,刘亚平、高洁译,清华大学出版社 2005 年版,第 17 页。
⑤ 〔奥〕路德维希·冯·米塞斯:《官僚体制·反资本主义的心态》,冯克利、姚中秋译,新星出版社 2007 年版,第 94 页。
⑥ 马骏:《公共行政学的想象力》,《中国社会科学评价》2015 年第 1 期,第 21 页。

第七章 批判性研究

二、定义、特点和优劣势

（一）定义

由于批判性研究的定义在学术界尚未达成共识，因此在这里，我们先从一般意义上的"批判"、学界的既有定义、类型学中的对比研究这三个方面，来理解批判性研究，然后再给出我们的定义。

1. 一般意义上的"批判"

批判主义（criticism）、批判社会科学、批判性研究、批判理论（critical theory）、批判社会理论（critical social theory）等术语在社会科学文献中屡屡出现，但何谓"批判"？从一般意义上来看，那些"在对社会机制和社会关系模式的理论化与看待社会和社会关系的主流方式不同的"理论观点都可以视为"批判的"。①艾尔·巴比也指出，无论"批判"一词作为一种范式还是以理论的名义出现，它通常指一种非传统的观点，这种观点都不同于时兴的学科范式或主流的社会结构。② 因此，"批判"一词内含否定，这种否定体现在立场、方法、观点、理论等多个方面，表现为对主流的抗衡。它不主张价值中立，也不会对现状予以辩护，而是试图寻求对现状的改变。

2. 学界的既有定义

劳伦斯·纽曼认为，批判性研究就是通过超越表面幻象来揭露物质世界中的真实结构的探究过程，研究的目的是通过对虚假意识（false consciousness）的揭露，帮助人们改变现状，建设一个美好世界。③伯克·约翰逊（Burke Johnson）和拉里·克里斯滕森（Larry Christensen）认为，批判性研究也可以称为取向性研究（orientational research）；在这种类型的研究中，研究者"明确表达他们的意识

---

① 〔美〕米歇尔·刘易斯-伯克、艾伦·布里曼、廖福挺主编：《社会科学研究方法百科全书》（第一卷），沈崇麟等译，重庆大学出版社2017年版，第274页。
② 〔美〕艾尔·巴比：《社会研究方法》（第11版），邱泽奇译，华夏出版社2018年版，第41页。
③ William Lawrence Neuman, *Social Research Methods: Qualitative and Quantitative Approaches*, Allyn & Bacon, 2000, p. 76.

形态和政治立场",他们相信这样的立场或取向会改变社会,并格外注重为弱势群体发声。① 罗杰·戈姆(Roger Gomm)把批判性研究称为社会批判和解放性研究(socially critical and emancipatory research),认为从特定立场出发,对社会事务持有批判立场的研究都可以视为批判性研究,包括马克思主义、女性主义、反种族主义等多种类型。②

批判性研究也引起了我国学者的关注。马骏和叶娟丽认为,批判性研究使人们认识到人的信仰和行动在很大程度上是由一些未被意识到的因素决定的,通过批判和揭露这些因素,可以改变人们的信仰和行动,使其摆脱压迫性束缚和满足自身需要。③陈向明指出,批判性研究主要是通过研究者与研究对象之间的辩证对话和平等交流,去除研究对象的虚假意识,获得真实意识。④

3. 类型学中的对比研究

从类型学的角度来看,批判性研究、诠释性研究和实证性研究三者也是相互区别的,这三种研究类型在哲学传统、科学路径、知识旨趣、逻辑结构等方面都存在诸多不同之处。理解这些不同有利于我们更好地理解批判性研究。已有不少学者,例如哈贝马斯和怀特等,已经在这方面进行了卓有成效的探讨,因此本章在对这些研究进行系统梳理的基础上,以表格的形式更加简明、直观地呈现这三种研究类型的不同(见表7.1)。

表7.1 批判性研究、诠释性研究和实证性研究的对比表

	批判性研究	诠释性研究	实证性研究
哲学传统	当代批判理论和弗洛伊德的精神分析	语言分析哲学、解释学、现象学等	实证主义
科学路径	批判取向	历史—诠释	经验—分析

---

① 〔美〕伯克·约翰逊、拉里·克里斯滕森:《教育研究:定量、定性和混合方法》,马健生等译,重庆大学出版社2015年版,第13页。
② Roger Gomm, *Social Research Methodology: A Critical Introduction*, Palgrave Macmillan, 2008, p. 332.
③ 马骏、叶娟丽:《西方公共行政学理论前沿》,中国社会科学出版社2004年版,第16页。
④ 陈向明:《质的研究方法与社会科学研究》,教育科学出版社2000年版,第16页。

（续表）

	批判性研究	诠释性研究	实证性研究
知识旨趣	解放性认知旨趣	实践的认知旨趣	技术的认知旨趣
逻辑结构	自我反思	解释循环	演绎、归纳
推理形式	批判性推理	解释性推理	工具性推理
有效性标准	理论与实践之间的关系	沟通中的互相理解和自我理解	遵守公认的方法论准则
研究目的	揭露虚假意识，改变个体的信仰和价值，实现人的解放和自由发展	增进对社会中的行动者的信念、意义、感受和态度的理解	通过发现变量间的因果关系实现控制自然、社会事件的目的
代表人物	卡尔·马克思	马克斯·韦伯	埃米尔·涂尔干

资料来源：根据 Jürgen Habermas, *Knowledge and Human Interests*, Jeremy J. Shapiro, trans., Beacon Press, 1971；Jay D. White, *Taking Language Seriously: The Narrative Foundations of Public Administration Research*, Georgetown University Press, 1999 相关内容，作者自制。

4. 本书定义

在以上理解和分析的基础上，本书认为，批判性研究是一种基于自我反思的逻辑，以启蒙和解放为导向，并致力于改造社会现实的规范研究类型。可以从以下五个方面理解这个定义的具体内涵：

（1）从概念范畴上看，批判性研究属于一种研究类型，或一种研究取向（research approach）、研究模式（research mode/model）。从类型学的角度看，它与实证性研究、诠释性研究相互区别。三种研究取向的本质不同更直观地体现在哲学基础、知识旨趣、逻辑结构等诸多方面。再进一步来看，批判性研究和诠释性研究都属于规范研究①，是与实证性研究相互区别的。

（2）从基本逻辑上看，批判性研究以自我反思为基础。批判性研究是为了实现批判性的自我反省，它是在与某一客体、人或社会状况的关系中，反思自己的思想和行动的能力。② 批判性研究的逻辑基础就在于这种自我反思，这不同

---

① 马骏：《公共行政学的想象力》，《中国社会科学评价》2015 年第 1 期，第 33 页。
② Robert B. Denhardt and Jay D. White, "Beyond Explanation: A Methodological Note," *Administration and Society*, Vol. 14, No. 2, 1982.

于以解释循环为基本逻辑的诠释性研究和以归纳、演绎为基本逻辑的实证性研究。

（3）从价值偏好上看，批判性研究以实现启蒙和解放为导向。批判性研究并非价值中立的，而是致力于实现个体的启蒙。解放导向是对批判理论本质特征的表述[①]，旨在让人们觉察到自己的虚假意识和虚假需求，意识到自己的真实意识和真正需求[②]，从而将人们从现实的压制中解放出来。因此，批判性研究体现的是人类的解放旨趣。

（4）从研究目的上看，批判性研究以改造社会现实为己任。批判性研究通过揭露"是什么"和"可能是什么"之间的矛盾，"给予人们关于其处境的可替代性知识，为其提供创造变革的手段"[③]，进而实现改造社会之目的。它尤其关注社会中的弱势群体，致力于减少社会中存在的不公平、不平等和不公正现象。

（5）从研究议题上看，批判性研究包罗万象，十分广泛。批判性研究致力于揭露社会中各种经济的、文化的、社会的、历史的和心理的因素强加在人们身上的限制，并特别关注权力、统治和正义问题。因此，批判性研究的议题极其广泛，涵盖经济形式、意识形态、种族、性别、教育、宗教、话语等众多方面的具体问题。[④]

（二）特点

虽然批判理论家在解放个体和释放个人潜能方面都享有共同的旨趣，但是很难用一些要素来总结批判理论的特点。[⑤] 尽管如此，在《社会理论和政治实践》一书中，费伊曾将批判的社会科学归结为三个特点：首先，它承认社会科学

---

① 〔英〕威廉姆·奥斯维特：《新社会科学哲学：实在论、解释学和批判理论》，殷杰、张翼峰、蒋鹏慧译，科学出版社2018年版，第76页。

② 〔英〕雷蒙·盖斯：《批评理论的理念：哈贝马斯及法兰克福学派》，汤云、杨顺利译，商务印书馆2018年版，第110页。

③ 〔美〕理查德·C. 博克斯：《公共行政中的批判社会理论》，戴羕译，中央编译出版社2015年版，第11页。

④ 〔美〕诺曼·K. 邓津、伊冯娜·S. 林肯主编：《定性研究（第1卷）：方法论基础》，风笑天等译，重庆大学出版社2007年版，第303页。

⑤ Arthur Sementelli and Charles F. Abel, "Recasting Critical Theory: Veblen, Deconstruction, and the Theory-Praxis Gap," *Administrative Theory & Praxis*, Vol. 22, No. 3, 2000.

中诠释性研究存在的必要性；其次，它承认社会中有些人的行为选择，既不是基于他可以控制的社会状况（强调非自主性），也不是基于他能意识到的知识（强调潜意识）；最后，它明确承认社会理论与社会实践是相互联系的。① 结合费伊的讨论，同时也结合其他一些批判性研究成果，在遵循研究目的、过程、结果的基本逻辑下，我们认为，批判性研究具有批判倾向、行动取向和结果导向三个典型特点。

1. 批判倾向

鲜明的批判倾向是批判性研究的首要特点。批判性研究不是价值无涉的，它经常基于鲜明的立场和目的，对社会现实进行强烈的批判。因此，批判理论家认为，根本不存在"客观的科学"，它们所标榜的价值中立非但是不现实的，反倒巧妙地支持特权，形成压迫。② 卡尔·马克思就曾指出，社会理论就"要对现存的一切进行无情的批判"，"在批判旧世界中发现新世界"。③ 罗伯特·B.登哈特也认为，社会理论的任务就是要揭露当前的假象，而这需要通过对行为的批判来实现。④

2. 行动取向

批判性研究具有很强的行动取向。作为一种具有政治和道德倾向的行动型的研究路径⑤，批判性研究格外关注社会上那些不和谐、令人担忧的方面，并力图寻求解决公共问题的适当方法⑥，致力于对社会现实进行变革。诚如马克思所言，"批判的武器当然不能代替武器的批判，物质力量只能用物质力量来摧毁"⑦。因此，批判理论家们认为，批判性研究必须赋予受压迫者权力，并帮助他

---

① Brian Fay, *Social Theory and Political Practice*, George Allen & Unwin, 1975, p. 93.
② 〔美〕P. F. 卡斯皮肯：《教育研究的批判民俗志——理论与实务指南》，郑同僚审订，华东师范大学出版社2005年版，第9页。
③ 《马克思恩格斯全集》（第一卷），人民出版社1956年版，第416页。
④ Robert B. Denhardt, "Toward a Critical Theory of Public Organization," *Public Administration Review*, Vol. 41, No. 6, 1981.
⑤ 陈向明：《质的研究方法与社会科学研究》，教育科学出版社2000年版，第16页。
⑥ 〔美〕全钟燮：《公共行政的社会建构：解释与批判》，孙柏瑛、张钢、黎洁等译，北京大学出版社2008年版，第41页。
⑦ 〔德〕马克思：《黑格尔法哲学批判》，人民出版社1962年版，第9页。

们推翻或克服这种压迫。①

3. 结果导向

批判性研究尤其关注研究的结果。批判性研究的最终目的是实现个体乃至整个社会的启蒙、解放,改变社会现状,因此具有很强的结果导向。费伊就曾指出,对批判社会科学有效性的评判标准就在于它满足人的需求和目的的程度。② 如果说实证性研究追求"解释"和"预测",诠释性研究寻求"诠释"和"理解",那么批判性研究就志在实现"启蒙"和"解放"。

(三)优势和劣势

首先需要说明的是,事实上,批判性研究并不是具有很强的可操作性的具体研究方法,它更像是一种哲学色彩浓厚的研究路径或范式。因此,本章在探讨其优势和劣势的时候,更多的是基于本研究类型自身的特点,以及它与另外两种研究类型相比较而言的特点。具体来说,批判性研究的优势和劣势都可从知识贡献、社会教化、现实结构三个层面进行考察(见表7.2)。

表 7.2 批判性研究的优势和劣势对比

考察标准	优势	劣势
知识贡献	有利于增进社会科学研究中的知识积累。这既体现在增加了新的知识维度,又体现在贡献了新的知识增量上	本体论上的"客观主义"和认识论上的"主观主义"导致的"自相关"问题;自身需要批判与否,同样需要质疑
社会教化	具有一定程度的社会教化功能。这尤其体现在通过思想革命促进社会变革,以此实现启蒙和解放方面	面临智识上的精英主义的问题,研究者可能将自己的价值和利益偏好传递甚至灌输给研究对象
现实结构	作为一种具有强烈的政治和道德倾向的行动型研究,具有改变现实权力结构的内在潜能	批判性研究依旧可能生成无危险的知识,例如对权威的过度质疑、对既有秩序的冲击和破坏等

---

① Jerry Willis, *Foundations of Qualitative Research: Interpretive and Critical Approaches*, Sage, 2007, p. 98.

② Brian Fay, *Social Theory and Political Practice*, George Allen & Unwin, 1975, p. 92.

1. 优势

批判性研究的优势主要体现在以下三个方面：

（1）批判性研究有利于扩充社会科学中的知识。批判性研究是价值关联的,具有鲜明的立场。不同于其他研究类型,它的知识贡献主要体现在促进个体实现启蒙、解放和改造社会现实的知识上,而这种知识类型能够为人们赋权（impowering people）。① 而且,批判性研究常常会关注到传统实证研究不可能关注到的问题②,这就不仅会增加对这个世界的经验呈现③,而且会极大地丰富社会科学领域的研究。概言之,批判性研究在实证性研究和诠释性研究之外,不仅为人类知识的增进开辟了新的维度,而且在思想、理论等方面贡献了新的知识增量。

（2）批判性研究具有一定程度的社会教化功能。科学是社会变革的力量,因此科学研究也具有社会功能,这尤其体现在它通过思想革命促进社会变革方面。④ 而在这方面,批判研究更具有明显的教育作用和社会教化功能。⑤ 因为,不同于其他研究类型,批判性研究与社会中的个体的联系更直接、更具体,与社会中特定个体和群体的切身利益和现实处境更休戚相关。而且,在批判性研究中,研究者是具有特定立场的,他们试图去批判、揭露和改变社会。因此,批判的社会科学教给人们关于其自身的经验,去除虚假意识,帮助人们理解其历史角色,并且通过实践（praxis）理解世界,进而采取行动⑥,而非被动地接受现实权力安排和历史文化下的角色定位。

（3）批判性研究具有改变现实权力结构的潜能。这种潜能的存在主要与这种研究类型的特点密切相关。例如,具有强烈批判性的研究者在研究中,努

---

① William Lawrence Neuman, *Social Research Methods: Qualitative and Quantitative Approaches*, Allyn & Bacon, 2000, p. 76.
② 颜海娜、蔡立辉:《公共行政学研究方法:问题与反思》,《公共管理学报》2008 年第 4 期,第 114 页。
③ Lisa A. Zanetti and Adrian Carr, "Putting Critical Theory to Work: Giving the Public Administrator the Critical Edge," *Administrative Theory & Praxis*, Vol. 19, No. 2, 1997.
④ 袁方主编:《社会研究方法教程》（重排本）,北京大学出版社 2013 年版,第 6 页。
⑤ Brian Fay, *Social Theory and Political Practice*, George Allen & Unwin, 1975, p. 105.
⑥ 〔美〕劳伦斯·纽曼:《社会研究方法:定性和定量的取向》（第 7 版）,郝大海等译,中国人民大学出版社 2021 年版,第 102 页。

力揭露社会现实中实在的、隐蔽的压迫性关系和结构,以及维持这种关系和结构的手段与工具,并试图在"是什么"和"可能是什么"的张力之间提供替代性方案,以期改变社会现状。而且,对批判性研究的评价标准,也往往取决于它满足人的目的和需求的程度。因此,作为一种带有强烈政治和道德倾向的行动型的研究①,批判性研究在某种程度上也具有改变现实权力结构的内在潜能,而其目的就在于使社会更加公平、公正、合理。

2. 劣势

批判性研究也有其劣势。如我们辩证地看它在知识贡献、社会教化和现实结构三个层面的表现,也可以将其劣势归结为以下三个方面:

(1) 批判性研究有着难以回避的知识效度问题。毋庸置疑,批判性研究在扩充人类知识的维度和增量上的贡献显而易见,但是,基于批判性研究所产生的知识的效度,却仍是值得存疑的;而且,就它自身是否存在具有超越批判的潜力,也是无法回避的话题。② 特别地,批判性研究在本体论上的"客观主义"和认识论上的"主观主义"导致其自身存在一个难以根除的自相关问题,因为进行批判性研究的研究者"无法知道自己的理论是不是也带有偏见,也需要被批判"③。因此,也可以说,批判性研究的这种批判倾向,很难说是公允、可靠的;在某种意义上,甚至也可能是没有稳固根基的。

(2) 批判性研究会导致智识上的精英主义,研究者可能会把自己的价值和利益偏好强加给研究对象。如前所述,批判性研究具有强烈而鲜明的道德和政治倾向。但是,这种倾向使批判理论家出现了精英主义和过度智识化的趋势,表现出了对民众的冷漠。④ 不仅如此,研究者在批判性研究过程中,也难以摆脱其自身的价值和利益偏好,因而有可能把自己的理念、意见、观点等直接或间接地传递、灌输给研究对象。

---

① 陈向明:《质的研究方法与社会科学研究》,教育科学出版社2000年版,第16页。
② 周爱民:《内在批判与规范的矛盾:对批判理论批判方法的反思》,《哲学分析》2019年第3期,第81页。
③ 陈向明:《质的研究方法与社会科学研究》,教育科学出版社2000年版,第18页。
④ 戴黍:《公共行政领域中批判理论的特质、缺陷及其实践性尝试》,《公共行政评论》2010年第2期,第143页。

（3）批判性研究可能会对现有权威或秩序产生威胁，并引发失序甚至造成混乱的局面。基于特定价值取向的实践行动有可能会危及既定的权威或秩序，对现有的权力格局形成冲击，从而在一定程度上造成失序和混乱的局面。而且，即使是将研究意图定位在批判理论的视野之内的研究，也依旧会生成一些不无危险的知识。"这种知识所包含的信息和洞察力，不仅可以倾覆秩序，也可能推翻真理所具有的至高无上的权威。"①所有这些，也都是需要关注的。

三、起源、发展和理论基础

（一）起源

"批判"的传统由来已久。恰如伊曼纽·华勒斯坦（Immanuel Wallerstein，也常译作伊曼纽尔·沃勒斯坦）所言，"我们能够对人类的本性、人类彼此之间的关系、人类与精神力量的关系以及他们所创造并生活于其间的社会制度进行理智的反思，这一想法至少同有记载的历史一样古老"②。因此，作为一种思辨的方式，批判的传统源远流长，也难以准确地追溯到某个特定的历史节点。不过，就从有文字可考的人类历史来看，批判—辩证的思维方式在人类文明的早期就已出现在很多思想家的体系中了。③ 例如，中国先秦时期的很多思想和学说，尤其是道家的学说，如《道德经》中就蕴含着深刻的辩证法和批判元素；在古希腊时期，柏拉图的《申辩篇》也体现了丰富的批判思想。

当然，一般来说，作为一种规范的学术研究类型，批判性研究或可追溯到黑格尔哲学，尤其是黑格尔哲学中对理性的揭示和其理性中所包含的自由历史观④，以及黑格尔的辩证法思想⑤。

---

① 〔美〕诺曼·K.邓津、伊冯娜·S.林肯主编：《定性研究（第1卷）：方法论基础》，风笑天等译，重庆大学出版社2007年版，第301页。
② 〔美〕华勒斯坦等：《开放社会科学：重建社会科学报告书》，刘锋译，生活·读书·新知三联书店1997年版，第3页。
③ 陈振明主编：《社会研究方法》，中国人民大学出版社2011年版，第125页。
④ Robert B. Denhardt, "Toward a Critical Theory of Public Organization," *Public Administration Review*, Vol. 41, No. 6, 1981.
⑤ 黄瑞琪：《社会理论与社会世界》，北京大学出版社2005年版，第20页。

黑格尔的自由历史观认为,社会生活中存在的"事实"可以被视为自由进化的偶然部分,所以隐藏的事实往往比暴露的事实更重要。登哈特也就此指出:为了允许自由在未来的发展,社会理论的任务就是揭露当前的假象;而承担这一"揭露"任务的就是"批判"。[①] 换言之,就是要通过行为批判来揭露社会历史发展过程中的假象,从而将人们从虚假意识中解放出来,获得真实意识,实现个体乃至整个社会的启蒙、解放,达到改造社会现实的目的。

如果说黑格尔的自由历史观确立了批判的可能性,那么由其系统阐发的辩证法则提供了批判的内在动力。事物的本质或真相并不存在于现实之中,而是存在于对现实不断否定的过程中。因为,只有通过不断地否定现实,潜在的可能性才能暴露出来,人们才能掌握事物的本质和真相。[②] 因此,通过"正题—反题—合题"的循环逻辑,黑格尔阐释了观念在冲突中不断发展的动态过程。当然,这里的否定不是简单的否定,而是内含"扬弃"的否定,它不断驱使观念从一个发展阶段走向更高的发展阶段。

(二) 发展

粗略来看,批判性研究的发展可划分为三个时期:马克思主义的早期批判期、法兰克福学派的批判理论期、批判性研究的全面发展期。之所以这样划分,是概观批判性研究的形成与发展脉络,这几个阶段在批判研究的发展过程中分别呈现了奠定基础、重要转折、全面发展的图景。

这三个发展时期既一脉相承,又各具特色。马克思主义不仅奠定了批判的重要传统,而且是法兰克福学派的思想源泉;而作为"西方马克思主义"的一个重要学术流派,法兰克福学派则明确提出了批判理论,并推动批判性研究真正成为一种独立研究路径;之后,在法兰克福学派,尤其是哈贝马斯批判理论的影响下,批判性研究在全球很多地方得到迅速发展,批判性研究不仅出现在多个社会科学领域中,而且发展出了多种呈现批判特质的具体研究方法。下面,我

[①] Robert B. Denhardt, "Toward a Critical Theory of Public Organization," *Public Administration Review*, Vol. 41, No. 6, 1981.

[②] 黄瑞琪:《社会理论与社会世界》,北京大学出版社2005年版,第20页。

们对这三个发展期进行简要介绍。

1. 马克思主义的早期批判期

马克思的社会理论本就蕴含着深厚的批判传统,因此他们的理论可以视作是批判性研究正式诞生的标志。马克思和恩格斯不仅坚持认为社会理论必须批判压迫性社会体制,而且希望通过理论的发展实现个体的启蒙和解放,并提出了解放全人类的替代性方案。因此,乔纳森·H. 特纳(Jonathan H. Turner)就指出:当代批判理论的核心要素就是在《德意志意识形态》中首次明确提出来的。

马克思继承了黑格尔哲学中的辩证法思想,对其进行了系统的阐释和充分的发挥,并将其与费尔巴哈的唯物主义相结合,最终形成了马克思主义的辩证唯物主义和历史唯物主义。马克思运用辩证法分析人类社会的发展问题,不仅发现了人类社会发展的基本规律,而且形成了致力于实现解放全人类的理论。在对资本主义的生产关系及其内在矛盾进行揭露和抨击之后,马克思认为资本主义社会使得阶级矛盾更加尖锐和直接,因此取代资本主义的社会形态将是共产主义。而共产主义社会是人类社会发展的最高阶段,在那里,不仅没有剥削和压迫,而且真正实现了人的自由和全面发展。但是,马克思主义的社会理论并不止于批判。例如,马克思就曾明确指出,"批判已经不再是目的本身,而只是一种手段。它的主要情感是愤怒,主要工作是揭露"[①],而揭露的目的在于促成无产阶级的行动,以实现解放全人类。因为,在马克思看来,"哲学家们只是用不同的方式解释世界,而问题在于改变世界"[②]。因此,马克思认为,批判和揭露只是手段,目的在于改变世界,解放全人类。

总之,正是马克思主义的深刻批判性,使得社会科学研究的批判传统逐渐形成。而且,马克思主义还形成了经济分析、阶级分析、历史分析等各种具体方法,所有这些方法都为后世批评性研究的继续发展提供了可以不断追本溯源和持续供给养分的母体。

---

① 《马克思恩格斯文集》(第一卷),人民出版社 2009 年版,第 6 页。
② 《马克思恩格斯选集》(第一卷),人民出版社 2012 年版,第 140 页。

2. 法兰克福学派的批判理论期

作为"西方马克思主义"的一个重要学术流派,法兰克福学派继承了马克思的批判传统,尤以批判理论著称。特别地,该学派的理论家致力于揭示现代生活中的社会控制的根源。① 而且,与马克思主义侧重于经济分析和阶级分析不同,法兰克福学派的批判更加侧重于意识形态、文化技术等方面的批判。

法兰克福学派初创时期就确立了批判理论的研究旨趣。例如,马克斯·霍克海默(Max Horkheimer)是法兰克福学派初创时期的核心人物,他区分了传统理论与批判理论,并对实证主义展开了猛烈批判,指出批判理论的任务就是揭示"非人的事物下面的人的根基",以"防止人类在现存社会组织慢慢灌输给它的成员的观点和行为中迷失方向"。② 霍克海默同西奥多·阿多诺(Theodor Adorno)合著的《启蒙辩证法》以及阿多诺独著的《否定的辩证法》是法兰克福学派的重要哲学文献,也是社会批判理论的思想支撑,为其提供了方法论原则。③ 而赫伯特·马尔库塞(Herbert Marcuse)则对资本主义社会进行了猛烈的批判。他指出,在发达工业社会,"批判的瘫痪"形成了单向度的社会,造就了单向度的个体。④

一般认为,哈贝马斯是法兰克福学派批判理论的集大成者,而人们一般狭义上所指的批判理论,也主要是指哈贝马斯的批判理论。正如前面我们已经有所提及的,哈贝马斯从人类旨趣出发,确立了三种知识类型⑤,并进而区分了三种研究模式,从而从知识论角度为批判性研究确立了合法性基础。哈贝马斯提出的交往行动理论(the theory of communicative action)是批判理论的典型。通过"交往行动"和"交往理性"的概念,他将行动者之间的交往过程置于批判理论的核心,扩充了理性的内涵,建立起了生活世界与体系的联结,并指出,人类

---

① 〔美〕罗伯特·B.登哈特:《公共组织理论》(第五版),扶松茂、丁力译,中国人民大学出版社2011年版,第136页。

② 〔德〕麦克斯·霍克海默:《批判理论》,李小兵等译,重庆出版社1989年版,第250页。

③ 陈士部:《法兰克福学派批判理论的历史演进》,安徽大学出版社2010年版,第91页。

④ 〔美〕赫伯特·马尔库塞:《单向度的人——发达工业社会意识形态研究》,张峰、吕世平译,重庆出版社1988年版,第1页。

⑤ Jürgen Habermas, *Knowledge and Human Interests*, Jeremy J. Shapiro, trans., Beacon Press, 1971, p. 308.

的解放有赖于关于人们如何互动与交往的知识。①

总的来看,法兰克福学派创建伊始就确立了该学术共同体的批判性研究旨趣,其批判理论家也从不同的向度出发,对现代性问题进行了多方面的诊断,逐渐在社会科学领域形成了其独特的"批判"研究路径,从而使批判性研究进入了一个新的重要的转折发展期。

3. 批判性研究的全面发展期

法兰克福学派大大推动了批判取向的研究在社会科学领域的发展,从而使之后的批判性研究进入了全面发展时期。这既表现在批判性研究逐渐扩展和渗透到了社会科学的多个领域,从而使得"批判"路径成为与实证、诠释路径并存的研究取向;也表现在,批判路径与多种具体的研究方法相结合,发展出了各种具有批判特质的具体研究方法。

在这一时期,批判理论对社会科学的各个领域都产生了广泛而深刻的影响。例如,在公共管理学领域,罗伯特·B.登哈特在20世纪80年代就呼吁对批判性研究予以关注和重视,并提倡将批判性研究引入公共管理领域。其著作《在组织的阴影中》(*In the Shadow of Organization*)便是运用批判性研究方法研究公共组织的经典范例。不少其他公共管理学者也紧随其后,逐渐形成了一些颇具影响力的研究成果。例如,理查德·C.博克斯(Richard C. Box)的《公共行政中的批判社会理论》(*Critical Social Theory in Public Administration*)、盖·B.亚当斯和丹尼·L.鲍尔弗(Danny L. Balfour)的《揭开行政之恶》(*Unmasking Administrative Evil*)等著作,都是这方面的代表作。在社会学领域,女性主义的批判研究也对主流社会学理论形成了持久的挑战。女性主义批判了人们对"女性世界"的忽视,"揭露在社会研究方法和社会学理论中广泛存在的男性化(或以男性为中心)",提出要为女性建立的社会学。② 受批判理论的影响,传播学领域也形成了与经验流派分庭抗礼的批判流派。③ 在教育学领域,其批判教育研

---

① 〔德〕哈贝马斯:《交往行动理论(第二卷)——论功能主义理性批判》,洪佩郁、蔺青译,重庆出版社1994年版,第175页。
② 〔美〕乔纳森·H.特纳:《社会学理论的结构》(第7版),邱泽奇、张茂元等译,华夏出版社2006年版,第234页。
③ 郭庆光:《传播学教程》(第二版),中国人民大学出版社2011年版,第256页。

究也深受哈贝马斯的影响,强调对当下教育的质疑和变革。① 另外,批判研究在哲学(如批判实用主义)、法学(如批判法学)等其他领域,也都得到了深入发展。

不仅如此,批判性研究还通过与各种具体研究方法相结合,形成了多种不同的具有批判倾向的具体研究类型,例如批判话语分析、批判诠释学、批判民族志、女性主义批判等。批判话语分析,又称批判语言学,其重点关注研究语言、权力与意识形态的关系,认为"语言并非客观、透明的传播媒介",而是社会过程的介入力量。② 批判诠释学则直接源自哲学领域中哈贝马斯与汉斯-格奥尔格·伽达默尔(Hans-Georg Gadamer)的"诠释学之争"。为此,哈贝马斯将反思性和批判精神引入诠释学,发展出了"意识形态批判的社会理论模式"③。批判民族志则用民族志研究方法探究在特定文化中形成的权力关系,并揭露各种压迫形式。④ 女性主义批判则主要关注女性被压迫的现实状况,这种压迫是如何形成的,以及怎样才能战胜这些阻碍女性解放的力量等。⑤

总之,在这一时期,受马克思主义和法兰克福学派的综合影响,批判研究路径在社会科学的各个领域渐次、全面展开,并产生了一系列颇具影响力的研究成果。

(三) 理论基础

应该说,批判性研究主要以辩证法为理论基础。而辩证就是"在现实(行政)世界的矛盾、冲突和分割中寻求批判性综合的过程。它通过批判性审视不同的认识论、社会关系、方法和技术,来思考可供选择的方案的可能性"⑥。一般

---

① 〔英〕刘易斯·科恩、劳伦斯·马尼恩、基思·莫里森:《教育研究方法》(第六版),程亮、宋萑、沈丽萍等译,华东师范大学出版社 2015 年版,第 34 页。
② 辛斌:《语言、权力与意识形态:批评语言学》,《现代外语》1996 年第 1 期,第 21 页。
③ 傅永军:《从哲学诠释学到批判诠释学》,《世界哲学》2013 年第 5 期,第 72 页。
④ 〔美〕梅瑞迪斯·高尔、乔伊斯·高尔、沃尔特·博格:《教育研究方法》(第六版),徐文彬、侯定凯、范皑皑等译,北京大学出版社 2016 年版,第 383 页。
⑤ 孙中欣、张莉莉主编:《女性主义研究方法》,复旦大学出版社 2007 年版,第 25 页。
⑥ 〔美〕全钟燮:《公共行政的社会建构:解释与批判》,孙柏瑛、张钢、黎洁等译,北京大学出版社 2008 年版,第 42 页。

认为,黑格尔最先系统发展了辩证法的思想。通过"正题—反题—合题"的过程,黑格尔的辩证法将自然的、历史的和精神的世界描述为不断运动、变化和发展的过程。不过,黑格尔的辩证法还主要建立在唯心主义的基础之上。因此,马克思和恩格斯在吸收了黑格尔辩证法的合理内核,并结合了费尔巴哈的唯物主义之后,发展了科学的唯物主义辩证法。唯物主义辩证法不仅发现了自然、社会、历史和思维发展的最一般规律,而且体现了主观辩证法和客观辩证法的有机统一。

总之,无论是从社会理论来看,还是从社会实践来看,都是辩证法在推动着批判事业的发展。因为,批判性取向的社会理论的目的不在于解释、预测,也不在于阐释、理解,而在于实现社会的启蒙和人性的解放。通过批判性研究对社会现象的揭露,批判理论家力图实现对社会公众的启蒙,并赋予其权力,试图在推动实现个体解放的同时,也推动社会的变迁。而这也正是批判性研究的目的所在。因此,盖斯(Raymond Geuss)就曾指出:"批判理论之所以是'辩证的'(因此优于其竞争者),其中的一个原因就是它明确将关于意识形式的'内在'真理或虚假性问题,与关于它的历史、起源及其在社会中的功能的问题联系起来。"①其中,辩证法的作用体现在它"作为一种向上的内驱力不断推动人们认识世界和改造世界的活动。辩证法的这种推动作用,并非体现为直接的推动力,而是以反思的方式不断地面向自身、批判自身、否定自身、超越自身,最终在这一辩证否定的过程中使自身获得发展的活动和动力"②。

总之,"现代性批判离不开辩证法的理论支撑,辩证法也始终为着批判的历史任务服务"③。或者也可以说,批判性研究因辩证法的支撑而拥有了坚实的理论基础,而辩证法的理论特质也通过批判性研究的形式得到了更好的实现。

---

① 〔英〕雷蒙·盖斯:《批评理论的理念:哈贝马斯及法兰克福学派》,汤云、杨顺利译,商务印书馆2018年版,第40页。
② 韩秋红、史巍、胡绪明:《现代性的迷思与真相——西方马克思主义的现代性批判理论》,人民出版社2013年版,第76页。
③ 同上书,第81页。

四、适用范围与条件

(一) 适用范围

批判性研究的适用范围与其研究目的和具体任务密切相关。

就其研究目的而言,批判性研究旨在通过批判和揭露来破除"虚假意识"和"虚假需求",使人们意识到自己的"真实意识"和"真正需求",从而实现个体启蒙和解放,以改造社会现实,并逐渐消除人类社会发展过程中形成的各种压迫和扭曲。在这里,"虚假意识"和"虚假需求"是批判性研究的两个关键概念。马尔库塞曾指出,虚假需求就是"那些在个人的压抑中由特殊的社会利益强加给个人的需求","这种需求具有一种社会的内容和功能,这种内容和功能是由个人控制不了的外部力量决定的","这些需求的发展和满足也是受外界支配的(他治的)"。① 但是,虚假需求的出现是因为虚假意识的存在。虚假意识是指人们误解了客观现实中他们真正的最佳利益,并采取了违背其真正利益的行动。② 从比较宽泛的意义上来看,批判性研究的目的就是揭露虚假意识和虚假需求,实现个体和社会的启蒙和解放。

史蒂文·塞德曼(Steven Seidman)则把批判性研究的目的转化成了更加具象化的任务。例如,他将批判理论家的任务概括成了三点:"弄清社会的构成性特征;揭示其社会世界观总是为一个不平等不公正的社会安排提供正当性的统治群体的存在;确定对推动社会变革有兴趣的社会行动者。"③从此不难看出,批判性研究的目的和任务在很大程度上也为其划定了适用范围。

因此,毋庸讳言,正如怀特所指出的,"当人们陷入对现实的误解,或者当社

---

① 〔美〕赫伯特·马尔库塞:《单向度的人——发达工业社会意识形态研究》,张峰、吕世平译,重庆出版社1988年版,第6页。

② William Lawrence Neuman, *Social Research Methods: Qualitative and Quantitative Approaches*, Allyn & Bacon, 2000, p. 76.

③ 〔美〕史蒂文·塞德曼:《有争议的知识——后现代时代的社会理论》,刘北成等译,中国人民大学出版社2002年版,第119页。

会或组织的规范结构压制他们对自由和自主、增长与发展的需求时,最适于运用批判性研究"①。可以说,怀特这句话恰如其分地概括出了批判性研究的适用范围。不过需要注意的是,这种"压制"既可以是现实可见的,也可以是主观感受到的。由于虚假意识的存在,这种"压制"在现实中常常以一种难以察觉的方式存在并发挥作用。特别地,这种实质的压制还往往以一种形式上合法、合理的手段和途径而存在。而且,也只有把"历史"及在历史发展过程中形成的经济关系、权力格局和文化传统等多个方面予以综合考虑,才能窥见这种压制的隐秘性和实在性。究其根源,不仅人类社会的发展总是倾向于形成统治、等级和服从权威,由此形成的支配和控制关系会进一步促进虚假意识的形成②;而且,就是在历史发展过程中形成的社会制度和结构等,也常常习惯于维持财富和权力的优先分配③,从而导致整个社会常常形成系统性的压迫和扭曲,这些压迫和扭曲绝非偶然性因素所致④。

(二)适用条件

在明确了研究范围的情况下,对一项具体研究而言,如其满足以下三个条件,研究者就宜采用批判性研究路径。

1. 由于虚假意识的存在导致个体的行为有悖于自身利益

批判性研究所适用的第一个现实条件可以简单地概括为:社会成员的行为有悖于自身的最佳利益,却由于虚假意识的存在而浑然不知。这既是进行批判性研究的现实基础,也是进行批判性研究的"靶子"。

2. 虚假意识和需求形成于社会或组织对个体的压迫

批判性研究所适用的第二个现实条件是:虽然个体行为以及这些行为意料

---

① Jay D. White, *Taking Language Seriously: The Narrative Foundations of Public Administration Research*, Georgetown University Press, 1999, p. 58.
② Nancy Meyer-Emerick, "Biopolitics, Dominance, and Critical Theory," *Administrative Theory & Praxis*, Vol. 26, No. 1, 2004.
③ Richard C. Box, "Alternatives to Representative Primacy and Administrative Efficiency," *Administrative Theory & Praxis*, Vol. 26, No. 4, 2004.
④ William Mesaros and Danny L. Balfour, "Hermeneutics, Scientific Realism, and Social Research: Toward a Unifying Paradigm for Public Administration," *Administrative Theory & Praxis*, Vol. 15, No. 2, 1993.

之外的后果是由特定的社会关系和社会结构所决定的[①],但是个体却并没有意识到其行为是受制于自身无法掌控的社会状况,也没有意识到其行为是在一种压迫性的社会和组织中形成的虚假意识和虚假需求指引下展开的,而且这种压迫不仅是结构性的、关系性的,也是深层次的、隐蔽的。总之,现实压迫背后的社会结构和关系是批判性研究的"靶心",也是批判理论家要重点批判、揭露,并期望从根本上予以改变的。

3. 研究者察觉到这种压迫并力图揭露假象和改变现状

批判性研究所适用的第三个现实条件是:研究者不仅洞察到了这种压迫的存在,并基于特定价值取向(如公平、平等、公正等),试图批判和揭露这种假象,力图将被压迫者从虚假意识中解放出来。可见,批判性研究也与研究者的学术素养息息相关,尤其与研究者的洞察力、价值观及其研究立场和目的有关。

五、类 型

正如戈姆所言,从一般意义上来看,所有对社会事务持批判立场的研究都可以被称为批判性研究,包括马克思主义、女性主义、批判种族主义等多种类型。[②] 特纳则在《社会学理论的结构》一书中将广义的批判理论划分为早期批判理论(主要指马克思主义中的批判传统)、批判理论(法兰克福学派,尤其是哈贝马斯的理论)、后现代主义理论、女性主义批判理论四种类型。[③] 不难看出,特纳在该书中更侧重于从社会学理论结构的视角来看待批判理论,并把先后出现的具有批判色彩的相关理论都纳入了批判理论的范畴。但是,本书更加侧重从研究方法的视角来看待批判性研究,所以特纳按理论出现的先后顺序而进行的类型划分在此可以作为参考,但不完全适用。从戈姆和特纳的分类中,我们可以看出,不同的批判理论具有不同的方法取向。传统马克思主义的批判性研究

---

① Brian Fay, *Social Theory and Political Practice*, George Allen & Unwin, 1975, p. 94.
② Roger Gomm, *Social Research Methodology: A Critical Introduction*, Palgrave Macmillan, 2008, p. 332.
③ 〔美〕乔纳森·H. 特纳:《社会学理论的结构》(第7版),邱泽奇、张茂元等译,华夏出版社2006年版,第181页。

更倾向于经济分析、阶级分析、历史分析等;而法兰克福学派的批判性研究则更倾向于意识形态、文化技术等方面的批判;在此之后的批判性研究具有了更具体的批判指向,如后现代主义理论更倾向于对现代和现代性的批判,女性主义更倾向于从性别角度的批判,而批判种族主义则更倾向于从种族角度的批判,如此等等。总之,这样的类型划分,对我们理解不同取向的批判性研究仍然是十分重要的。

除此之外,还有没有别的对批判性研究进行划分的方法呢?事实上,作为本身只是一种研究范式的批判性研究,如果我们放弃从抽象或较一般层面上对其进行方法性划分的诉求,转而从融合了批判性研究的更为具体的研究方法入手,则可以把当前一些比较重要的、具有批判特质的具体研究方法进行列举归纳,并可将其看作是权宜性的或实操性的批判性研究的方法分类(事实上,前面提到的戈姆就是这么做的)。但是,在这样做的时候,这些所谓的类型也只是一些典型的具体的批判性研究方法,这样"分类"既不符合要求形成整个批判性研究整体的"完备性"标准,也不满足这些方法之间必须互不交叉和重叠的"独立性"或"互斥性"基本标准。如此,为了帮助读者或研究者对批判性研究有更为系统的了解,我们也将目前比较常见的一些具有批判特征的具体研究方法(包括批判话语分析/批判语言学、批判民族志、批判诠释学、批判种族主义、女性主义批判等)简单归纳在了表7.3中。

表7.3 带有批判特征的具体的批判性研究方法举例

类型	定义	批判的视角	焦点	学科背景
批判话语分析/批判语言学	将语言视为社会事件、社会实践的一个要素,辩证地与其他要素相关联,通过语言和文本来分析社会中的权力现象	关注语言与社会生活其他要素之间不明确的关联;关注语言如何在权力、控制、剥削的社会关系建构和复制中起作用;对社会解放与推进社会公正问题予以特别的关注	话语	语言学

(续表)

类型	定义	批判的视角	焦点	学科背景
批判民族志	将颠覆性的世界观用于更为传统的文化研究叙事的方式,它是一种"努力撕下霸权面具和揭露压迫势力"的方法论	所有的文化生活都处于控制与抵抗的张力中,通过批判展现出广义的社会控制过程、权力不平衡和将一套偏爱的意义或行为强加于他人的符号机制	文化	人类学
批判诠释学	将诠释分解为一个辩证的过程,包括社会历史分析、形式分析以及诠释—再分析的环节,尤其关注沟通在不对称的权力关系中扮演的角色	通过对文本产生、传递和接受的社会历史环境的考察,揭露沟通在导致机会和生活机遇长期不对称的权力关系发展中的角色	文本	哲学
批判种族主义	对流行法律范式和法律中默认的白人至上的观念和制度的批判	解构了白人中心主义的法律、象征和物质资本,通过批判法律,改造那种建构和维护种族统治和臣服关系的法律	种族	法学
女性主义批判	女性主义研究来源于女性在政治斗争中的经验。作为一个受压迫的群体,她们关注如何改变这些状况,这种压迫是如何通过自然之外的力量形成的,如何才能战胜这些阻碍她们解放的力量	性别在一个社会中代表了社会分化的基本形式,认为妇女受压迫和不平等的根源在于家长制色彩的社会结构和制度,主张建立为女性的社会学	性别	社会学

资料来源:根据〔美〕米歇尔·刘易斯-伯克、艾伦·布里曼、廖福挺主编:《社会科学研究方法百科全书》(第一卷),沈崇麟等译,重庆大学出版社 2017 年版,第 263—276 页;Jonathan H. Turner, *The Structure of Sociological Theory*, Wadsworth Publishing Company, 1998, pp. 543-613 内容,作者自制。

六、研究设计与操作流程

(一) 研究设计

批判性研究设计遵循一种循环的模式①,而非简单的线性模式。本杰明·F. 克拉布特里(Benjamin F. Crabtree)和威廉·L. 米勒(William L. Miller)对批判性研究模式进行了开创性的探索。基于哈贝马斯对社会科学研究中三种研究取向的区分,他们认为三种范式下的研究模式大不相同,而批判取向的研究设计遵循批判/生态探究(critical/ecological inquiry)模式。② 该模式明显不同于实证研究设计中对"科学性"这一要求的格外关注,也不应遵循实证研究的规范和程序。③ 其实,"研究设计的基点不应该是如何变得更科学,而是研究者到底怎么认识社会世界"④。总之,批判性研究设计的目的旨在通过经验—发明—发现—诠释—理解的循环⑤,消除虚假意识,解放整体意识。

1. 经验

人的"经验"是历史塑造的产物,并可能受到虚假意识的控制。一方面,经验的形成是人类社会历史发展过程中经济、政治、文化等多种要素共同塑造的结果;另一方面,虚假意识的存在使本身具有压迫性的社会关系和结构也具有了某种正当性和合理性,更使这种实在的压迫变得十分隐蔽和难以察觉。因此,要设计批判性研究,首先就必须对这一"经验"进行深刻体察。

2. 发明

发明的过程具体体现在分析过程的两个主要方面。在对历史材料进行处理的过程中,除了使用演绎推理和归纳推理之外,溯因推理(abduction)也是批判理论家常用的分析工具。它从某一潜在的规则开始尝试,探究从这一规则中

---

① 陈向明:《质的研究方法与社会科学研究》,教育科学出版社 2000 年版,第 69 页。
② Benjamin F. Crabtree and William L. Miller, *Doing Qualitative Research*, Sage, 1999, p. 12.
③ Lisa A. Zanetti, "Advancing Praxis: Connecting Critical Theory with Practice in Public Administration," *American Review of Public Administration*, Vol. 27, No. 2, 1997.
④ 朱天飚:《〈社会科学中的研究设计〉与定性研究》,《公共行政评论》2015 年第 4 期,第 68 页。
⑤ Benjamin F. Crabtree and William L. Miller, *Doing Qualitative Research*, Sage, 1999, p. 12.

可能会产生什么,通过将各种想法和观察结果置于不同的替代性框架中进行检视,以评估多个框架的有效性。① 除此之外,博克斯还指出,批判性研究下的社会理论旨在确认"是什么"和"可能是什么"两者之间的矛盾②,进而提出改造现实的替代性方案。

3. 发现

批判理论家需要发现压迫的根源,尤其是在历史发展过程中形成的权力结构、关系和制度。人类社会在历史的发展中形成了特定的经济关系、权力格局、文化传统、交往方式,这些都直接或间接地影响着社会成员的意识和行为选择,且这种影响或公开,或隐蔽,会在无形之中服务于并支持着现存的权力结构和利益格局。在此情况下,社会中的成员不仅会采取有悖于自己利益的行动却不知不觉,而且在很多情况下,还常常会把这一切都视为合法、合情、合理的,而不知自己的种种处境实际是由历史造就的。总之,只有发现了更深层次、更隐蔽的根源,才能消除压迫。

4. 诠释

批判性研究需要通过诠释来理解社会成员的行为,尤其是他们的行为为什么会有悖于自己的利益。批判性社会科学的一个典型特点是接纳了"诠释"在其研究中的重要作用。批判理论家希望通过研究揭露造成这种压迫的社会体制,尤其是各种有意或无意维持这种体制的权力格局及手段(如语言、文化、种族、性别等)。诠释就是为了理解特定行动的意义,包括对现象的社会情景和现象与社会情景之间关系的理解。③ 通过诠释实现在社会情景下对个体行为意义的理解,尤其是在特定权力格局及手段下社会成员的行为,更有利于理解这种行为背后的真正根源。

5. 理解

批判性研究旨在破除虚假意识,获得真实意识,帮助人们真正"理解"其历

---

① 〔美〕劳伦斯·纽曼:《社会研究方法:定性和定量的取向》(第7版),郝大海等译,中国人民大学出版社2021年版,第101页。

② 〔美〕理查德·C. 博克斯:《公共行政中的批判社会理论》,戴泰译,中央编译出版社2015年版,第11页。

③ 董伟玮、李靖:《面向诠释性研究的公共行政学:理论源流与知识重构》,《理论探讨》2015年第5期,第163页。

史角色,而非安于现实权力安排和历史文化下的角色定位。而且,人们也要在新的理解的基础上去采取行动和改变现实,并通过这种启蒙的过程实现对个体和社会的改变。① 总之,批判性研究所要实现的解放就建立在这种新的理解之上,也只有实现了这一理解,才能实现批判性研究的目的。当然,这并非一蹴而就,而是在一种动态循环中不断地形成新的理解。

总之,批判性研究设计力图在经验的基础上,通过发明、发现、诠释形成新的理解,继而使之成为新的经验,并力图通过这样的循环,不断地破除虚假意识,获得真实意识,最终实现解放整体意识的目的(见图7.1)。

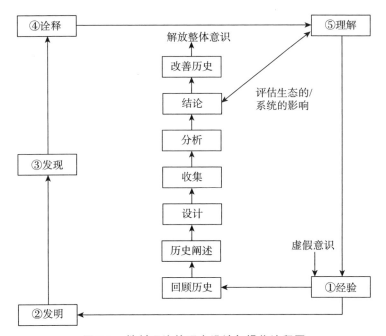

图 7.1 批判理论的研究设计与操作流程图

资料来源:根据 Benjamin F. Crabtree and William L. Miller, *Doing Qualitative Research*, Sage, 1999, p.12;陈向明:《质的研究方法与社会科学研究》,教育科学出版社2000年版,第70页内容,作者自制。

本·阿格认为,批判性研究的特性可以归结为两个方面:一个是方法论意

---

① Karl Otto Apel, "Types of Social Science in the Light of Human Interests of Knowledge," *Social Research*, Vol. 44, No. 3, 1977.

义上的,他认为批判性研究改变了人们写作和阅读的方式,这主要涉及对实证主义的批判;另一个是实质意义上的,学者们运用批判性研究产生了一些实质性的研究成果,这主要体现在对国家、意识形态、文化、话语、社会控制、社会运动等诸多方面的研究中。① 约翰·克里斯韦尔也认为,这两个特点正是批判性研究设计的两大特点②,是"解放"旨趣在研究过程中的具体呈现。

(二)操作流程

虽然倡导批判性研究的学者对实证研究和经验研究提出了很多批评,但是他们自身在方法论上也没有太多建设性的建议。③ 纽曼就指出,批判性研究与其他研究类型的差异并非研究者采用的研究技术,更多的是在于他们如何切入研究问题,如何进行探究以及他们的研究目的。④ 也就是说,批判性研究更多地体现出一种哲学层面的批判特质,其价值更多地体现在思想上和理论上的新视角、新维度,而非研究方法、实施技术和操作流程上的革新。

因此,也可以说,批判性研究还没有发展出专属于这种研究路径的一些特定的研究方法、数据收集技术和分析程序,它还仅仅是将经验资料的收集和批判性研究的哲学和理论方面紧密结合起来而已。⑤ 但是,即便如此,我们认为,大多数的批判性研究也遵循如下的一些流程或程序。

1. 回顾历史

要揭露虚假意识需要回溯历史。历史的意义在于它是一种人们在"客观"条件的知识中试图赋予其意志(will)和意识(consciousness)的意义。⑥ 这里,无

---

① Ben Agger, "Critical Theory, Poststructuralism, Postmodernism: Their Sociological Relevance," *Annual Review of Sociology*, Vol. 17, No. 1, 1991.

② 〔美〕约翰·W. 克里斯韦尔:《质的研究及其设计——方法与选择》,余东升译,中国海洋大学出版社 2008 年版,第 92 页。

③ 〔美〕马茨·艾尔维森、卡伊·舍尔德贝里:《质性研究的理论视角:一种反身性的方法论》,陈仁仁译,重庆大学出版社 2009 年版,第 150 页。

④ William Lawrence Neuman, *Social Research Methods: Qualitative and Quantitative Approaches*, Allyn & Bacon, 2000, p. 81.

⑤ Päivi Eriksson and Anne Kovalainen, *Qualitative Methods in Business Research*, Sage, 2008, p. 269.

⑥ 〔美〕托马斯·麦卡锡:《哈贝马斯的批判理论》,王江涛译,华东师范大学出版社 2010 年版,第 160 页。

论是真实的意识还是虚假的意识,都是在历史发展进程中形成的,只有将其还原到历史情景中才能甄别和判断意识的真实与虚假。因此,批判性研究十分重视对历史材料的解读,以便发现在历史发展进程中有意无意形成的各种压迫,这就使得历史回顾不无必要。

2. 历史阐述

通过对历史的回顾,描述和揭露在历史发展过程中形成的隐秘的、实在的压迫,这个过程就是批判性研究中的历史阐述过程,主要侧重对各种实在的压迫进行现象呈现和事实陈述,刻画出社会中的个体或某些群体是如何在虚假意识的支配下做出有悖于自身利益的行为,以及历史在塑造这种压迫性关系和结构中所扮演的角色。概言之,对于这种现实压迫,历史发展何以至此。

3. 设计

现实的压迫根源于历史发展过程中形成的关系和结构,批判性研究要揭露这种深层次的关系和结构,就要通过特定的视角(包括话语、文化、种族、性别等)、方法(批判话语分析、批判民族志等)与资料(文本、实物等)来实现,这个过程就是设计的过程。与实证研究的设计类似,批判性研究也高度重视设计过程中的方法和数据(资料);但不同的是,它往往并不涉及实证研究中通常需要重点探讨的精确化的变量间关系以及如何控制各种变异,以保证各种相关的效度。这里的设计的过程旨在通过特定的视角、方法和资料来进行批判、揭露,进而实现启蒙和解放的目的,它的有效性更多地体现在其在实践中发挥的作用。

4. 数据收集

在确定好研究视角和研究方法之后,就是资料收集环节。运用批判性研究路径的研究者需要对依赖历史数据得出的假设和方法进行批判性的分析,以确定哪些东西被忽略了,哪些东西可能被曲解了,进而有效地揭露用以支持统治政权、霸权和权力结构的历史元叙事。[①] 批判性研究的一个基本观点是:认识、对待"历史"需要采取极为审慎的态度。这就需要重新审视各种资料,尤其是社

---

① Richard C. Box and Cheryl Simrell King, "The 'T'ruth Is Elsewhere: Critical History," *Administrative Theory & Praxis*, Vol. 22, No. 4, 2000.

会发展过程中形成的一系列历史资料。当然,这里的资料包括各种定性的和定量的资料。

5. 分析

在数据收集之后,就是对数据进行分析的环节。在分析过程中,批判性研究不排斥演绎、归纳逻辑,还会运用溯因推理对历史材料进行分析。不同于实证研究中通过模型建构、假设检验、因果推断等方法进行分析,批判性研究的分析过程注重逻辑自洽,注重价值目标的合法性,甚至还重视想象力在分析过程中发挥的重要作用。特别地,批判性研究遵循一种循环的模式,所以其分析过程可能是动态的、演进的。

6. 结论

通过分析,得出结论。批判理论家从不同的视角出发,综合运用各种推理形式得出结论,寻找各种压迫存在的根源,揭示其深层次的社会关系和结构。同时,不止步于对表象背后的深层的、隐蔽的社会关系和结构的揭露,批判性研究也在为改善历史提供可供选择和采取行动的替代性方案,以期改变社会现实。

7. 改善历史

批判性研究的目的在于解放整体意识,改造社会现实。其研究有效性的重要衡量标准就在于它促进个体行动并改变其现实处境,进而实现个体乃至整个社会的启蒙和解放,以推动人类历史发展与进步的效果。而这也深刻体现了批判性研究实际上也是一种行动性研究。

七、有效性和质量保证

不论采取何种研究类型/取向,都必须符合该种研究类型的"质量标准"[①]。从广义层面上来讲,批判性研究仍然应该遵循效度和信度的基本指标,但这里

[①] 马骏:《中国公共行政学研究的反思:面对问题的勇气》,《中山大学学报(社会科学版)》2006年第3期,第74页。

所说的效度和信度的含义与实证研究所强调的不完全一致。例如,批判性研究虽然也重视构念效度,但其构念效度主要强调的是一个构念能够正确反映其所要表达、描述对象内容的程度,一般不特别强调其测量的精确性。同样地,批判性研究虽然也注重研究的内部效度,但这里的内部效度仅强调从特定研究对象得出的结论本身符合特定研究对象实际情况的程度,而不强调变量或构念间的精确因果关系符合实际情况的程度。批判性研究的外部效度同样强调从特定研究对象得出的研究结论对其他研究对象的适用度,而不是从样本结论统计性地推断出总体结论的程度。

除了和一般研究相似的构念、内部和外部效度等评价维度外,批判性研究还有基于其自身的哲学假设、原则以及如何做研究的立场[①]等其他一些质量要求。这些要求主要表现在如下一些方面。

(1) 批判性研究要符合规范研究的基本要求。作为一种规范研究,批判性研究自然应该首先符合规范性研究大多数的基本标准,如理论前提、逻辑推理的正确性,结构安排的合理性等。

(2) 批判性研究要满足逻辑自洽性的形式要求,特别要避免逻辑不通、自相矛盾的现象。

(3) 批判性研究要满足价值目标上的合法性这一实质性要求。批判性研究是价值关联的,所以其价值理想和选择不仅要符合人类真、善、美的基本要求,而且要根植于社会生活,不能脱离社会实践。[②]

(4) 批判性研究要遵循平等对话和辩证互动的原则。平等对话就是要研究者采取平等的态度,用自己对对方的尊重和有效推理唤醒研究对象的"真实意识"。辩证互动是要研究者具有批判和自我批判的意识和能力,在与研究对象的互动过程中,不断通过否定之否定把意识推向更高的层次,从而去除虚假意识,获得真实意识。[③]

(5) 批判性研究还应具有促进人们行动并改变其自身处境的能力。作为

[①] 马骏、叶娟丽:《西方公共行政学理论前沿》,中国社会科学出版社2004年版,第32页。
[②] 颜昌武、牛美丽:《公共行政学中的规范研究》,《公共行政评论》2009年第1期,第114页。
[③] 陈向明:《质的研究方法与社会科学研究》,教育科学出版社2000年版,第381页。

一种独特的研究类型，批判性研究的有效性还体现在其理论与实践的关系上。与其他研究类型显著不同的是，在进行批判性研究时，研究者和行动者密切相关，且批判性研究的真理性也部分体现在行动者用自己的行动改变其现实处境的程度上。① 因此，只有当其理论解释有助于人们理解世界并采取行动改变世界时，它才称得上是正确的、有效的。②

总之，批判性研究生成的理论只有在实践中才能检验其真理性和有效性，高质量的批判性研究就是成功地将历史在发展过程中形成的各种深层次的矛盾揭示出来，有效地消除研究对象的虚假意识并赋予他们权力和力量③，进而有效地改善研究对象的现实处境。为此，我们需要了解"在一种什么情况下、通过什么方式进行批判和揭露，并在这个过程中与研究对象一起揭示历史的不公，从而使后者摆脱自己被强加的'无知'和'无力'感的"④。故此，在批判性研究中，衡量研究质量的部分标准既不是证实，也不是证伪，而是体现在其消除参与者无知和误解的能力上。

八、使用中应注意的问题

在进行批判性研究时，还应注意如下几个问题。

（一）切忌夸大批判性研究在社会科学研究中的地位

我们呼吁研究者重视批判性研究，并希望批判性研究、诠释性研究和实证性研究在社会科学研究中都能获得足够的关注，但这并非要"挑战"或"取代"其他研究类型，更不是用其"排斥"或"孤立"某种研究类型。所以，研究者在进行批判性研究时，切忌夸大批判性研究在社会科学中的地位，而贬低或忽

---

① Jay D. White, *Taking Language Seriously: The Narrative Foundations of Public Administration Research*, Georgetown University Press, 1999, p. 56.
② William Lawrence Neuman, *Social Research Methods: Qualitative and Quantitative Approaches*, Allyn & Bacon, 2000, p. 80.
③ 陈向明：《质的研究方法与社会科学研究》，教育科学出版社 2000 年版，第 380 页。
④ 同上书，第 381 页。

视其他研究类型。鉴于人类旨趣的多样性,有必要倡导多种研究取向和多元路径。

（二）研究过程中应妥善处理研究者与研究对象的关系

由于批判性研究不同于实证性研究和诠释性研究,它的主要目的在于去除个体的"虚假意识",实现个体的"启蒙"和"解放",同时实现改造社会现实之目的。因此,在研究过程中,它主要依赖研究者与研究对象的辩证对话,而这就要求研究者尤其注意妥善处理其与研究对象之间的关系。而要处理好二者之间的关系,研究者不仅要注意克服自身"精英主义"的倾向,避免采取居高临下的姿态,而且要避免对研究对象进行意识形态灌输。总之,建立起研究者与研究对象之间的平等关系,是确保批判性研究效果的重要基础和前提。

（三）在研究和汇报过程中要尽量避免煽动性表述和宣传色彩

由于批判性研究以实现个体启蒙和解放、改变社会现实为目标,因此批判研究具有改变权力关系和权力结构的内在潜能。但是,这也导致批判性研究在改变社会现状方面存在一定的"冲击力",甚至是"破坏性",这就需要研究者在汇报成果过程中严格遵守尊重事实、逻辑以及其他基本学术伦理和研究规范,而不能被自我情绪所控制,以致出现煽动性举措或措辞,甚至为了实现改变社会现实的强烈动机,而使研究有了强烈的宣传或鼓动色彩。总之,虽然批判性研究具有强烈批判倾向和鲜明行动取向,但批判性研究归根结底还是社会科学研究,因此无论在研究还是写作过程中,研究者都要尽量避免受个人情感的任意驱动,以及由此带来的各种不负责任的煽动性和宣传色彩浓厚的表述和行为。

关键术语

批判性研究　虚假意识　虚假需求　批判话语分析　批判民族志　批判诠释学　批判种族主义　溯因推理

思考题

1. 什么是批判性研究？可以从哪些角度对其进行理解？
2. 批判性研究有哪些优势和劣势？请简要说明。
3. 你是如何理解批判性研究的理论基础的？
4. 批判性研究可以划分为哪些类型？划分这些类型的合理性在哪里？
5. 批判性研究设计有什么特点？如何进行批判性研究设计？
6. 如何保证批判性研究的有效性，以确保研究质量？
7. 如何理解社会科学研究中批判性研究、实证性研究和诠释性研究之间的关系？

延伸阅读

Brian Fay, *Social Theory and Political Practice*, George Allen & Unwin, 1975.

Jay D. White, "On the Growth of Knowledge in Public Administration," *Public Administration Review*, Vol. 46, No. 1, 1986.

Jay D. White, *Taking Language Seriously: The Narrative Foundations of Public Administration Research*, Georgetown University Press, 1999.

Jürgen Habermas, *Knowledge and Human Interests*, Jeremy J. Shapiro, trans., Beacon Press, 1971.

Raymond Allan Morrow, *Critical Theory and Methodology*, Sage, 1994.

Robert B. Denhardt, *In the Shadow of Organization*, Regents Press of Kansas, 1981.

Robert B. Denhardt, "Toward a Critical Theory of Public Organization," *Public Administration Review*, Vol. 41, No. 6, 1981.

〔德〕哈贝马斯：《交往行动理论（第一卷）——行动的合理化和社会合理化》，洪佩郁、蔺青译，重庆出版社1994年版。

〔德〕哈贝马斯：《交往行动理论（第二卷）——论功能主义理性批判》，洪佩郁、蔺青译，重庆出版社1994年版。

〔美〕理查德·C. 博克斯：《公共行政中的批判社会理论》，戴黍译，中央编译出版社 2015 年版。

〔美〕罗伯特·B. 登哈特:《公共组织理论》(第五版),扶松茂、丁力译,中国人民大学出版社 2011 年版。

〔德〕麦克斯·霍克海默:《批判理论》,李小兵等译,重庆出版社 1989 年版。

经典举例

〔德〕哈贝马斯:《交往行动理论(第一卷)——行动的合理化和社会合理化》,洪佩郁、蔺青译,重庆出版社 1994 年版;〔德〕哈贝马斯:《交往行动理论(第二卷)——论功能主义理性批判》,洪佩郁、蔺青译,重庆出版社 1994 年版。

1. 背景简述

哈贝马斯是德国著名哲学家,也是法兰克福学派第二代的主要代表人物之一,其著作有《公共领域的结构转型》《合法化危机》《知识与人类的旨趣》《交往行动理论》等。在《知识与人类的旨趣》一书中,哈贝马斯率先提出哲学社会科学领域的三种研究取向,并逐渐被学界接纳和认可。而其最具影响力的理论贡献莫过于交往行动理论。交往行动理论是哈贝马斯运用批判取向的研究路径分析现代社会问题形成的理论成果,在批判性研究中占有举足轻重的地位,并被认为是批判理论的典范。

2. 全书提要

交往行动理论并非一种元理论,而是哈贝马斯基于对现代性的反思,并在对各种理论历史进行综合研究的基础上提出的,以作为"解释一种批判社会理论的规范基础"①。在哈贝马斯看来,当今现代国家出现的各种"社会的病理"主要在于:具有交往结构的"生活世界"受控于具有形式结构的"体系",而交往行动理论就是要尽可能地揭露现代生活关系中的各种悖论。在书中,哈贝马斯呼吁通过以理解为导向的语言和交往理性,建构新的社会理论和新的社会。

---

① 〔德〕哈贝马斯:《交往行动理论(第二卷)——论功能主义理性批判》,洪佩郁、蔺青译,重庆出版社 1994 年版,第 506 页。

3. 方法运用

《交往行动理论》整体上比较晦涩、厚重，涉及相当多社会学等的经典理论。"合理性""交往行动""交往理性""生活世界""体系"这几个关键概念是理解其理论体系的关键。在书中，哈贝马斯对社会行动进行解构，并通过"生活世界"和"系统"两个概念的引入，将行动理论引向更广阔的社会理论，提出了交往行动和交往合理性，形成了交往行动理论。

哈贝马斯的论述从"合理性"概念开始展开。众所周知，"合理性"是韦伯分析和理解现代社会的核心概念。哈贝马斯从对韦伯的合理性概念的批判入手，认为韦伯之所以对人类社会的未来持一种悲观主义的态度主要源自其对"合理性"概念的狭隘理解，尤其是其过分注重目的—工具合理性，没有充分考虑到交往合理性。[1] 从社会行动及各种行为涉及的合理性问题开始，哈贝马斯逐渐展开了其交往行动理论。

哈贝马斯首先将社会行动分为四种类型：基于目的论的策略性行动、规范调节的行动、戏剧行动、交往行动。其中，在交往行动中，人们主要以语言为媒介，实现个体间的相互理解，达成一致意见。在交往行动中，语言是协调行动的基本机制[2]，语言的各个向度都得到了考虑，并发挥了作用。但是，在策略性行动、规范调节的行动和戏剧行动中，语言则是按照不同的角度片面构思的。[3]

为了将行动理论引向更广阔的社会理论，哈贝马斯又引入了"生活世界"和"体系"两个概念。他将社会同时构思为"体系"和"生活世界"，而体系与生活世界的脱节是现代社会问题的根源。"生活世界"是现象学奠基人胡塞尔提出的概念，生活世界对人的行动发挥着重要影响，是交往行动的背景；"体系"则指在人类社会发展过程中形成的制度化结构，主要包括金钱和权力作为控制媒介而形成的经济系统和官僚系统。在社会的发展过程中，行动协调的模式从"语言"变为以"货币"和"权力"为主的控制媒介，"生活世界"逐渐变得技术化，目

---

[1] 艾四林：《哈贝马斯对韦伯合理性理论的改造》，《求是学刊》1994年第1期，第32页。

[2] 艾四林：《哈贝马斯交往理论评析》，《清华大学学报（哲学社会科学版）》1995年第3期，第14页。

[3] 〔德〕哈贝马斯：《交往行动理论（第一卷）——行动的合理化和社会合理化》，洪佩郁、蔺青译，重庆出版社1994年版，第134页。

的合理性占据主流地位,造成了"体系"与"生活世界"的脱节①,形成了哈贝马斯所说的"生活世界的殖民化",并由此形成了各种社会的病理。

为此,哈贝马斯提出交往行动理论。他认为,为了解决现代社会存在的这些问题,必须充分重视交往行动和交往理性。现代化就是合理化,韦伯的这个论断没有错;但是,合理化并不仅仅是目的—手段的合理化,更重要的是交往合理化。

4. 争议与批评

哈贝马斯的交往行动理论也面临着很多批判,尤其是作为其理论支点的"沟通理性"更受诟病。哈贝马斯用以支持沟通理性的论据相当复杂,涉及不同学科和层次上的分析。② 但是,在众多的批判中,似乎都有着这样一个共同的主题,那就是事物并非像哈贝马斯表明的那样清楚、简单。③

---

① 〔德〕哈贝马斯:《交往行动理论(第二卷)——论功能主义理性批判》,洪佩郁、蔺青译,重庆出版社 1994 年版,第 241 页。
② 杨善华、谢立中主编:《西方社会学理论》(下卷),北京大学出版社 2006 年版,第 56 页。
③ 〔英〕威廉姆·奥斯维特:《哈贝马斯》,沈亚生译,黑龙江人民出版社 1999 年版,第 121 页。

第八章 女性主义研究

本章要点

- 女性主义、女性主义研究及其方法的基本概念;
- 女性主义研究的具体特征、优势和劣势;
- 女性主义研究的起源、发展和理论基础;
- 女性主义研究的适用范围和条件;
- 女性主义研究的具体研究方法和研究设计;
- 女性主义研究的质量评价标准;
- 女性主义研究的具体操作步骤和使用中应该注意的问题。

一、导　言

女性主义研究基于女性的视角,关注性别差异,将女性置于研究的中心位置,是一个独具特色的研究领域。基于女性主义的研究方法正成为社会科学领域中一个重要的研究方法。女性主义开辟了一个不同于传统男性主导的研究视角,对社会科学原有的认识论和方法论提出了挑战,颠覆了男性在研究中的主导地位,可以说是一场突破传统的知识革命。

自 20 世纪 60 年代开始,女性主义在国际范围内逐渐成为一个重要的学术领域。经过长期的发展,女性主义研究的范围逐渐扩展到生理学、心理学、历史学、文学、教育学、管理学、政治学等诸多学科和领域。这一趋势也导致女性主义研究者对方法论的需求不断增长,在政治学与公共管理学领域亦是如此。从既有学术文献来看,越来越多的政治学与公共管理学者开始关注女性主义研究议题。例如,女性主义政治学研究者萨宁聚焦女性在政治运动中遭受的暴力和骚扰问题,发现女性配额等在改善民主的政策同时也可能成为破坏女性代表性的障碍。① 克里斯滕森以美国反恐战争期间服役的母亲为例,发现母性意识形态(maternal ideology)可能削弱妇女参与政治的力量。② 同时,一些女性主义公共管理研究者也开始关心诸如家庭暴力、"性别回应型预算"(gender-responsive budgets)等以保护妇女为核心的系列公共政策问题。③ 鉴于此,本章将讨论女性主义研究在政治学与公共管理中的应用前景及相关事项,具体从基本概念、特征、优劣势、起源与发展、理论基础、方法的基本类型、操作流程和伦理规范等方面对女性主义研究进行概括性介绍。

二、定义、特点及优劣势

(一) 定义

1. 女性主义

女性主义由英文 feminism 翻译而来,也有学者将 feminism 翻译为女权主义④。本章统一采用"女性主义"一词,以避免读者关于"女权"的刻板印象,同时也能更好地体现女性主义已经演变成为一种社会文化思潮的现实。

历经多年的发展,女性主义已经受到了全球学者的广泛关注⑤,并形成了繁多的理论流派,如自由主义女性主义、激进女性主义、马克思女性主义与社会主

---

① J. R. Sanín, "Violence Against Women in Politics as an Unintended Consequence of Democratization," *International Feminist Journal of Politics*, Vol. 24, No. 1, 2022.

② W. M. Christensen, "The Politics of Foot Powder: Depoliticizing Motherhood During the US War on Terrorism," *International Feminist Journal of Politics*, Vol. 20, No. 3, 2018.

③ D. L. Fay and L. Polischuk, "Diffusion of Complex Governance Arrangements: State Approaches to Addressing Intimate Partner Violence," *Public Administration Review*, Vol. 82, No. 3, 2021; M. M. Rubin and J. R. Bartle, "Integrating Gender into Government Budgets: A New Perspective," *Public Administration Review*, Vol. 65, No. 3, 2005.

④ 李银河主编:《妇女:最漫长的革命:当代西方女权主义理论精选》,生活·读书·新知三联书店1997年版,第7页;〔美〕詹妮特·A. 克莱妮编著:《女权主义哲学——问题,理论和应用》,李燕译校,东方出版社2006年版,第1页。

⑤ 李英桃主编:《女性主义国际关系学》,浙江人民出版社2006年版,第2页。

义女性主义、精神分析和社会性别女性主义、存在主义女性主义、后现代女性主义、多元文化和全球女性主义以及生态主义女性主义等等。① 然而,关于女性主义的概念,学者们由于立论观点不同,甚至相互冲突,至今仍未达成共识。我国学者夏国美和刘潼福指出,无论从理论倾向还是从运动诉求方面看,女性主义都呈现出非同一般领域的复杂性,以至于在学理上至今未能找到一个没有争议的核心概念。② 当然,本章无意于介入这些争议。故此,下面将在简单介绍几种国内外有代表性的定义之后,给出我们对"女性主义"的一个权宜性定义。

关于女性主义的定义,乔治·瑞泽尔和迈克尔·赖安在其主编的《社会学简明百科全书》中说道:女性主义是基于男女平等原则的思想和政治实践体系。作为一个思想体系,女性主义包括几种不同的话语——自由主义、文化主义、唯物主义或社会主义、激进主义、精神分析主义和后现代主义;作为一种政治实践,女性主义被理解为一场高度动员的社会运动。③ 在美国著名女性主义者贝尔·胡克斯看来,女性主义是一场结束性别歧视、剥削和压迫的运动。④ 女性主义心理学教授玛丽·克劳福德(Mary Crawford)等则指出:"由于存在许多不同的定义和观点,所以与其称之为'女性主义',倒不如称之为'女性主义们'更恰当……可以将女性主义者简要地定义为一个拥有以下基本信念的人:女性是有价值的和有益于女性的社会变革是必需的。"⑤在国外学者相关探索的基础上,国内学者也尝试对女性主义的内涵进行概括。例如,姚丽梅指出,"女性主义是指为结束性别主义、性别剥削、性别歧视和性别压迫,促进性别阶层平等而创立和发展起来的社会理论和政治运动,它在批判之外也着重于性别不平等的分析以及推动不同性别权利、利益平等的议题"⑥。周华也总结了一个

---

① 〔美〕罗斯玛丽·帕特南·童:《女性主义思潮导论》,艾晓明等译,华中师范大学出版社2002年版,第1页。
② 夏国美、刘潼福:《女性主义的东方之路》,上海人民出版社2015年版,第1页。
③ George Ritzer and J. Michael Ryan, eds., *The Concise Encyclopedia of Sociology*, John Wiley & Sons., p. 223.
④ bell hooks, *Feminist Theory: From Margin to Center*, Routledge, 2015, p. 18.
⑤ 〔美〕玛丽·克劳福德、罗达·昂格尔:《妇女与性别——一本女性主义心理学著作》(上册),许敏敏、宋婧、李岩译,中华书局2009年版,第15页。
⑥ 姚丽梅:《女性主义伦理价值观与象征主义研究》,黑龙江大学出版社2020年版,第3页。

基本一致的定义:"女性主义是指主要以女性经验为来源和动机的社会思潮与政治运动。"①

从上述定义中不难发现,女性主义包括女性主义思潮和女性主义运动两个部分,二者相互影响、相互促进,共同影响和推动着女性主义的发展。因此,综合以上定义,本章将女性主义定义为:以实现性别平等、改善女性生存和生活现状为目标,立足于女性经验和立场而发展起来的一系列女性主义思潮和运动的统称。

2. 女性主义研究或女性学

女性主义的各种思潮和运动的兴起催生了各个领域或学科对女性主义理论与实践的研究。但从目前可及的文献来看,尚没有一个关于女性主义研究(feminist research)或者女性学(women's studies)的公认定义。例如,莉丝·斯坦利和苏·怀思将女性主义研究视为一种具有女性主义意识的研究,强调只有女性才能成为女性主义者、具备女性主义意识并进行女性主义研究。② 我国学者魏国英认为,女性主义旨在回答女性的本质、特征、生存状态,女性问题与性别等级秩序以及女性观念等基本问题;而女性学是关于人类女性及其本质的科学,是关于女性的理论和知识系统。③ 基于前述关于女性主义研究或女性学的概括,本章将女性主义研究定义为:从女性主义这一立场、主张和意识形态出发,以性别平等主义的基本观点为核心,将女性整体特质和变化规律作为研究对象的跨学科的、多层面的专门性科学研究。

3. 女性主义研究方法或方法论

任何领域的研究都有其适用的研究方法。那么,针对女性主义研究,是否存在适用的女性主义研究方法?关于这个问题,向来没有一致定论,甚至女性主义者内部也存在严重分歧。④ 例如,著名女性主义学者桑德拉·哈丁(Sandra

---

① 周华:《埃及女性主义思潮研究》,时事出版社2018年版,第2页。
② Liz Stanley and Sue Wise, "Feminist Research, Feminist Consciousness and Experiences of Sexism," *Women's Studies International Quarterly*, Vol. 2, No. 3, 1979.
③ 魏国英:《女性学研究体系和方法》,北京大学出版社2018年版,第16页。
④ 郑丹丹:《女性主义研究方法解析》,社会科学文献出版社2011年版,第4页。

Harding)就曾反躬自问:"是否存在一种女性主义方法?"①哈丁认为,方法、方法论、认识论三者纠缠不清是女性主义者在方法和方法论问题上存在严重分歧的原因之一。②虽然哈丁对于是否存在一种女性主义方法并没有给出一个清晰的答案,但她自己却明确反对女性主义应该有一种专门的研究方法的观点。她认为,优先考虑研究方法的想法会遮蔽女性主义研究过程中最有意义的方面。③在哈丁看来,女性主义研究者可以运用传统意义上的任何一种研究方法,只不过其运用的具体方式可以有所不同。研究者对研究技巧的不同运用依赖于其对方法论和认识论的理解。哈丁的观点也代表了大多数女性主义者的心声,并获得了一些学者的呼应。例如,舒拉米特·莱因哈兹和林恩·戴维曼对女性主义研究方法论提出了十项论点,认为最重要的论点在于女性主义研究可以采用多种研究方法,不止存在一种"女性的认知方法"(women's way of knowing)。④马乔里·德沃认为,女性主义方法并非全新的研究方法,而是对现有方法的修改,但是它们的确形成了描绘研究实践和认识论的独特的体系,这就是"女性主义方法论"。⑤ 我国学者郑丹丹也指出,有许多女性主义者虽然不认同唯一、独特的女性主义研究方法,但承认女性主义者在研究方法的取舍上存在某些偏好。⑥ 我国学者叶文振也认为,不应该另辟蹊径,而应该选取、改造和转化相关学科的研究方法成为女性主义研究者所用的研究方法。⑦ 魏国英也认为,女性主义研究体系和方法既是研究社会现象时普遍采用的方法,也是女性主义研究

---

① Sandra Harding, *Feminism and Methodology: Social Science Issues*, Indiana University Press, 1987, p. 1.

② Sandra Harding, *Whose Science? Whose Knowledge? Thinking from Women's Lives*, Cornell University Press, 1991, pp. 6-8.

③ Sandra Harding, *Feminism and Methodology: Social Science Issues*, Indiana University Press, 1987, p. 3.

④ Shulamit Reinharz and Lynn Davidman, *Feminist Methods in Social Research*, Oxford University Press, 1992, pp. 240-247.

⑤ Marjorie L. DeVault, *Liberating Method: Feminism and Social Research*, Temple University Press, 1999, pp. 30-32. 转引自郑丹丹:《女性主义研究方法解析》,社会科学文献出版社 2011 年版,第 24—25 页。

⑥ 郑丹丹:《女性主义研究方法解析》,社会科学文献出版社 2011 年版,第 27—28 页。

⑦ 叶文振:《女性学的研究方法及其学科意义》,《妇女研究论丛》2006 年第 4 期,第 35—39 页。

中的一般研究方法。①

在以上观点的基础上,为避免在女性主义研究方法的含义上产生难以弥合的分歧,本章将女性主义研究方法操作性地定义为:在女性主义研究中可以采用的,并将女性的视角、经验等贯穿其中的,经由常用的社会研究方法改造而来的各种方法,包括女性主义观察研究、女性主义访谈研究、女性主义调查研究、女性主义实验研究、女性主义评价研究、女性主义行动研究等等。当然,这个定义也反映了学界往往将女性主义研究看作是一种方法论或研究范式意义上的方法,而不把其看作是一种具体研究方法的事实。

(二) 特点

女性主义研究具有鲜明特性。桑德拉·哈丁总结了女性主义研究区别于传统社会科学研究的三个特点②:

第一,女性主义研究以女性的经验为新的实证和理论资源。女性主义研究者认为传统的社会科学研究仅仅从男性经验的角度进行分析,只提出了男性想要探究的自然和社会生活问题。因此,他们主张从女性自身的经验和立场出发展开研究。

第二,女性主义研究是"为了女性"(for women)。传统以男性为主导的社会研究往往是为了满足男性安抚、控制、剥削或操纵女性的欲望而开展的,而女性主义研究的目的则是为女性提供她们想要和需要的对社会现象的解释。

第三,女性主义研究区别于传统社会科学研究的另一个关键特征是其新的研究主题。女性主义研究主张将研究者自身置于与研究主题相同的层面加以批判性审视。也就是说,研究人员自己的阶级、种族、文化和性别假设、信仰和行为必须放在其试图分析的框架内进行考察。因为研究者并非一个看不见的、匿名的权威声音,而是一个真实的、历史的个体,有着具体的、特定的研究欲望和兴趣,而这些都会影响其研究的目的及其对研究结果的解释。

---

① 魏国英:《女性学研究体系和方法》,北京大学出版社2018年版,第63页。
② Sandra Harding, *Feminism and Methodology: Social Science Issues*, Indiana University Press, 1987, pp. 6-10.

除了以上特点之外,结合郑丹丹①等学者的归纳,本章认为女性主义研究还具有以下特点:

(1) 女性主义研究具有批判性。女性主义研究者主张从不同的视角看待社会现象,研究社会问题,以批判的眼光对传统的社会研究议题和框架进行重新诠释,并试图建构新的议题和表达方式。从一定意义上说,女性主义起源于对所谓普适的、客观的、实际上是以男性生活为基础的知识的深切怀疑。早期的女性主义研究者发现,以男性为主导的传统社会科学及其知识体系缺乏并且扭曲了女性的经验。他们认为这种对女性和女性经验的排斥行为是对社会现实的歪曲理解。因此,与其他的社会科学研究相比,女性主义研究具有明显的批判性。② 可以说,女性主义研究自形成之初就是为了消除男性中心主义和一切等级压迫形式,从而改变原有研究中的偏见。女性主义研究的首要任务就是站在女性的立场上,结束这些被扭曲的知识,重新建构体现性别平等的知识体系。

(2) 女性主义研究立足具体的情境和经验立场。女性主义研究不主张研究者与研究对象、研究者与研究主题之间形成分离和控制的关系,而是主张以具体情境和经验立场作为研究起点。特别地,女性主义研究者在开展研究时,要把自己置于研究对象所在的具体情境之中,从日常生活世界的直接经验中获得知识。

(3) 女性主义研究的方法具有多样性、包容性和开放性。一般而言,女性主义者并不认为女性主义研究在具体的研究方法上有什么特别之处,而是倡导方法的多样性、包容性和开放性。女性主义研究方法不拘泥于一种或几种主要方法,也不强调研究方法的专属性和排他性,而是强调兼容并包和兼收并蓄,注重从别的学科吸收营养,在既有研究的基础上发展自己的方法。因此,在具体的研究活动中,女性主义研究者并不会局限于仅使用某一种研究方法,而是根据研究需要灵活地选择适用的方法类型。

(4) 女性主义研究强调研究者和研究对象的互动。与传统社会科学研究

---

① 郑丹丹:《女性主义研究方法解析》,社会科学文献出版社 2011 年版,第 29—38 页。
② 韩贺南、张健主编:《新编女性学》,首都经济贸易大学出版社 2010 年版,第 20 页。

方法不同的是,女性主义研究者承认分析中存在主观因素,并倡导一种参与式研究策略,强调在整个研究项目进展过程中研究者和研究对象之间的辩证关系。而且,女性主义研究者也试图解决研究者与研究对象之间的权力差异问题。①

(三) 优势和劣势

女性主义研究具有自己的特定优势,主要表现在以下三个方面:

(1) 女性主义研究有利于促进有关女性问题的研究和女性权益保护。作为一种强调女性视角和经验等的研究方法,女性主义研究不仅有利于提醒研究者特别注意研究女性问题,尤其是性别对研究者和研究问题的影响等;而且,女性主义研究也在事实上有利于保护女性权益。

(2) 女性主义研究具有较强的灵活性。由于女性主义研究并不是一种独立的研究范式,研究者可以针对不同的研究方法进行研究设计,因此女性主义研究具有较强的灵活性。女性主义研究者主张在研究过程中将不同的研究方法结合,以发展适用于自身研究的操作方法。

(3) 女性主义研究具有较强的适用性。虽然女性主义研究强调女性立场,但对具体研究主题、问题、方法和情境等均没有过多限制和要求,故具有较强的适用性。在实际研究中,不同学科领域的学者均可基于女性主义的视角开展相关研究,并将自身所在领域的理论和方法应用于女性主义研究。

当然,女性主义研究也有其劣势,主要表现在以下三个方面:

(1) 女性主义研究缺乏统一、明确的方法。尽管已历经数十年的发展,女性主义研究仍未形成自己独立的研究方法体系。长期以来,女性主义研究者只是将女性主义视角应用到别的研究方法中去。

(2) 女性主义研究较依赖研究者自身的素质。由于缺乏统一、明确的方法,而且在具体研究中,研究者需要结合具体的研究情境、问题去选择适当的研究方法,所以进行女性主义研究就对研究者的科学素养提出了较高的要求。

---

① 〔美〕布鲁克·A. 艾克里等编:《国际关系女性主义方法论》,金铭译,中译出版社 2016 年版,第 24 页。

（3）女性主义研究实际操作难度较大。女性主义研究强调女性的经验和视角。然而,在现实中,一方面,并非所有的研究者都具备女性经验;另一方面,实际研究中的研究问题也常常牵涉女性主义研究中的伦理问题,而且所需的素材和资料也往往很难收集和获取。所有这些,都为研究操作增加了一定的难度。

三、起源、发展和理论基础

（一）起源

要理解女性主义及其研究的起源及发展,有必要对女性主义思潮和女性主义运动的发展做一番梳理。女性主义最早可以追溯至中世纪的欧洲。早在欧洲中世纪时期,一些女性就开始为自身及女性群体发声,如宾根的希尔德加德(Hildegard of Bingen)[①]借助女性经验,尤其是母性经验讲述自己对神之爱的理解。到了16世纪后期,尽管越来越多的女性开始谈论自身,但仍然未能摆脱宗教的框架。在动荡不安的17世纪,尤其是在抵制国教、简化宗教仪式的过程中,女性获得了更多的自由。整体而言,尽管自中世纪至18世纪早期在欧洲就已经产生了女性主义的滥觞,但这只停留在宗教层面,而不是真正世俗意义上的女性主义。[②]

从18世纪末至19世纪下半叶,以法国大革命的爆发为标志,世俗意义上的女性主义才开始萌芽。18世纪末,一些接受过教育的女性开始投身于写作,并发表作品来清晰有力地表达自己的看法。如1790年,凯瑟琳·麦考利(Catherine McAuley)写了《教育信札》,声称女性的软弱不是天生的,而是教育误导所致。1791年,法国女性主义剧作家和记者奥兰普·德古热(Olympe de Gouges)以1789年法国《人权宣言》为蓝本,发表了世界上第一个女权宣言——《妇女和女性公民权利宣言》。她运用人权理论清晰有力地宣布:女人生来自由,而且和

[①] 德意志女隐修院长和神秘主义者,自称多次见到诡秘的异象。转引自〔英〕玛格丽特·沃特斯:《女权主义简史》,朱刚、麻晓蓉译,外语教学与研究出版社2015年版,第11页。

[②] 同上书,第10页。

男人平等。1792年,"亚马孙女战士"玛丽·沃斯通克拉夫特(Mary Wollstonecraft)发表了被誉为"当代女性主义奠基之作"的《女权辩护:关于政治和道德问题的批评》。在书中,沃斯通克拉夫特批判了当时盛行的"女人气质",主张激进的社会变革,尤其主张赋予女性受教育的权利以开发女性潜能。① 进入19世纪,女性的诉求得到越来越广泛、越来越清晰的表达。1843年,玛丽恩·里德(Marion Reid)在爱丁堡出版了《为女性申辩》,该书被誉为继玛丽·沃斯通克拉夫特的《女权辩护》之后女性所做的最彻底、最有效的申述。② 1825年,英国的威廉·汤普森(William Thompson)等发表了《人类的一半女人对人类的另一半男人得以维护政治奴隶制以至公民和家庭奴隶制的权力的控诉》,约翰·斯图尔特·穆勒(John Stuart Mill)在1869年出版了《妇女的屈从地位》,抨击两性的不平等,为女性结束被奴役的社会地位摇旗呐喊。③ 然而值得指出的是,虽然这一时期的女性主义的理论思潮和社会运动蔚然成风,但女性主义还远没有形成一种系统的理论和研究范式,而只是停留在价值观和思维方式的层面。

(二) 发展

随着女性主义价值观念逐渐深入人心,女性主义运动开始迎来一波又一波的发展高潮,这就使得女性主义研究及其范式在一次次的浪潮中不断发展,逐渐成为一支相对独立的研究流派。目前,学术界普遍认同将女性主义的发展概括为三次浪潮的观点。

19世纪下半叶至20世纪20年代是女性主义的成长期,女性主义运动迎来第一波发展浪潮。这一时期女性主义运动的主要目标是争取妇女平等的政治权利,包括受教育权利、选举权和就业权。④ 例如,在美国妇女争取选举权运动

---

① 〔英〕玛丽·沃斯通克拉夫特:《女权辩护——关于政治和道德问题的批评》,王瑛译,中央编译出版社2006年版。
② 〔英〕玛格丽特·沃特斯:《女权主义简史》,朱刚、麻晓蓉译,外语教学与研究出版社2015年版,第52—53页。
③ 同上书,第75—77页。
④ 邝利芬:《女性主义政治学的发展与重构》,天津大学出版社2019年版,第28—29页。

中,伊丽莎白·卡迪·斯坦顿(Elizabeth Cady Stanton)等女性主义运动先锋在1848年就开始筹谋女权大会;同年,美国首届妇女权益大会在纽约召开,从此拉开了美国妇女解放运动的序幕。之后,经过80年的奋斗,女性终于在整个美国国内获得了选举权,这标志着法律上男女平等的政治进步。由于这次运动具有深远的历史意义,因此被史学家称为女性主义的第一次浪潮。①

> **扩展知识**
>
> **美国妇女选举权运动的先行者**
>
> 在1848年,伊丽莎白·卡迪·斯坦顿及其废奴主义伙伴卢克丽霞·莫特(Lucretia Mott)在纽约州的塞内卡瀑布城举行会议,讨论女性的社会权利、公民权利和宗教权利。斯坦顿发表演讲说:"我们认为以下真理是不言自明的:所有的男人和女人生而平等;他们都被上帝赋予了一定不可剥夺的权利。"因此,斯坦顿被看作是美国妇女选举权运动的先行者。
>
> 经过旷日持久的美国妇女选举权运动,在1920年8月18日,美国国会宣布批准《美国宪法》第19条修正案,该修正案明确指出:"合众国或任何州不得因性别而拒绝或剥夺美国公民的投票权。"自此,美国女性才获得了选举权。
>
> 资料来源:〔英〕塔比·杰克逊·吉、弗雷亚·罗斯:《女性主义有什么用?》,吴庆宏译,译林出版社2021年版,第21—22页。

20世纪20年代到20世纪90年代是女性主义发展的另一个重要阶段。伴随着妇女选举权的获得,在一段时期内,女性主义运动走入低潮,直到60年代才又一次蓬勃发展起来。② 这一时期也出现了对西方女性主义运动影响较大的著作,如西蒙娜·德·波伏娃(Simone de Beauvoir)的《第二性》和贝蒂·弗里丹(Betty Friedan)的《女性的奥秘》,二者从学术传统和理论思想上论述了女性从属于男性的社会文化根源。第二次女性主义运动浪潮从20世纪60年代开

---

① 白志红:《女性主义与人类学》,知识产权出版社2014年版,第18页。
② 同上书,第19页。

始兴起,其主要目标是批判性别主义、性别歧视和男性权力。但其理论背景相对复杂,既有自由派女性主义的理论背景,也有激进女性主义的理论背景,更有社会主义女性主义的背景。①

20世纪90年代以后,女性主义的发展进入后女性主义时代,在这一阶段出现了女性主义的第三次浪潮。第三次浪潮的思想背景是后现代主义,它反对女性笼而统之的本质主义看法,主张从多元层面对女性加以理解。② 在第三次浪潮中,女性主义者们懂得了在政治运动中必须考虑到种族、阶级、性别、民族以及其他各群体的利益,意识到妇女所受压迫的根源不完全是父权制,还有现存的资本主义政治和经济制度。整体而言,第三次女性主义浪潮的一个特点是:女性主义运动基本成熟,妇女为自身的解放建立了自己的标准,但在争取平等的方式上呈现出五彩缤纷的景象。③

随着女性主义思潮以及运动的更迭和社会科学的进步,女性主义研究及其方法也逐渐涌现出来。例如,在20世纪20年代,女性主义开始围绕自然性别展开理论层面上的差异性研究。在20世纪60—70年代,以美国为首的西方国家兴起了女性主义的理论研究热潮,更多的女性为争取其在文化、历史、习俗上的更多自由而投身到这场斗争中。特别地,女性主义理论作为正式的学术研究,在这一时期逐渐发展成为人文学科中一个重要的研究领域。到了20世纪80—90年代,学者们又开始超越男女性别,对出现的各种女性主义理论展开综合的考察④,主张女性的发言权,对男性在社会发展中的主导地位提出了挑战,从而引发了一场社会科学研究领域的范式革命,促进了女性主义方法论的形成。

一般认为,在社会科学中,社会学方法论较早受到来自女性主义研究思想的冲击。最具代表性的事件是马西亚·米尔曼和罗莎贝斯·莫斯·坎特在

---

① 张妮妮等:《女性经验的生态隐喻——生态女性主义研究》,北京大学出版社2018年版,第47—48页。
② 同上。
③ 白志红:《女性主义与人类学》,知识产权出版社2014年版,第23页。
④ 〔美〕詹妮特·A. 克莱妮编著:《女权主义哲学——问题,理论和应用》,李燕译校,东方出版社2006年版,前言第1—3页。

1975年出版了《另一种声音:关于社会生活和社会科学的女性主义观点》①一书。该书从女性主义的视角对社会学和社会科学中的核心假定进行了批判,撼动了传统社会学研究的根基。其对于传统社会学和社会科学研究的批判主要包含以下六个方面②:

(1)社会学研究的传统模式忽略了一些重要领域,新的模式将关注男女差异这一新兴研究领域。

(2)传统社会学将研究重点放在公共性的、官方的、显性的、戏剧性的社会角色和组织生活领域,但对于私人领域的、非官方的、隐性的(invisible)社会角色的界定和发现可能是同样重要的。

(3)社会学研究者往往将社会生活简化为单一的或同质的,这种普遍性对于所有参与者都有相同的影响,而实际上男女群体之间的社会生活可能存在着异质性和明显的差异,这种差异在简化的过程中被忽略了。

(4)性别变量在一些研究领域中可能是造成社会某种行为的关键影响因素,但在传统社会研究中并未被加以分析。

(5)传统社会学家关注现实社会中的权力特性以及造成此差异的社会地位状况,但社会学研究及社会学家应更关注社会变革以及如何促进更加公正、人性化的社会发展,尤其是性别上的公正。

(6)某些不恰当的量化方法和技术(如两极的男女比例等)和研究情景(如让男性研究者探究包含女性的社会)可能会忽略研究中的一些重要信息,而这些未被观察到的或隐性的信息,如情绪、非正式的社会网络,可能是解释被研究现象的关键因素。

从上述的批判中不难发现,这一时期的女性主义社会学家对于传统社会学和社会科学研究的研究重点、研究模式、核心假定、价值取向等方面均进行了反思并发出了挑战。

---

① Marcia Millman and Rosabeth Moss Kanter, eds., *Another Voice: Feminist Perspectives on Social Life and Social Science*, Octagon, 1975.

② Pamele Abbott, Claire Wallace and Melissa Tyler, *An Introduction to Sociology: Feminism Perspectives*, Routledge, 2005, p. 14.

（三）理论基础

女性主义研究的理论基础涉及多个，但主要是社会性别理论和女性主义理论。

1. 社会性别理论

社会性别理论是女性主义的重要理论成果，已经成为女性主义研究的一个不可或缺的理论基础，对女性主义研究具有重要的理论指导意义。在已有的研究视角外，社会性别理论为研究提供了新的视角，即性别视角。社会性别理论是在挑战、质疑、批判和解构传统知识体系的过程中建立的，并将性别研究的理论成果应用于女性主义研究。① 社会性别理论还明确区分了社会性别和生理性别，认为社会性别的差异是动态的，是可以改变的，从而拓宽了女性发展理论。而且，社会性别理论的支持者主张把女性问题置于两性关系的结构中去研究社会，揭示了社会文化因素是性别不平等产生的根源，同时揭示了性别差异产生和延续的社会机制。② 总之，社会性别理论打破了二元结构的禁锢，为女性主义研究提供了新视角，为女性主义实践提供了有力支持。③

2. 女性主义理论

经历两个多世纪的发展，女性主义已形成了丰富的理论，这些理论也为女性主义研究提供了重要的基础。根据我国学者叶文振的归纳④，下面简要介绍女性主义理论的各个流派。

（1）自由主义女性主义（liberal feminism）。该理论流派发端于18世纪的英国和法国，主张女性和男性一样具有理性，主张女性和男性在教育、法律、就业、参政等方面应享有平等的机会。同时，对家庭角色的反叛也是自由主义女性主义的一个核心特征。

（2）激进女性主义（radical feminism）。该理论流派产生于英国、法国和美

---

① 祝平燕等主编：《女性学导论》，武汉大学出版社2007年版，第97—98页。
② 同上书，第95—96页。
③ 叶文振主编：《女性学概论》，厦门大学出版社2018年版，第49—67页。
④ 同上书，第43—44页。

国,也是女性主义诸多流派中较早的一支。该理论的支持者认为父权制是妇女受压迫的根源,他们指出父权制度的主要支柱是"性政治"。此外,他们认为男女不平等是由性别和生理差异造成的,因此主张消除两性之间的生理差异。

(3)马克思主义女性主义(Marxist feminism)。该理论是在审视马克思主义的基础上产生的,而且把马克思主义关于经济决定论、异化理论、两种再生产理论运用于家务劳动和劳动市场中,从而建构了家务劳动的价值理论和劳动力市场的性别分工体系理论。

(4)社会主义女性主义(socialist feminism)。该理论是在马克思主义女性主义的基础上,同时受激进女性主义的影响而发展起来的。

(5)后现代女性主义(postmodern feminism)。该理论兴起于20世纪60年代中后期,差不多与"后现代性"理论同时肇始。后现代女性主义理论认为传统的女性主义理论所接受的启蒙思想仍是以男性为中心的,难以摆脱男性中心主义的思维模式,因此主张解构社会意识、思维习惯以及男权思想对女性主义的影响。

(6)心理或精神分析女性主义(psychoanalytical feminism)。该理论是从弗洛伊德和拉康的精神分析学衍生出来的,该理论流派聚焦于父权制、女性角色和女性道德观的心理研究以及对女性认识论的创建和发展,修补了以男性为中心的传统心理学的不足。

(7)第三世界女性主义(third-world feminism)。该理论流派伴随着20世纪70年代发达资本主义国家对第三世界国家实施政治压迫、军事扩张、经济剥削和文化渗透的运动发展而来。第三世界女性主义理论再次反思女性受压迫的根源,认为发达资本主义国家与第三世界国家的不平等关系和不平等的权力结构才是女性受压迫和歧视的根源。

(8)生态女性主义(ecofeminism/ecological feminism)。该理论流派兴起于20世纪60年代西方刮起的生态之风。该流派强调女性与自然界的联系,肯定女性在自然界中的独特地位,批判父权制文化的伦理价值观,肯定女性的价值观,要求颠覆压迫自然与女性的父权制意识。

当然,除上述八种女性主义流派之外,我国学者白志红还梳理了个人主义女性主义、文化女性主义、存在主义女性主义、后结构女性主义、现象学女性主义等理论流派。①

四、适用范围与条件

女性主义研究的适用范围与条件可以从研究目的和研究对象两个方面进行理解。概括而言,基于女性经验来设计对女性有益的研究是女性主义研究者建构知识最基本的考量。因此,开展女性主义研究至少应该考虑以下两个重要问题,而这也构成了女性主义研究的适用范围与条件。

(1) 是否以女性经验和立场作为分析基础?女性主义研究的共同假设是"女性生活十分重要"②。桑德拉·哈丁声称女性主义的一大特点就是把女性经验作为"现实"的参照来验证传统假设、形成常规问题。女性主义者还主张,从女性生活尤其是边缘女性的生活中产生的知识更具活力,更加客观。因此,可以说以女性的经验作为实证和理论分析的来源既是女性主义研究最基本的特征,也是女性主义研究最基本的适用条件。如果一项研究需要以女性的经验作为分析的参考,那么就可以考虑使用女性主义研究范式。

(2) 是否以女性生存和生活状况的改善为研究目的?女性主义研究有一个重要宗旨,即知识的建构和分析方式必须为女性服务,改变女性受压迫的状况。③ 如果一项研究是为了女性,或者针对女性所做的研究并将服务于女性,那么这种研究就适用于采纳女性主义研究的范式。因此,女性主义研究者在选题时应该反躬自问,其所研究的课题是否能对女性生活起到改善的作用。

五、类 型

由于女性主义研究主要是一种基于女性主义方法论或研究范式的研究,因

---

① 白志红:《女性主义与人类学》,知识产权出版社 2014 年版,第 39—60 页。
② Shulamit Reinharz, *Feminist Methods in Social Research*, Oxford University Press, 1992, p. 241.
③ 〔美〕布鲁克·A.艾克里等编:《国际关系女性主义方法论》,金铭译,中译出版社 2016 年版,第 22 页。

此对于女性主义研究类型的划分也主要可以从两个角度来进行：一个是从女性主义研究所主要坚持的理论的角度，另一个是从女性主义研究所主要使用的方法的角度。

（一）理论视角的划分

在以上介绍女性主义的不同理论流派时，我们指出，女性主义可以划分为自由主义女性主义、激进女性主义、马克思主义女性主义、社会主义女性主义、后现代女性主义、心理分析女性主义、第三世界女性主义、生态女性主义以及个人主义女性主义、文化女性主义、存在主义女性主义、后结构女性主义、现象学女性主义等理论流派。因此，从女性主义研究所坚持或秉承的理论视角而言，可以将女性主义研究划分为基于以上这些不同理论流派的不同类型，例如自由主义女性主义研究、激进女性主义研究、马克思主义女性主义研究、社会主义女性主义研究、后现代女性主义研究、心理分析女性主义研究、第三世界女性主义研究、生态女性主义研究以及个人主义女性主义研究、文化女性主义研究、存在主义女性主义研究、后结构女性主义研究、现象学女性主义研究等。

（二）方法视角的划分

由于学者们大都并不认为女性主义研究具有自己特定的方法，而且在事实上女性主义研究也可以使用各种已有的方法（尤其是定性研究方法）进行研究，故从方法视角对女性主义研究类型的划分也就和我们已知的很多研究方法的类型划分相一致。例如，我们既可以有女性主义规范研究或规范的女性主义研究，也可以有女性主义实证研究或实证的女性主义研究，而女性主义实证研究又可划分为定性女性主义研究或女性主义定性研究、定量女性主义研究或女性主义定量研究两种类型。总之，由于对各种具体研究方法类型的划分，本书在前面已经进行了较多介绍，故在此不再赘述。当然，作为一种独特的研究方法论或范式，女性主义研究在具体方法的选择上，也有一些常用的方法。因此，为了让读者或研究者能对女性主义研究及其常用的方法有更具体的认识，结合我国学者孙中欣和张莉莉等的观点①,我们将女性主义研究常用的主要方法概括为如下几类:女性主义访谈研究(feminist interview research)、女性主义调查研究(feminist survey research)、女性主义实验研究(feminist experiment research)、女性主义评价研究(feminist evaluation research)、女性主义民族志研究(feminist ethnography research)、女性主义行动研究(feminist action research)、女性主义口述史研究(feminist oral-history research)。下面我们将逐一介绍。

1. 女性主义访谈研究

访谈研究是女性主义研究者较为常用的研究方法之一。该方法重视与研究对象的自由交谈,以便于充分调动研究对象的积极性,从而最大限度地获取研究对象的信息。② 女性主义访谈研究的优点体现在:一方面,访谈可以让研究对象运用自己的语言表述自身的想法和观点,并遵循研究对象自身的思维路径。这种方式对女性主义研究十分有利,改变了学术界以研究者语言代替研究对象表达的传统,或者说打破了以男性代表女性表达想法和观点的局面,让女性研究对象做自己的"代言人"。另一方面,研究者与研究对象互动式的交谈有利于研究者了解研究对象的感觉并做出易于让研究对象接受的反应。这种方法既便于谈论敏感话题,也能让研究对象降低心理防备,全身心融入访谈氛围。

2. 女性主义调查研究

调查研究是一项古老的研究方法。女性主义调查研究是调查研究方法在女性主义研究中的具体应用,得到大量女性主义研究者的认可。女性主义调查研究一般由研究者先选择调查对象作为样本,然后利用标准化或者非标准化的问卷来进行调查。女性主义调查研究的优点体现在:第一,能够将问题清晰地呈现出来,并能够证明某一问题比预期设想的情况更加普遍;第二,有利于判断两性群体之间的横向和纵向差异、女性群体内部存在的差异;第三,有利于检验已有理论,佐证新生理论。③ 具体而言,女性主义调查研究又包括实地调查、问

---

① 孙中欣、张莉莉主编:《女性主义研究方法》,复旦大学出版社2007年版。
② 同上书,第76页。
③ 同上书,第135—137页。

卷调查等收集一手数据资料的调查方式。①

3. 女性主义实验研究

实验研究是一种能够让研究者探索因果关系的观察方法。② 女性主义研究运用实验法大致兴起于19世纪末。③ 具体地,女性主义实验研究是指女性主义研究者通过改变或控制某一或某些现象,来观察研究对象间的共变状况。实验研究一般将研究对象分为两组,即实验组和控制组,并用同一量度指标,于实验前和实验后分别观测两组的指标变化,从而对实验效果做出判断。女性主义研究者采纳实验研究的原因在于公众普遍认可实验研究所具有的客观性。在一些帮助女性重塑性别自信的研究方面,女性主义研究者倾向于通过实验法来引起人们对研究结果的关注,帮助女性正视自身与男性的平等地位。但有一点需要注意,由于社会生活的复杂性和多变性,无论研究者将实验情境设计得多么贴合实际,都不可能达到如自然科学和临床医学实验研究一样的客观性。因此,女性主义研究者在选择研究方法时要慎重考虑研究问题的特性,选择适合研究问题的研究方法。必要时,可以选择将实验法与其他研究方法相结合,以克服实验法的不足,使其优势得到较为理想的发挥。

4. 女性主义评价研究

评价研究是指研究者依据明确的目标,按照一定的标准,采用科学方法,测量对象的功能、品质和属性,并对评价对象做出价值性的判断。评价研究属于应用性研究,在政治学和公共管理领域中常用于评价某一社会政策或社会计划是否达到了预期效果。评价研究具有社会干预的特性,因为人们做出任何意图改变世界的行为,都会采取一定的社会干预措施,以改变目标群体的生活现状,从而使目标群体过得更好。女性主义研究就是一种力图改变女性生活状况、实现女性自由、提高女性社会地位的社会干预。因此,对于某些与女性相关的政

---

① 〔美〕卡米拉·斯蒂福斯:《公共行政中的性别形象——合法性与行政国家》,熊美娟译,中央编译出版社2010年版,第27页。
② 〔美〕艾尔·巴比:《社会研究方法》(第10版),邱泽奇译,华夏出版社2005年版,第214页。
③ 孙中欣、张莉莉主编:《女性主义研究方法》,复旦大学出版社2007年版,第177页。

策或计划可以运用社会评价进行研究,以测量其带来的实际效果。评价研究包括诊断性评价、形成性评价和总结性评价三种类型。

5. 女性主义民族志研究

民族志研究方法是通过田野调查对人类社会进行描述的研究,它包括一系列的研究方式,诸如观察与参与观察、访谈、系谱法等。当代研究者逐渐将女性主义的研究思想融入了民族志研究方法,产生了女性主义民族志研究方法。女性主义民族志研究方法即研究者将女性纳入社会系统中,并亲自参与女性生活的系统,通过访谈和参与观察等记录女性的生活轨迹,并将得到的信息整理成文件资料,用以反映女性的生活与行动。研究者们从女性自身的观点和视角去理解研究对象(女性)的经历,将研究对象视为关键信息的提供者,他们同时关注女性行为发生的社会背景,如文化环境、阶级特征等。女性主义民族志研究强调不同性别构成的研究场景对研究效果的影响,在纯女性的实地场所、混合性别的实地场所和跨民族的研究场所中,女性主义研究者必须依据具体的研究环境调整研究策略,以保证取得理想的研究效果。

6. 女性主义行动研究

女性主义研究在本质上是与行动相结合的一种学术行为。许多女性主义研究者认为研究活动应该是处于连续性变化中的一个过程,同时,他们也认为一项女性主义研究应是有行动目标的研究,因此主张采用行动研究方法来进行女性主义研究。女性主义行动研究者相信,通过研究所得到的学术成果应该是有应用价值的,这些研究成果应该为创造新的两性关系、改善女性的不利境况提供对策或建议,让研究的价值得以发挥。不仅如此,女性主义研究者还致力于开展政治行动,以帮助有关女性的政策落到实处。由于女性主义研究者一直在为改变女性不平等的地位做努力,女性主义研究总是与社会变革休戚相关。具体而言,孙中欣和张莉莉等又将关注社会变革的女性主义行动研究分为以下五种类型:行动研究、参与性或合作性研究、普遍性或需求评估研究、评估研究、揭秘研究。[①]

---

① 孙中欣、张莉莉主编:《女性主义研究方法》,复旦大学出版社2007年版,第436—450页。

7. 女性主义口述史研究

女性主义口述史研究是女性主义研究者以访谈的方式收集口传记忆以及具有历史意义的个人观点的一种方法。口述史研究与女性主义研究的契合点在于：第一，研究者和研究对象处于一种平等的位置上。女性主义口述史研究可以让女性研究对象参与知识建构的过程，与研究者一同成为历史叙述的主体。在女性主义口述史研究中，叙述者不但回忆过去发生的事件，而且还可以提出自己有关过去事件的解释，而研究者的任务则是投入研究对象所处的社会情境，再现社会历史的"多重声部"，将他人作为主体加以表达。① 第二，女性主义口述史研究在给予研究对象尊重的基础上，能够让研究对象将某些不为人知的观点、思想、事件揭示出来，有助于女性主义理论的发展。第三，口述史主要用于分析现世的、日常生活中习以为常的问题。女性主义口述史研究通过口述史资料的收集能够发现充斥在现实生活中的性别不平等问题，如同妻问题。

六、研究设计及有效性

（一）研究设计

根据不同的研究问题和研究方法，一项研究设计包含的要素也有所不同。在上一部分，我们罗列了一些在女性主义研究中常用的实证研究方法，这些研究方法均有不同的适用的研究设计框架，但也有一些共性要素。考虑到内容安排，本章不对每种类型的女性主义实证研究设计进行分别论述，下面仅概括一些女性主义实证研究设计中需要考虑的共性要素：

第一，提出研究问题。研究设计的第一步要澄清研究问题和基本概念。缺乏清晰的研究问题和核心研究概念，将大大降低一项研究的科学性，甚至导致无效研究。女性主义研究提出问题的角度是多种多样的。例如，家务、母亲角色、宗教体验、暴力经历、性虐待、性骚扰、堕胎及育儿方式等多种主题②，都可以

---

① 李洁：《口述史与女性主义研究的亲缘性》，《中华女子学院学报》2012 年第 3 期，第 94—97 页。
② 孙中欣、张莉莉主编：《女性主义研究方法》，复旦大学出版社 2007 年版，第 79 页。

是女性主义实证研究关注的问题领域。

第二,进行文献回顾。确定研究问题之后,需要进行全面的文献回顾。进行全面的文献回顾有助于形成更加准确的构念,发现已有文献的不足或者未经检验的命题,进而做出更大的学术贡献。①

第三,找到理论,并形成假设(或命题)。在确定基本研究问题和全面回顾文献之后,需要建立一套实质的或理论的假设。在进行研究之前,预测可能的解释是很重要的。② 如女性主义视角可以通过性别角色、劳动分工和权力关系等来解释婚姻的幸福程度。

第四,进行实证研究。这个要素包括数据收集和分析。具体的数据收集和分析方法在前面已有一些介绍,此处不再赘述。

总之,由于女性主义研究主要是一种研究方法论或研究范式,故其主要功能也在于为研究提供一种新的方法论或新的范式,而其具体的研究设计则和其具体使用的方法是相关的。有关这些方法的研究设计,我们在前面几章已有涉及,故在此不再赘述。

(二)有效性

由于女性主义研究主要是一种方法论或研究范式,故女性主义研究的有效性,从具体研究方法的角度而言,也就是要遵循它所采用的各种具体方法的有效性。例如,如果是规范研究就需要遵循规范研究的有效性,包括前提的正确性、推理的严密性、模型的适宜性、结论的正确性等等。而对于实证研究来说,无论是定性研究还是定量研究,都需要保证其构念效度、内部效度和外部效度。同时,如是定量研究还需要保证其统计结论效度,如是定性研究则需要保证其描述性效度、解释性效度,等等。这些内容在前面相关章节的分析中有较多解释,故不再赘述。

当然,除此之外,杨立华认为,就女性主义研究方法论或研究范式而言,也

---

① 陈晓萍、沈伟主编:《组织与管理研究的实证方法》(第三版),北京大学出版社 2018 年版,第 29 页。

② 〔澳〕戴维·德沃斯:《社会研究中的研究设计》,郝大海等译,中国人民大学出版社 2008 年版,第 21 页。

有其自身的方法论效度、研究范式效度或理论效度的问题。① 例如,对我们提到的任何一种"主义"的女性主义研究(例如,自由主义女性主义、激进女性主义、马克思主义女性主义等)来说,如果其自身所提供的方法论、范式或理论效度越高,使用其进行女性主义研究的效度也就越高。

七、操作流程

女性主义研究主要作为一种方法论或研究范式,如果其选择使用了特定的具体研究方法,则其操作流程基本和这些具体方法所使用的操作流程相一致。而对这些操作流程,在前面不同章讨论不同研究方法时已经有所介绍,故在此不再论述。所不同的是,女性主义研究在具体操作中还需遵循一些特定的操作流程,因为不同学科领域的研究者在开展具体的科学研究时,所遵循的操作流程往往根据研究问题、研究方法和研究对象等而有所不同。对于具有较强情境性、跨学科性特征的女性主义研究而言,操作流程更是千差万别。当然,这一事实也对试图概括出一套统一、标准的女性主义研究操作流程的研究者提出了挑战。尽管如此,探索一套可供遵循的、具有操作性的研究操作流程对于女性主义研究者而言仍具有重要的指导意义。为此,我们不妨从既有研究论文来把握女性主义研究一般遵循的操作流程。从既有文献来看,女性主义研究的操作流程一般包括:

第一,确定研究问题。任何研究都开始于特定的研究问题,女性主义研究也不例外。确定研究问题是女性主义研究者明确学科边界,以及明确其研究拟解决的科学问题和拟做出的科学贡献的前提。从既有研究的研究领域来看,女性主义研究范围广泛且具有动态性,具体包括但不限于性别态度、刻板印象和性别歧视的研究,性别与其他身份的交叉研究,身体形象以及对妇女的暴力行为的研究,女性主义方法,等等。在实际研究过程中,研究问题可能来源于社会焦点事件、社会运动、特定社会现象等。

---

① 杨立华、何元增:《公共管理定性研究的基本路径》,《中国行政管理》2013 年第 11 期,第 100—105 页。

第二,收集数据和材料。数据和材料的收集对于展示一项研究的可信度至关重要。这一流程至少包括五个子流程,即确定需要什么样的数据和材料,确定数据和材料的收集方法,明确数据和材料收集方法的具体使用程序,研究者自反性审查,伦理审查与许可。与其他社会科学研究类似,女性主义研究所需要的数据和材料因研究问题而异,但女性主义研究使用的素材往往更为独特,如赖安等人采用身体地图(body map)研究女性经前的身材焦虑现象。相应地,诸如身体地图这类素材的收集方法和程序与常用的问卷调查、实地访谈等方法也有所不同。[①] 例如赖安等人为了获得女性关于自己身体的描述,邀请研究对象参加了一场身体地图的绘制课程。在课程中,研究对象通过头脑风暴法,采用不同的颜色、质地的涂料以及不同的文字和符号,在身体地图上任意标记,以捕捉她们经前和非经前对自己身体的感受。[②]

在数据材料收集过程中确定所需的素材和收集方法之后,往往还需要研究者进行自反性审查。自反性是一个哲学与社会学的交叉概念,即对某一对象的叙述反过来会影响对象本身,并使该对象发生变化。易言之,研究人员的社会背景、既定假设、所持立场和行为可能影响研究过程和研究对象的行为,从而影响数据的真实性。因此,需要对研究者自身的特征进行反思性分析,排除研究者知识构成和偏见所造成的影响。最后,女性主义研究往往还需要进行伦理审查。参与者自愿、知情并同意参与研究是最基本的伦理要求。

第三,分析数据和材料。在获取所需的研究数据和材料之后,研究者即可对其所掌握的研究素材进行分析,以回答前述确定的研究问题。当然,除了采用本章前面提到的一些分析方法,女性主义研究也常常创造性地采用一些独特的分析方法,例如赖安等人的研究所使用的基于艺术的分析方法(arts-based research methods)。[③]

第四,分析结果与讨论,撰写报告。与其他社会科学研究类似,女性主义研究的最后操作流程是对形成的结果进行分析探讨,撰写出评价报告。评价报告

[①] S. Ryan, J. M. Ussher and A. Hawkey, "Mapping the Abject: Women's Embodied Experiences of Premenstrual Body Dissatisfaction through Body-Mapping," *Feminism & Psychology*, Vol. 32, No. 2, 2022.

[②] Ibid.

[③] Ibid.

是女性主义研究的最终成果形式,评价报告本身就包含批判的意味。因此,女性主义的研究报告应该是在对结果进行分析讨论的基础之上撰写出来的评价报告。

八、质量评价和保证

在上面,我们介绍了女性主义研究的基本方法和操作流程,为女性主义学者开展研究提供了方法遵循。在利用前述研究方法和流程完成一项研究之后,学者面临的新问题将是研究质量的评价和审查。那么,什么样的女性主义研究可以算得上是一项有意义的女性主义研究?评价一项女性主义研究的标准有哪些?进一步地,研究者应如何保证一项女性主义研究的质量?下面,我们将围绕这几个问题展开讨论。合目的性、创新性、回应性、操作流程规范性和学术规范性是评价和保证一项女性主义研究质量的标准和基本要求。

第一,合目的性。女性主义研究相较之其他社会科学研究,最突出的特征在于其"为了女性"的研究目的。从本章前述内容来看,不难发现女性主义研究最初发端于反对歧视女性和呼吁男女平等的运动。因此,评价一项女性主义研究最核心的标准就是其合目的性。具体地,可以根据其目的是不是改善女性生存和生活状况来对一项女性主义研究进行评价。

第二,创新性。任何好的研究都是具有一定创新性的研究。女性主义研究的创新性主要体现在选题和方法上。在选题方面,与传统以男性经验立场为主导的研究所不同的是,女性主义研究倡导站在女性的立场上,从女性经验出发,思考女性所面临的社会困境。因此,诸如女性孕育经验、家庭主妇经验等往往成为女性主义研究的创新选题来源。在研究方法上,除了采用社会科学研究采用的问卷调查、访谈、实验等传统方法,女性主义研究也习惯于采纳新颖的研究方法来展开研究,例如前述提及的基于艺术的分析方法。因此,在评价一项女性主义研究时,选题创新性和方法创新性也是一条重要标准。

第三,回应性。女性主义思潮和运动虽然具有悠久的历史,但现实中,男女不平等、性别歧视、性骚扰、性压迫等现象依然威胁着现代女性的生存和生活。这一现实状况要求女性主义研究者增强自身回应性,致力于研究女性面临的亟待解决的问题。从这个层面来看,一项研究是否回应了女性之所关切也是评价一项女性主义研究质量的标准。

第四,操作流程规范性。一项高质量的研究首先必须是一项科学严谨的研究,而一项科学研究离不开规范的操作流程。从上面我们介绍的女性主义研究操作流程中可以发现,女性主义研究有其特定的操作流程。为了保证一项女性主义研究的科学性,不仅要注重选题确定等前置环节的科学性,还要注重具体研究素材的收集方法和程序的科学性与合伦理性。针对女性主义研究,尤其需要避免研究者自身的过度代入和立场偏倚问题以及针对研究对象的科学伦理问题。因此,研究操作流程的规范性也是评价一项女性主义研究质量的标准。

第五,学术规范性。一项具有学术价值的、高质量的女性主义研究必定是符合基本学术规范和要求的。除了前述提及的在研究素材收集过程中所应该遵循的学术伦理规范,女性主义研究者还应该严格遵循学术研究的原创性、知识产权等规范。

九、使用中应注意的问题

(一)女性主义研究具体方法的选择要以研究需要为导向

研究者在进行女性主义研究时,应当以研究问题和研究目的为最基本出发点,然后再据此选择合适的研究方法。这是因为,优先考虑研究方法的想法会遮蔽女性主义研究过程中最有意义的方面。[①] 此外,女性主义研究者在广泛的实践过程中也认识到:不应该依赖某一种单一的、专门的研究方法,因为根据研究需要同时选用多种研究方法是提高研究质量的有效保障。因此,在进行实际政治学与公共管理问题研究时,女性主义研究者需要有扎实的方法储备,从而能够依据实际研究需求规范地、正确地选择研究方法,以确保研究效果。

(二)女性主义研究要避免过分二元分化

女性主义研究以女性的经验作为实证和理论分析的来源,其研究是为了女

---

① 孙中欣、张莉莉主编:《女性主义研究方法》,复旦大学出版社2007年版,第19页。

性。但在运用女性主义开展研究时,研究者也应注意避免过分二元分化的问题。首先,应尽量避免把男性与女性置于不可调和的对立面。其次,由于女性主义相较于其他研究方法会在更大程度上保留研究者的个人情感和社会立场,因此难以完全保持客观和中立。但是,即便如此,研究者在摒除可能存在的父权制社会中的偏见的同时,也要避免走向完全以女性为中心的另一个极端。最后,研究者对"女性"或"妇女"这一概念的范畴也要保持质疑精神。女性主义思想家朱迪斯·巴特勒(Judith Butler)认为,社会性别与生理性别并非一定是一致的,并且社会性别也未必一定对应着生理性别的二元结构。[①] 巴特勒提出了著名的"性别述行"(gender performativity)理论,认为身体在语言和社会中一直被建构和重构着,且在依赖重重规范的社会中强制反复书写、引用自己。[②]

(三)女性主义研究要考虑女性的多样化

女性主义研究也必须注意到,虽然就和男性在整体上有区别这一点上,女性之间是有共同点的,但是这也并不意味着,所有的女性都是一样的。事实上,由于每个人的天赋、先天性格等差异,以及所处地理空间、政治制度、宗教信仰、文化氛围、时代等不同,女性之间也存在着巨大的差异和多样性。如果女性主义研究者没有认识到这种多样性,而是僵化、生硬地希望用同一种对女性的定义或标准等来理解和研究不同的女性,就会产生诸多问题。因此,在女性主义研究中,研究者也必须认识到女性本身的多样性,这也是进行好的女性主义研究的一个前提条件。

(四)女性主义研究要考虑女性主义的多元化

在前面的介绍中已经指出,女性主义本身也包含多种理论流派。而且,由于女性内部存在的巨大差异,学者们所研究和探讨的女性主义也会不尽相同。

[①] 〔美〕朱迪斯·巴特勒:《身体之重:论"性别"的话语界限》,李钧鹏译,上海三联书店2011年版,第3—4页。

[②] 同上。

这也是学术界一直缺乏对女性主义的共识性认识的一个重要原因。因此,莲达·赫哲仁(Linda Hutcheon)在她所著的《后现代主义的政治学》中采用女性主义的复数形式"女性主义们"(feminisms)来表明女性主义的多元性,认为女性主义的种类与女性主义的数目不分伯仲。① 因此,研究者们在政治学和公共管理领域运用女性主义研究方法时也应该以更加开放的眼光对待女性主义,意识到女性主义的定义并非单一的、明确的,而是开放的、多元化的。这就是说,在尊重女性的多样化的同时,也必须尊重女性主义的多元化。

关键术语

女性主义　女性主义研究　女性主义研究方法　女性主义访谈研究
女性主义调查研究　女性主义实验研究　女性主义评价研究
女性主义民族志研究　女性主义行动研究　女性主义口述史研究

思考题

1. 何为女性主义、女性主义研究以及女性主义研究方法?
2. 女性主义研究有哪些特征、优势和劣势?
3. 女性主义的起源是什么?又经历了怎样的发展过程?
4. 女性主义的理论基础是什么?
5. 女性主义研究的具体研究方法包括哪些?
6. 女性主义研究应遵循什么样的流程和伦理规范?
7. 评价一项女性主义研究质量的标准有哪些?

延伸阅读

[1] Shulamit Reinharz, *Feminist Methods in Social Research*, Oxford University Press, 1992.

---

① 〔加拿大〕莲达·赫哲仁:《后现代主义的政治学》,刘自荃译,骆驼出版社1996年版,第157页。

[2]〔美〕贝蒂·弗里丹:《女性的奥秘》,程锡麟、朱徽、王晓路译,广东经济出版社 2005 年版。

[3]孙中欣、张莉莉主编:《女性主义研究方法》,复旦大学出版社 2007 年版。

经典举例

(一)〔美〕贝蒂·弗里丹:《女性的奥秘》,程锡麟、朱徽、王晓路译,广东经济出版社 2005 年版。

贝蒂·弗里丹(1921—2006)是美国女性运动领袖,凭借其发人深省的著作引发了第二次女性主义运动的浪潮。1954 年,弗里丹在生第二个孩子申请产假时被炒了鱿鱼,这件事极大地唤起了她对女性问题的思考。此后,她将多年的研究与思索写成《女性的奥秘》一书,正式成为女性运动的旗手。弗里丹采用访谈法对妇女进行了广泛的调查研究。该书被称为女性运动的里程碑式著作,具有较高的史料价值和学术价值。

1. 研究背景与问题

20 世纪 40 年代后期,在经历了经济大萧条和第二次世界大战之后,美国进入社会安定、物质丰富的平稳发展阶段。逐渐地,人们开始沉湎于舒适的家庭生活,妇女不再到社会上谋事业了。在报纸杂志、广播电视、社会舆论的影响和推动下,"幸福的家庭主妇"成了妇女典型形象,"职业型女性"成为一个令人生厌的字眼。主张女性的最高价值和唯一使命就是使自身的女性特征完善的"女性的奥秘论"一时间甚嚣尘上。然而,无数的美国家庭妇女开始慢慢地在无休止的家务、育儿等琐事中感受到一种"无名之痛",很多人因此罹患精神疾病。

正是在这一背景下,弗里丹逐渐发现"幸福的女主人公"是一种可怕的含义,而不是一种无害的形象。于是,她开始思考如下一些问题:"当妇女们努力按照使得她们将自己的思想都置之不理的某种形象去生活时,会发生什么情况呢?当妇女们在使得她们将变化中的世界这一现实都置之不顾的某种形象中成长起来时,会出现什么情况呢?……为什么妇女们非得接受一幅残缺不全、只反映一半生活的形象呢?为什么她们就不能在整个人类的命运中享有自己的一份呢？为什么妇女们得努力使家务活具有更重要的意义，而不是像昔日的美国妇女跟她们的丈夫一起沿着边界进发一样，在她们自己的时代也沿着边界进发呢？"为了回应这些问题，弗里丹展开了她的调查研究。

2. 研究方法选择

为了对"女性的奥秘"的起源，及它对以这种方式生活及在其影响下成长起来的女性所起的作用，进行追本溯源的探索，弗里丹采用访谈研究方法开展分析。在该书中，作者通过跟妇女杂志的编辑，广告动机研究者，心理学、精神分析学、人类学、社会学、家庭教育等领域内研究妇女问题的理论专家谈话，来探索女性奥秘的发展过程。进一步地，弗里丹又深入郊区采访了数百位女性，每次采访时间从两小时到两天不等，采访对象包括高中和大学的女学生、年轻的家庭主妇和母亲等。

3. 研究设计与具体的操作流程

弗里丹选择访谈法作为研究方法跟她担任过记者和编辑的职业经历有关。在确定调查方法后，她将研究对象限定为家庭主妇，调查区域限定为郊区。于是，她从一个郊区到另一个郊区，去寻找有才干、受过教育且完全成为家庭主妇的妇女作为研究对象。她先去了郊区的精神病康复中心和心理指导诊所，找到享有盛名的当地精神分析专家和见闻广博的当地居民，向他们陈述自己的目的，请他们引见已完全变为专职家庭主妇和母亲的那些聪明、能干、受过教育的妇女。进而通过"滚雪球"的方式，不断寻找下一位研究对象。

4. 质量保证

首先，为了保证研究的真实性，弗里丹除了以自身从女学生到家庭主妇的亲身经历作为分析素材，还深入郊区对研究对象进行了大量的访谈、走访调查、分析和研究工作，从而获取第一手资料。

其次，在访谈过程中，弗里丹十分注重与研究对象的关系和互动。这体现了女性主义访谈研究的鲜明特点。得益于担任记者的职业经历，弗里丹十分注重提问的方式。例如，在探寻女性在家庭中的角色问题时，弗里丹一般询问她们的个人爱好、抱负、做些什么或愿意做些什么，而不是询问她们作为母亲或妻子时做些什么。

最后,在分析过程中,弗里丹十分注重引用既有学者的研究成果,强调与经典理论的对话与比较分析,如弗洛伊德精神分析学说和玛格丽特·米德关于文化与性的论述,从而保证了研究的科学性和思想深刻性。

(二)〔加拿大〕熊秉纯:《客厅即工厂》,蔡一平等译,重庆大学出版社2010年版。

熊秉纯(Ping-Chun Hsiung,1954—　)任教于多伦多大学社会学系,多年来从事与社会性别及质性研究相关的研究与教学。《客厅即工厂》一书的初版于1996年在美国发行。这本书描述了20世纪90年代我国台湾地区经济腾飞时期女性在卫星工厂中的角色。《客厅即工厂》被认为是一个很好的质性研究范例。

1. 研究背景与问题

从20世纪60年代到20世纪80年代末这三十年里,台湾地区经济快速发展,取得了国际公认的"经济奇迹"。这个经济奇迹主要是由外销出口所造成的。许多地方在工业化的过程中都有相似的经历:外资大规模流入;大型跨国公司在当地资助的出口加工区内纷纷设厂;大批年轻未婚女工涌入新兴的工厂工作。不同的是,台湾地区的经济成长并不是以加工出口区的大工厂和未婚女工为基础,而是以无数坐落在加工出口区之外的小型工厂为主导。这些以家庭为中心外销导向的工厂就是该书所讨论的卫星工厂。这些卫星工厂在创造台湾地区的"经济奇迹"中起了至关重要的作用。然而,对台湾地区外销导向的经济发展及其对妇女影响的研究并不多,当时的既有研究主要把年轻单身女性作为研究重点,但对在卫星工厂工作的女工了解非常有限。熊秉纯在美国加州大学洛杉矶分校社会学研究所学习的最后一年,开始对这些女工婚后工作、婚姻和家庭的经历产生兴趣,并开始致力于填补这一空白。其主要研究成果就体现在《客厅即工厂》一书中。

该书采用了女性主义的批判研究视角,运用田野调查的方法,关注了两个核心主题:第一,剖析20世纪70—80年代台湾地区经济奇迹背后的经济发展过程、生产结构及生产过程;第二,基于社会性别分析,发现与还原女性在这个过程中扮演的角色,即经济发展背后的阶级结构。整体而言,该书"对台湾经济发展政策及其配套的社区方案做出了深刻的检视"①,揭示了台湾地区高速经济发展背后,台湾当局利用社会及家庭结构、动员已婚妇女促进经济发展的机理,并对这种父权制的本质进行了批判。

2. 研究方法选择

该书采用了基于社会性别分析的批判研究视角,进行了深入的田野调查。具体而言,即采用女性主义调查研究方法。使用女性主义调查研究方法能够在深入收集一手资料的基础上,深入分析"资本主义逻辑与父权体制实践的相互交叉关系,阶级结构和社会性别关系之间的相互作用,以及个人、家庭/工厂、政经政策和全球化之间微观与宏观的联系"②。采用这种方法能够进一步深入探究性别因素与台湾地区经济发展之间关系的复杂性。

3. 研究设计与操作的具体流程

作者先在文献与统计资料分析的基础上,分析了台湾地区经济发展的背景及基本情况,并对台湾当局的政治经济政策和妇女的经济角色转变以及妇女发展情况进行了梳理,发现了以往研究中对于已婚妇女这一群体在台湾地区经济发展中的贡献缺乏关注。在此基础上,作者确定了其研究对象——台湾卫星工厂中的已婚妇女。"卫星工厂"即"以家庭为中心外销导向的工厂"③,这些工厂人员规模一般在30人以下。研究内容是这些已婚妇女的家庭情况及工作经历。基于此,作者确定了研究方法及研究视角,并于1989年夏在台中开展田野调查。作者实地调查了30余家工厂,并深入其中6家工厂担任女工从事生产工作,对于卫星工厂体系的组织结构、男女分工、劳力控制、劳工意识、针对不平等的抗争以及妇女家庭关系等方面进行了深入了解。

4. 质量保证

为了保证研究数据的真实性与可靠性,作者深入卫星工厂,与男女工人及老板娘一起工作,与研究对象建立信任关系。除通过观察、访谈等途径获取信

---

① 〔加拿大〕熊秉纯:《客厅即工厂》,蔡一平等译,重庆大学出版社2010年版,前言第Ⅰ页。
② 同上书,第1页。
③ 同上书,第3页。

息外，作者还对老板与工人斗嘴、男女工人之间的角力，以及其表情、动作、行为等进行了细致的观察与刻画。

为了保障研究数据的全面性及效度，作者于1989年12月—1990年1月的工厂生产淡季期间，进行了第二次田野资料的收集，"目的在于了解工厂、工人以及他们的家庭怎么面对生产淡季工作量不足收入减少的挑战"①。淡季和旺季两次田野资料的收集，能够更真实、全面展现卫星工厂中劳资关系与社会性别之间的联系。

---

① 〔加拿大〕熊秉纯：《客厅即工厂》，蔡一平等译，重庆大学出版社2010年版，第10页。

第九章 叙事研究

本章要点

- 叙事研究的定义、特点和优劣势；
- 符号互动论的起源、发展和四种基础理论；
- 叙事研究的适用范围和条件；
- 叙事研究的三种主要类型；
- 叙事研究的研究设计、有效性和具体操作流程；
- 叙事研究的质量评价和保证以及使用中应注意的问题。

一、导　言

叙事(narrate)是借助语言符号、各种素材等对事件等进行描述的行为及其过程。叙事研究(narrative research)是20世纪70年代在国外兴起,近20年来开始流行的一种新的研究范式和方法,它是基于叙事体验,依靠叙事材料,进行叙述描述,分析叙事结构、功能和互动等,理解叙事意义,探索社会现象,甚至进一步改变叙事研究者和参与者情况,并促进形成新叙事和新生活等的研究范式和方法。相比于其他类型的研究方法,叙事研究的发展历史仍然较短。近20年来,叙事研究方法在教育、文学和其他领域的应用也使越来越多的学者开始关注这一内涵丰富且具有发展潜力的研究方法。① 艾米娅·利布里奇等在1998年就曾指出,过去十五年叙事研究的发展速度非常惊人。② 之后,叙事研究在心理学、性别研究、教育学、人类学、社会学、语言学、法律和历史学等诸多领域,作为理解叙述者的自我认同、生活方式、文化和历史的一种手段,逐渐兴盛起来。

人是天生的讲故事者,我们每天都在倾听与讲述故事,我们需要通过叙事来理解人类生活。③ 在叙事研究中,故事(story)是一种田野素材,研究者通过对叙述者的访谈、对自然发生的事件的记录、对书面故事的整理等方式收集故事。由于人类在本质上是通过叙事来理解与表达意义的,人类的经验在本质上也是叙事的,所以,叙事是理解人类行为与社会的最重要切入口。这也是叙事研究在诸多社会科学研究领域受到众多学者关注的根本原因。④ 国外的叙事研究发展是20世纪60年代之后的事,国内的叙事研究则起步更晚。⑤ 而且,国内的叙事研究目前也还主要停留在介绍西方的相关研究理论的阶段,尚未形成中国本土的叙事研究理论与方法。当然,叙事研究的发展与其说是文学叙事研究渗透于其他学科的结果,或者说是由文学叙事研究引起的叙事研究热,还不如说是由于人文与社会科学各学科的研究对象本身就具有某种叙事结构,即人类文化自身就已存在某种叙事结构。而这也是当前各人文和社会科学学科,包括政治学和公共管理学,进行叙事研究的基础所在。

或许会有人问:为什么关注相对宏大问题的政治学与公共管理研究者也对叙事研究产生了兴趣? 其实,这个疑问本身就说明有许多人对叙事研究的理解有失公允。其实,政治学和公共管理学研究不仅需要叙事研究,而且叙事研究

---

① 柯政、田文华:《对叙事和叙事研究的另一种叙述》,《当代教育科学》2007年第14期,第10—14页。
② Amia Lieblich, Rivka Tuval-Mashiach and Tamar Zilber, *Narrative Research: Reading, Analysis and Interpretation*, Sage, 1998, p. 3.
③ 王洪才:《叙事研究:价值、规范与局限》,《教育科学研究》2012年第4期,第76—79页。
④ Charles Taylor, *Sources of the Self*, Harvard University Press, 1989, pp. 51-52.
⑤ 张肇丰:《试论叙事研究的方法问题》,《教育理论与实践》2013年第31期,第7—11页。

实际上也已经成为政治学与公共管理研究的一个重要且前沿的研究方法。① 因为,在很多政治学与公共管理研究者看来,每个与政治学与公共管理息息相关的人都必然会通过叙事来表达自己对政治学与公共管理的看法和意见。因此,政治学与公共管理研究者也需要对这些叙事进行研究,以挖掘其背后的特定叙述者所隐含的政策偏好、意识形态、政策知识等内容,而这也就是政治学和公共管理学领域的叙事研究。

二、定义、特点和优劣势

(一) 定义

叙事研究在国内很多时候也被称为叙事探究(narrative inquiry)、叙事(述)学(narratology)、叙事分析(narrative analysis)等,为了方便起见,也为了更聚焦于研究方法的层面,本书统一采用叙事研究来对这一方法进行说明。对于什么是叙事和叙事研究,国内外的学者给出了不同的定义。

简·克兰迪宁和迈克尔·康纳利认为,"叙事是基于反思并通过个人的经验来制造意义,具有整体主义的品质"②。

我国学者陈向明认为叙事是为了告诉某人发生了什么事的一系列口头的、符号的或行为的序列。③

茨维坦·托多罗夫将叙事学定义为关于叙事结构的理论,认为"为了发现结构或描写结构,叙事学研究者将叙事现象分解成组件,然后努力确定它们的功能和相互关系"④。

米克·巴尔(Mieke Bal)则认为,叙述学(同"叙事学")是关于叙述(同"叙事")文本的理论,并界定了一系列核心概念,包括文本(text)、叙述文本(narrative

---

① Frank Fischer, *Reframing Public Policy: Discursive Politics and Deliberative Practices*, Oxford University Press, 2003, pp. 161-180.
② Jean Clandinin and Michael Connelly, *Narrative Inquiry: Experience and Story in Qualitative Research*, Jossey-Bass, 2000, pp. 2-5.
③ 陈向明:《质的研究方法与社会科学研究》,教育科学出版社2000年版,第1—3页。
④ Tzvetan Todorov, *Grammaire du Décaméron*, The Hague, 1969, p. 69.

text)、故事、素材(material)、事件(event)、行动者(actors)、行动(act)等。文本指的是由语言符号组成的一个有限的、有结构的整体；叙述文本是叙述人在其中进行叙述的文本；故事是以某种方式对于素材的描述；素材是按照逻辑和时间先后顺序串联起来的一系列由行为者所引起或经历的事件；事件是从一种状况到另一种状况的转变；行动者是履行行为动作的行为者，他们并不一定是人；行动则被界定为引起或经历一个事件。①

克兰迪宁和康纳利提出了叙事研究中四个关键且相互关联，甚至具有顺序关系的概念。这四个概念来自他们将经验看作故事化现象的观点，分别是"生活"(living)、"讲述"(telling)、"重新讲述"(retelling)和"重新生活"(reliving)。② 这也就是说，人们首先"生活"出故事，并且"讲述"他们的生活故事；而当叙事研究者来到参与者身边和他们生活，并开始对他们生活过和讲述过的故事进行叙事研究，这就是一个"重新讲述"的过程；而通过重新讲述人们生活过或讲述过的故事，研究者和参与者会得到改变，这就是"重新生活"出新故事。③

利布里奇等认为，叙事研究指的是运用或分析叙事材料的研究。叙事材料可以是一些故事，也可以是其他方式收集到的材料；叙事材料既可以作为研究对象或研究其他问题的媒介，也可以用来比较不同的群体，了解某一社会现象或一段历史时期，或探索个人发展史。④

我国学者谭君强认为，叙事研究就是以叙事的形式对写成的文本蕴意所进行的分析和解释，换言之，就是对人类体验世界方式的研究。⑤

总之，虽然学者对叙事和叙事研究的定义有所不同，但他们都强调了叙事研究的叙事性。结合以上不同学者对叙事和叙事研究的定义，本书认为，所谓叙事，就是借助语言符号、各种素材等对事件等进行描述（也就是讲故事）的行

---

① 〔荷〕米克·巴尔：《叙述学：叙事理论导论》，谭君强译，中国社会科学出版社1995年版，第3页。
② Jean Clandinin and Michael Connelly, *Narrative Inquiry: Experience and Story in Qualitative Research*, Jossey-Bass, 2000, p. 20.
③ 〔加拿大〕D. 瑾·克兰迪宁：《进行叙事探究》，徐泉、〔加拿大〕李易译，重庆大学出版社2015年版，第28—29页。
④ Amia Lieblich, Rivka Tuval-Mashiach and Tamar Zilber, *Narrative Research: Reading, Analysis and Interpretation*, Sage, 1998, p. 2.
⑤ 谭君强：《叙事理论与审美文化》，中国社会科学出版社2002年版，第7页。

为及过程。进一步地,将叙事研究定义为:立足人类的经验在本质上是叙事的,也是通过叙事来理解与表达意义等基本观点,基于叙事体验,依靠叙事材料,进行叙述描述,分析叙事结构、功能和互动等,理解叙事意义,探索社会现象,甚至进一步改变叙事研究者和参与者的情况,并促进形成新叙事和新生活等的研究范式和方法。

很多情况下,人们可能会将叙事研究和与其相近的文本分析和话语分析混淆,为此,我们将它们之间的对比列表分析如下(见表9.1)。

表9.1 叙事研究、文本分析和话语分析研究方法对比

方法名称	结构化/模式化程度	与具体文本的关系	方法取向	研究视野	资料收集	资料分析	成文形式
叙事研究	中	关注文本与非文本	诠释	日常生活经验层面	访谈法、参与观察法和文献法	整体—内容为模式、整体—形式为模式、类别—内容为模式、类别—形式为模式	通过情节描述事件发生的时间、地点,揭示事件内涵
文本分析	高	聚焦于文本	实证/描述	局限在文本内容	收集文本资料,编码	聚类分析、相关分析、频率统计、主题分析、修辞语分析等	对内容进行编码,运用定量技术进行描述
话语分析	低	重点在文本之外	诠释/批判	以社会历史层面为主	访谈法、文献法收集语料(录音、录像)	研究日常生活中讲出来的话语和社会行为与社会制度中的隐含话语	通过揭示语料本质形成文本

资料来源:Sonia M. Ospina and Jennifer Dodge, "It's about Time: Catching Method Up to Meaning: The Usefulness of Narrative Inquiry in Public Administration Research," *Public Administration Review*, Vol. 65, No. 2, 2005; Jennifer Dodge, Sonia Ospina and Erica G. Foldy, "Integrating Rigor and Relevance in Public Administration Scholarship: The Contribution of Narrative Inquiry," *Public Administration Review*, Vol. 65, No. 3, 2005。

(二) 特点

一般而言,叙事研究的一些具体特点如下①:

1. 时间性

就叙事研究而言,处于研究中的事件是随着时间而变化的。关注时间维度将研究者指向所研究事件中的任务,地点,事件和事件的过去、现在和未来,将时间具体化到他/她的个人生活,以及他/她对个人生活的讲述中。② 关注时间性就是关注某一个人的经验。它并不是对某一个人生活的抽象化,而是对他/她生活的具体化。在进行叙事研究时,不仅要关注自身和参与者的生活的时间性,而且要关注探究中的各种地点、事物和事件的时间性。

2. 地点性

康纳利和克兰迪宁将地点定义为"研究事件所发生的特定的一个地点或是一系列地点"③。叙事研究的关键是认识到所有的事件都发生在某一地点,人物、地点和故事是不可分解地联系在一起的。地点对于研究者而言,不仅有利于他们反思自己生活过的地点怎样影响和塑造了研究者自己的个人实践知识,而且是了解参与者经验的关键点。

3. 关系性

叙事研究方法是一种关系性的方法论。④ 关系性的思维是叙事性思维的一部分,也是作为叙事研究者叙事性思维的一部分。⑤ 叙事研究是处于关系中的人对于处于关系中的人的研究。在叙事研究中,研究者有意地与参与者联系在一起,叙事性地思考着自身的经验和参与者的经验,关注主体间的、关系性的和

---

① 参见 Amia Lieblich, Rivka Tuval-Mashiach and Tamar Zilber, *Narrative Research: Reading, Analysis and Interpretation*, Sage, 1998, p. 9;张琼、张广君:《教育叙事研究在中国:成就、问题、影响与突破》,《高等教育研究》2012 年第 4 期,第 58—64 页。

② 徐泉、王婷:《〈进行叙事探究〉述评》,《外国语文研究》2016 年第 4 期,第 6 页。

③ Michael Connelly and Jean Clandinin, "Stories of Experience and Narrative Inquiry," *Educational Researcher*, Vol. 19, No. 5, 1990.

④ Amia Lieblich, Rivka Tuval-Mashiach and Tamar Zilber, *Narrative Research: Reading, Analysis and Interpretation*, Sage, 1998, p. 9.

⑤ Ibid.

相互嵌入的空间。一方面,研究者置身于所研究的现象,成为参与者生活中的一部分,参与者也是研究者生活中的一部分。① 另一方面,研究者和参与者也是在有意识地共同谱写双方生活和最终叙述的故事。② 在研究中,研究者和参与者双方的故事化经验都是研究的内容。

此外,关系性伦理在叙事研究中占据核心位置。叙事研究是伦理性很强的项目。从这一点来看,在叙事研究工作中不能将伦理和研究的生活分开。关系性伦理是以关心伦理(ethics of care)为基础的。它是叙事研究的起点,也是叙事研究者在整个叙事研究过程中的立场和姿态。对关系的承诺即以合作的方式生活,这为重新谱写和协商故事提供了空间。关系性伦理要求我们在与他人和世界相处中承担社会责任。

4. 社会性

叙事研究十分重视社会维度,关注社会状况。具体而言,社会状况是指社会环境,即人们的经验和事件在其中逐渐展开的社会条件,可以从文化、社会、机构、家庭叙事等方面去理解。这些叙事为每个人的生活提供诸多叙事情景,人们生活在这些情景中,并且每个人的经验也蕴含在这些情景中。

叙事研究探索人们生活和讲述的故事,这些故事是社会对个人的内心生活、对他们所处的环境,以及独特的个人历史施加影响的汇集。叙事研究者关注个人的情感、审美反应、道德回应是如何被社会所影响和塑造的。

5. 延续性

在杜威的经验观的启示下,研究者注意到经验的延续性特征:经验生发于其他先前经验的基础之上,同时又会引发出更进一步的经验。无论人们将自身置于那个连续体中的哪一个位置——想象中的现在、过去或将来,每一点都有其过去的经验基础,同时又引发未来的经验。经验是连续不断的。对于叙事研究者来说,这种延续性的经验观的重要启示在于,意识到叙事研究就是在经验

---

① 刘惠明:《"被叙述的自身"——利科叙事身份/认同概念浅析》,《现代哲学》2010年第6期,第81—88页。

② 高皇伟:《叙事研究方法论与教育研究:特征、贡献及局限》,《教育发展研究》2020年第4期,第24—31页。

的溪流中生成新的关系,而后者又会成为未来经验的一部分。

另外,正是因为经验有延续性特征,我们才能将叙事研究理解为一种研究经验的关系性方法论,同时又将它理解为经验的一个方面。叙事研究是从中间进入叙述者的生活;在叙事研究结束,研究者离开叙述者以后,叙事研究对于研究者和叙述者(有时二者是一体)的影响仍在持续,不会结束。

6. 交互性

叙事研究的交互性主要体现在三个方面[①]:(1)研究者与研究对象的交互性。为了能够更加真实地描述研究对象,叙事研究强调研究者要走进研究现场与研究对象进行互动,以获得更加真实的体验。(2)叙事过程中情景的交互性。叙事研究强调三维叙事空间(three dimensional narrative space)之间的交互性。三维叙事空间包括向外的情境(社会维度)、向内的空间(地点维度)以及时间(时间维度),三者互动形成有意义的叙事文本。(3)读者与叙事文本的交互性。叙事文本的意义只有经过读者的阅读并与其互动才能彰显出来;读者只有真正与文本对话、互动,才能产生感悟。

7. 背景性

叙事研究非常重视语言和叙事情境。[②] 叙事研究强调故事并非从天而降,而是由具体情境所组成。[③] 叙事分析思考各类情境如何塑造叙事,探寻人们在社会、文化、制度等情境中意义建构的方式。

8. 倾听性

叙事研究工作需要倾听,并在倾听的过程中与至少"三种声音"对话[④]:(1)以录音或文本呈现的叙述者的声音;(2)提供诠释的概念和作为工具的理

[①] 张琼、张广君:《教育叙事研究在中国:成就、问题、影响与突破》,《高等教育研究》2012年第4期,第60页。

[②] 刘毅、郭永玉:《叙事研究中的语境取向》,《心理科学》2014年第4期,第770—771页;Aline Gubrium, "'I Was My Momma Baby. I Was My Daddy Gal': Strategic Stories of Success," *Narrative Inquiry*, Vol. 16, No. 2, 2006。

[③] Catherine Kohler Riessman, *Narrative Methods for the Human Sciences*, Sage, 2008.

[④] Mikhail Bakhtin, *The Dialogic Imagination: Four Essays*, Caryl Emerson and Michael Holquist, trans., University of Texas Press, 1981, p. 443.

论框架;(3)分析材料和获取结论过程的自我意识。

9. 小样本

多数叙事研究处理的都是小规模的群体,采用的样本数量少。与实证主义中单向的、客观的、统一的假设不同,叙事研究是质性研究中一种非实证主义的范式,通过访谈、参与观察等方式收集故事并进行阐释,个体是异质性的、多维的。① 样本相对较小,样本选择并不能保证足够的代表性。

10. 没有预先假设

叙事研究没有预先假设,它的假设是在阅读和分析材料的基础上产生的。叙事研究是开放的,知悉其他可能的诠释方式是存在的。这种不确定性和探究性是叙事研究与后实证主义最明显的区别之一。

(三) 优势和劣势

叙事研究方法作为一种新兴的研究方法,既有自身的独特适用性,能够弥补传统质性研究方法的局限,具备一定的优点;同时,由于叙事研究起步较晚,在操作方面规范性仍有欠缺,也存在一些无法弥合的缺点与不足(详见表9.2)。

表9.2 叙事研究的优点与缺点

叙事研究的优点	叙事研究的缺点
1. 叙事研究有助于理论与实践工作两者相互靠拢 2. 故事叙说有助于作为个体的研究参与者转变观念与行为 3. 叙事研究有助于研究者收集到鲜活的、以研究参与者的日常生活为背景的田野文本数据	1. 研究参与者可能会"伪造数据" 2. 研究参与者或许不能够讲述真实的故事 3. 研究参与者可能会被卷入故事所有权之纷争 4. 研究参与者的声音在叙事研究报告中可能会被削弱以适用研究问题与领域

---

① Gabriela Spector-Mersel, "Narrative Research: Time for a Paradigm," *Narrative Inquiry*, Vol. 20, No. 1, 2010.

(续表)

叙事研究的优点	叙事研究的缺点
4. 故事叙说有助于研究参与者发掘日常生活中的例行事项的深层意义 5. 注意语境、声音和视角，关注参与者与研究者的声音。能够更好地理解通过其他方法所不能理解的社会现象，故事可以告诉我们其他形式的数据所没有的内容	5. 研究为了获得丰富资料所花费的时间比较长 6. 所选取样本的代表性比较差

资料来源：Leonard Webster and Patricie Mertova, *Using Narrative Inquiry as a Research Method: An Introduction to Using Critical Event Narrative Analysis in Research on Learning and Teaching*, Routledge, 2007。

三、起源、发展和理论基础

（一）起源与发展

"叙事"一词最早见于柏拉图的《理想国》，其中提出了对叙事进行的模仿（mimesis）/叙事（diegesis）的著名二分说[①]，这是叙事讨论的开端。在18世纪小说正式登入文学殿堂后，对叙事的讨论更加全面。下面将从三个方面对其起源和发展进行介绍（见图9.1）。

1. 思想起源：从结构主义叙事到叙事学

一般认为，从思想渊源上看，叙事学理论起源于20世纪20年代俄国形式主义者弗拉基米尔·普洛普（Vladimir Propp）所开创的结构主义叙事先河。1928年普洛普出版了《故事形态学》[②]一书，在该书中首次使用结构分析方法研究文学作品，为后来的结构叙事学奠定了方法论基础。此后，他的观点被列维-施特劳斯所接受并传到法国。1966年，法国巴黎《交际》（*Communication*）杂

---

① 〔古希腊〕柏拉图：《理想国》，张竹明译，译林出版社2011年版，第15、386页。
② Пропп Владимир, *Морфология Сказки*, «Academia», 1928.

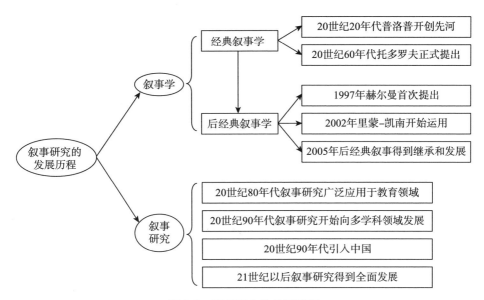

图 9.1 叙事研究的发展历程

志社开创的"叙事作品结构分析专栏"标志着结构主义叙事学的正式诞生。同年,叙述符号学家阿尔吉达斯·朱利安·格雷马斯出版了《结构语义学》①一书,主要研究叙事结构和话语结构。符号学家罗兰·巴特也发表了著名的《叙事作品结构分析导论》②。但是至此,叙事学的概念尚未正式提出。直到1969年俄国学者茨维坦·托多罗夫在他的著作《〈十日谈〉的语法》③中正式提出了叙事学这一概念。自此,大量关于叙事作品结构分析的著作涌现出来,比较著名的有热拉尔·热奈特在吸收托多罗夫研究成果的基础上出版的《叙事话语》④,米克·巴尔的《叙述学:叙事理论导论》⑤,里蒙-凯南的《叙事虚构作品:当代诗学》⑥等。

---

① Algirdas Julien Greimas, *Sémantique Structurale: Recherche de Méthode*, Larousse, 1966.
② Roland Barthes, "Introduction to Structural Analysis of the Narrative," Occasional paper, Centre for Contemporary Culture Studies, University of Birmingham, 1966.
③ Tzvetan Todorov, *Grammaire du Décaméron*, The Hague, 1969.
④ Gérard Genette, *Discours du récit*, Seuil, 1972.
⑤ Mieke Bal, *Narratology: Introduction to the Theory of Narrative*, University of Toronto Press, 1985.
⑥ Shlomith Rimmon-Kenan, *Narrative Fiction: Contemporary Poetics*, Routledge, 1983.

2. 学科发展:从经典叙事学到后经典叙事学

正如上面已经指出的,20世纪60年代,叙事学作为一门学科在结构主义和俄国形式主义的影响下正式确立。这段时期的叙事学被称为经典叙事学,关注点主要是故事、形象、结构和话语。之后,叙事学经历20多年的发展壮大,自成体系。20世纪80年代以来,经典叙事学受到结构主义和历史主义的夹攻,研究势头回落①,后经典叙事学(postclassical narratologies)兴起了。相较于经典叙事学,后经典叙事学更加多元化,主要包括:(1)以研究方法为基准划分的女性主义叙事学、修辞性叙事学、后现代叙事学、认知叙事学等;(2)以叙事媒介为基准划分的电影叙事学、音乐叙事学、法律叙事学、绘画叙事学等。②

具体而言,1997年,美国叙事学家戴维·赫尔曼发表了题为《认知草案、序列、故事:后经典叙事学的要素》的论文,首次提出"后经典叙事学"的概念。③ 2002年,里蒙-凯南在《叙事虚构作品:当代诗学》一书第二版的后记中,同样使用了后经典叙事学这一概念。④ 2005年,《当代叙事理论指南》⑤问世,第一部《劳特利奇叙事理论百科全书》⑥出版。同年,比利时两位叙事学家吕克·赫尔曼与巴特·维瓦克也将他们在2001年用荷兰语写就的《叙事分析手册》一书译成英文。⑦ 该书被美国内布拉斯加大学出版社纳入该社"叙事前沿"系列丛书,在西方叙事理论界引起不俗反响。当然,后经典叙事学在北美以外亦有发展。总之,后经典叙事学是对经典叙事学的继承与发展,具有"泛叙事化"的特点。

3. 转为方法:从文学领域转向多学科方向

20世纪90年代叙事研究开始跳出文学领域,向教育学、医学、心理学、历史

---

① 申丹:《经典叙事学究竟是否已经过时?》,《外国文学评论》2003年第2期,第92页。

② 申丹:《叙述学与小说文体学研究》(第三版),北京大学出版社2004年版,第14页;Tom Kindt and Hans-Harald Müller, eds., *What is Narratology? Questions and Answers Regarding the Status of a Theory*, Walter de Gruyter, 2003, pp. 239–275.

③ David Herman, "Scripts, Sequences, and Stories: Elements of a Postclassical Narratology," *Publications of the Modern Language Association of America*, Vol. 112, No. 5, 1997.

④ S. Rimmon-Kenan, *Narrative Fiction Contemporary Poetic*, 2002, pp. 134–149.

⑤ James Phelan and Peter J. Rabinowitz, eds., *A Companion to Narrative Theory*, Blackwell, 2005.

⑥ David Herman, Manfred Jahn and Marie-Laure Ryan, eds., *Routledge Encyclopedia of Narrative Theory*, Routledge, 2005.

⑦ Luc Herman and Bart Vervaeck, *Handbook of Narrative Analysis*, University of Nebraska Press, 2005.

学等多学科方向发展,出现了赵毅衡教授在《广义叙述学》中指出的叙事转向现象。[①] 在这个阶段,文学领域内作为一门学科和理论的叙事学开始向作为一种新的质性研究方法发展。在诸多学科中,发展最成熟、最快的当数教育领域。特别地,20世纪80年代开始,以北美学者为主的研究者展开了叙事研究法在教育领域的应用。其中最著名的当数加拿大学者克兰迪宁和康纳利于2000年出版的《叙事探究:质的研究中的经验和故事》一书,是叙事研究方法在教育领域的重要著作。[②] 研究相关问题的学者还有诺埃尔·高夫[③]、威廉·派纳[④]、玛德琳·格鲁梅特[⑤]等,他们认为叙事研究具有传统研究方法所不具备的优点,能够解决一些微小的、复杂的问题。他们为叙事研究的发展做出了自己的贡献。

中国的叙事研究起步相对较晚。学者金健人认为,1979—1983年是中国的叙事学萌芽期,1990年前后至今是中国叙事学的发展期。[⑥] 特别地,自20世纪90年代末,我国国内开始集中关注叙事研究;在2000年以后,叙事研究开始快速发展,在各个方面和多个地区都得到了更全面的发展。从已有的研究成果来看,目前的叙事研究大体上可以分为两类:一是从学理层面探讨叙事的本体、价值、规范问题;二是依据理论从事实地的个案研究。[⑦]

(二)理论基础

一般认为,叙事研究方法的理论基础包含了现象学、诠释学、叙事学和杜威的经验观等,下面将对这些进行简要论述。

---

① 赵毅衡:《广义叙述学》,四川大学出版社2013年版,第12页。
② Jean Clandinin and Michael Connelly, *Narrative Inquiry: Experience and Story in Qualitative Research*, Jossey-Bass, 2000.
③ Noel Gough, "Environmental Education, Narrative Complexity and Postmodern Science/Fiction," *International Journal of Science Education*, Vol. 15, No. 5, 1993.
④ William Pinar, *Curriculum Theorizing: The Reconceptualists*, McCutchan Publishing Corporation, 1975, pp. 9–10.
⑤ Madeleine Grumet, *Bitter Milk: Women and Teaching*, University of Massachusetts Press, 1978, p. 9.
⑥ 金健人:《叙事研究的轨迹与重心转移》,《浙江大学学报(人文社会科学版)》2001年第5期,第5—13页。
⑦ Qi Wang and Michelle D. Leichtman, "Same Beginnings, Different Stories: A Comparison of Chinese and American Children's Narratives," *Child Development*, Vol. 71, No. 5, 2000.

1. 现象学

正如前面已经指出的,现象学既是一门哲学,又是一种研究方法论。现象学的精神是面向事实本身,所谓事实就是可以直接观察或者体验的对象。现象学强调反思主义和批判主义,追求对人和事物本质的关注,这一点也是叙事研究所看重的。而且,在不同分支的现象学中,强调体验研究的现象学最能体现现象学的核心精神,也是叙事研究的理论来源。体验研究的研究主体为研究对象,由研究对象就自己的生活经历书写或者讲述故事,研究者据此展开研究。

2. 诠释学

诠释学以诠释者对文本的理解作为研究对象。理解不是复制而是创造,是诠释者将自己的视域与文本的视域结合形成一个新的视域,以使二者能够提升结论的普遍性。诠释学从方法论的角度强化了社会科学的特殊性,主张对经验性文本进行解释和理解,而理解的本质是建立普遍(文本)与特殊(情境)的联结,是理解者基于一定的"前理解"主动建构文本意义的创造过程,也是质的研究的一个主要目的和功能。[①] 诠释学认为只有通过诠释现象,才能达到进一步理解,使隐藏的意义显现出来。[②] 诠释学的思想为叙事研究提供了方法论基础。

3. 叙事学

叙事研究最早是作为叙事学理论被提出的,经过叙事学在文学领域的发展,它率先被引入教育领域。因此可以说,文学领域的叙事学理论是叙事研究最直接的理论来源。文学领域的叙事学强调对叙述声音、叙述时间、叙述空间、叙述文本与叙述语境的关注,是对所谓叙事文本也即叙事作品(虚构作品)的研究。叙事学在 20 世纪 90 年代走向多元主义,开始向跨学科方向转变,由原来的狭义叙事学扩展到叙事研究,重心也由"所指之事"向"所用之叙"转变[③],这对作为方法的叙事研究起到了重要的借鉴和推动作用。

[①] 陈向明:《质的研究方法与社会科学研究》,教育科学出版社 2000 年版,第 1—3 页。
[②] 徐冰鸥:《叙事研究方法述要》,《教育理论与实践》2005 年第 8 期,第 28 页。
[③] 金健人:《叙事研究的轨迹与重心转移》,《浙江大学学报(人文社会科学版)》2001 年第 5 期,第 5—13 页。

4. 杜威的经验观

"经验"是杜威哲学的核心概念。杜威认为的"经验"是一个包含人在内的有机体与环境及其相互作用的有机整体,其中有人、经验过程、经验情境、经验对象以及产物等要素。杜威认为经验即生活经验,生活是一个通过面对环境的行动而自我更新的变动过程。① 克兰迪宁指出:"在这种经验观的框架之下,叙事研究不仅聚焦于个体经验,还聚焦于社会、文化和机构叙事。正是在社会、文化和机构叙事之中,个体的经验才得以构造、成型、表达和实践。叙事研究分析个体处于世界之中的经验,一种在生活和讲述之中故事化的经验,一种能够通过倾听、观察,以及与他人一起生活、写作和文本解释等途径进行研究的经验。"②

四、适用范围与条件

从具体方法层面而言,叙述研究整体上是一种定性或质性研究方法。因此,它既有一般定性研究方法的特点,又有其自身的独特性。例如,德尔伯特·C. 米勒(Delbert C. Miller)和内尔·J. 萨尔金德(Neil J. Salkind)曾指出,叙事研究尤其强调对个体的研究:收集有关个体的故事,记录个体的体验,并分析这些体验对于个体的意义。③ 凯瑟琳·里斯曼也认为叙事研究不是万能的,而是最适合做有关"个人经验和意义的系统研究:活动主体如何建构事件"④。索尼亚·奥斯皮纳和詹妮弗·道奇则认为叙事研究非常适合去学习社会背景下的社会现象,因为它允许人们讲述那些具有复杂性和丰富性的故事。⑤

---

① 刘华初:《杜威的经验自然主义》,复旦大学博士学位论文,2010年,第66页。
② 〔加拿大〕D. 瑾·克兰迪宁:《进行叙事探究》,徐泉、〔加拿大〕李易译,重庆大学出版社2015年版,第5页。
③ 〔美〕德尔伯特·C. 米勒、内尔·J. 萨尔金德:《研究设计与社会测量导引》(第6版),风笑天等译,重庆大学出版社2004年版,第134页。
④ Catherine Kohler Riessman, "Analysis of Personal Narratives," in James Holstein and Jaber Gubrium, eds., *Inside Interviewing: New Lenses, New Concerns*, Sage, 2003, pp. 331-347.
⑤ Sonia M. Ospina and Jennifer Dodge, "It's about Time: Catching Method Up to Meaning: The Usefulness of Narrative Inquiry in Public Administration Research," *Public Administration Review*, Vol. 65, No. 2, 2005.

特别地,莱纳德·韦伯斯特和帕特里克·慕托娃认为叙事研究依赖于人的经验和人的理解,关注人的意图和行动,没有递进关系适用于这样三种情境①:

(1)适用于处理复杂的、文化性的和以人为中心的问题。同时,叙事研究适用于捕捉完整的故事,研究的问题是包含个人和社会的故事,可以挖掘社会背景和文化,适用于探索和交流内外部环境。

(2)适用于捕捉微小的想法和情绪,并且具有一定的教育价值。

(3)适用于研究那些传统研究方法所不能揭露的问题。

基于以上这些学者对于叙事研究的适用性的论述以及我们自己的思考,本书将叙事研究的适用范围和条件归纳为问题类型、研究目的、实施条件、数据特征四个方面(见图9.2)。

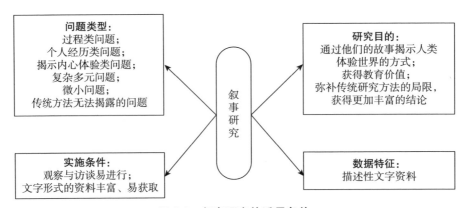

图9.2 叙事研究的适用条件

五、类　型

对于叙事研究的类别,学界尚未出现获得学者们广泛认同的统一划分方法。叙事研究最早是作为叙事学应用在文学领域的,此时的叙事学分支有修辞叙事学、女性主义叙事学、认知叙事学等。② 后经典时期,对于叙事研究的类别,

---

① Leonard Webster and Patricie Mertova, *Using Narrative Inquiry as a Research Method：An Introduction to Using Critical Event Narrative Analysis in Research on Learning and Teaching*, Routledge, 2007, pp. 115-128.

② 〔美〕戴维·赫尔曼等:《叙事理论:核心概念与批评性辨析》,谭君强等译,北京师范大学出版社2016年版,第5页。

不同的学者也有不同的分类方法。例如,我国学者刘毅和郭永玉按照叙事语境(narrative context)的不同,将叙事研究划分为宏大叙事和微小叙事。① 叙事语境分为当下语境(访谈发生时的即刻语境)和社会文化语境(讲述者所处的更为广阔的语境)。讲述者的访谈期望以及对当下时空和访谈关系的觉察等构成了叙事的当下语境。当下语境的另一个组成部分称为副语言,包括讲述中的语调、停顿和笑声,以及身体变化如眼睛的运动、面部表情、身体姿势与其他各种情绪。社会文化语境是与当下语境存在内部联系的另一种语境。刘良华将叙事研究方法(narrative research method)从两个角度进行了划分:从叙事资料的收集和分析方式而言,叙事研究方法包括历史的叙事研究(或叙事的历史研究)、调查的叙事研究(叙事的调查研究)、实验的叙事研究(叙事的实验研究)三种②;从叙事的真实性而言,包括真实的叙事研究和虚构的叙事研究。所谓真实的叙事研究就是对他人事件或者自己的亲身经历所进行的叙事研究;虚构的叙事研究是指对于小说、自传、戏剧等虚构作品进行的叙事研究。③ 此外,詹妮弗·道奇、索尼娅·奥斯皮纳和埃里卡·福尔迪对叙事研究方法做出了如表9.3所示的划分。

表9.3 叙事研究方法的分类

类别	主要假设	主要假设对人们体验世界的意义	研究目的	在公共行政中的应用
作为语言的叙事	叙事是表达的媒介	人们创造和使用故事去传递信息	从体验者的角度理解一些现象	公共管理者如何理解组织变革的说明
作为知识的叙事	叙事是一种认识的方式	人们通过故事思考和认识	表现隐性知识或分享使用的理论;加强实践或学习经验教训	实施大型公共管理改革

---

① 刘毅、郭永玉:《叙事研究中的语境取向》,《心理科学》2014年第4期,第772—774页。
② 刘良华:《教育研究的类型与走向》,《当代教育与文化》2015年第3期,第104页。
③ 刘良华:《教育叙事研究:是什么与怎么做》,《教育研究》2007年第7期,第84—85页。

（续表）

类别	主要假设	主要假设对人们体验世界的意义	研究目的	在公共行政中的应用
作为隐喻的叙事	叙事是意义深层结构的象征	人们出生或进入（例如，以被社会化的方式）现有的叙事或制度	揭示隐含的共享意义，提供对已经被人们接受的观点的替代性解释	探索政治和政策制定的本质

资料来源：Jennifer Dodge, Sonia Ospina and Erica G. Foldy, "Integrating Rigor and Relevance in Public Administration Scholarship: The Contribution of Narrative Inquiry," *Public Administration Review*, Vol. 65, No. 3, 2005。

（一）作为语言的叙事

根据这个观点，人们创造叙事来传达他们在世上所习得经验的意义。叙事对生活经验的传达可以帮助研究者理解某个话题，比如领导或组织变革。叙事有助于研究人员了解行动者的经历，或至少是叙事者选择传达的经历，从而反映出他们所建构的现实，以及那些参与者的经验和意图。[①] 这种方法运用了一种特殊的叙事分析方法，即修辞手段，对故事论述的形式和结构进行剖析，以揭示叙事者描述的组织现实背后的意义。

（二）作为知识的叙事

这种观点强调了讲故事对于理解和个人通过讲故事找到实用的知识的潜力。首先，作为知识的叙事，将人们的注意力吸引到关于实践的故事中。它将基于实践的经验知识与基于叙述的表象认知联系起来，并将它们置于基于概念的命题认知上。其次，它假定了这种形式的知识产生了洞见，可以从中得出对未来实践的概括，并且可以通过从业者的反思获取。这个观点意味着人

[①] Jennifer Dodge, Sonia Ospina and Erica G. Foldy, "Integrating Rigor and Relevance in Public Administration Scholarship: The Contribution of Narrative Inquiry," *Public Administration Review*, Vol. 65, No. 3, 2005.

们通过叙事来思考和认识。因此,叙事研究是了解别人知识的好工具,也是了解我们自己的知识的好工具。这种方法的直接目标是阐明隐含的知识或分享在故事中隐含、嵌入实践叙述的理论,最终的目标是吸取经验教训、优化实践。①

(三) 作为隐喻的叙事

叙事—隐喻的主要目标是揭示嵌入制度生活的有力而无形的意义,并找出被压抑的或可与现有意义竞争的叙述,从而给出另外的解释。与前两种基于微观视角的叙事方法相比,隐喻的叙事增加了宏观视角,将社会行动者的直接经验与更广泛的意义建构联系起来。它的解释要求在作为读者的分析者与作为现实的文本之间、文本与作者之间、历史语境与现在文本之间搭建桥梁。这种方法的相关性基于将注意力转向意想不到的、隐藏的或替代性的解释。②

六、研究设计及有效性

针对叙事研究,不同的学者也提出了不同的研究方法。例如,道奇等人提出,叙事研究的研究设计应包括研究方法、抽样框架、数据收集策略、分析策略、研究状态五个部分。③ 朱瑟琳·乔塞尔森等则认为叙事研究的研究设计包括研究背景、研究问题、研究计划、分析方法、研究意义以及研究者所处的研究位置。④ 简·克兰迪宁提供的叙事研究的研究设计包括提出研究疑题、确定研究者的研究位置和身份、选择研究方法。⑤ 莱纳德·韦伯斯特和帕特里克·慕托娃认为叙事研究的研究设计包括确定研究程序(包括确定资料来源、研究标准、

---

① Jennifer Dodge, Sonia Ospina and Erica G. Foldy, "Integrating Rigor and Relevance in Public Administration Scholarship: The Contribution of Narrative Inquiry," *Public Administration Review*, Vol. 65, No. 3, 2005.
② Ibid.
③ Ibid.
④ R. Ruthellen Josselson, Amia Lieblich and Dan McAdams, eds., *Up Close and Personal: The Teaching and Learning of Narrative Research*, American Psychological Association, 2003, p. 262.
⑤ Jean Clandinin, *Engaging in Narrative Inquiry*, Left Coast Press, 2013, pp. 42-52.

研究结构)、选择研究关系、排除研究风险和研究结果展示。①

在以上学者的基础上,本章从确定研究目的和研究理由、提出研究疑题、确定研究者的研究位置和身份、确定研究结构、选择具体研究方法、讨论研究效度等几个方面(见图9.3),对叙事研究的研究设计进行简单介绍。

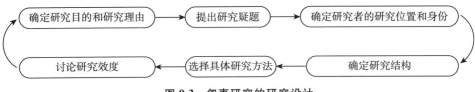

图 9.3 叙事研究的研究设计

(一) 确定研究目的和研究理由

研究目的是通过研究想要实现的结果,它是提出研究疑题、确定研究者的研究位置和身份、选择研究方法和讨论研究效度的基础。一般而言,叙事理由包括②:

1. 个人理由

叙事研究者从个人理由出发,从自身的经历和感受到的张力来阐述研究的意义。首先,叙事研究者必须知道处于研究中的自己是什么样的以及是如何变化的;其次,叙事研究者必须清楚地知道自己所参与或者讲述的生活故事是什么;最后,只有在理解自己的基础上才能理解研究对象的经验,进而建构意义。

2. 实践理由

研究者需要思考该项研究是否有改变或替换目前实践的可能性。

3. 社会理由和理论理由

社会理由指的是该项叙事研究对于社会政策和社会行动等的可能贡献;理

---

① Leonard Webster and Patricie Mertova, *Using Narrative Inquiry as a Research Method: An Introduction to Using Critical Event Narrative Analysis in Research on Learning and Teaching*, Routledge, 2007, pp. 105-106.

② 陈向明:《质的研究方法与社会科学研究》,教育科学出版社 2000 年版,第 85 页;Jean Clandinin, *Engaging in Narrative Inquiry*, Left Coast Press, 2013。

论理由则是指研究对方法论和知识发展可能的贡献。

(二) 提出研究疑题

研究疑题既是叙事研究的开端部分,也是研究过程的中心部分。叙事研究是对经验的再体验;研究不是为了找到问题的答案,而是围绕研究疑惑谱写研究文本。对于研究者来说,找到和确定研究疑题是一个搜索和再搜索的过程,也是一个不断改写与重塑的过程。

(三) 确定研究者的研究位置和身份

确定研究者的研究位置和身份是指确定研究者在叙事文本中所采用的方式是第一人称叙事还是第三人称叙事,是选择参与研究对象的生活还是由研究对象自己讲述生活。[①]

(四) 确定研究结构

研究结构包括时间维度、地点维度、社会维度,这三者构成了叙事研究的三维叙事空间,决定了研究文本的书写和资料分析的模式。研究者研究的全过程都必须围绕三维叙事空间展开:(1)时间维度关注研究对象的过去、现在和未来;(2)地点维度关注事件发生的地点;(3)社会维度关注研究者和研究对象之间的关系以及他们所处的社会环境对他们的影响。

(五) 选择具体研究方法

选择具体研究方法包括叙事研究资料收集方法和资料分析方法。资料收集方法包括讲述故事中的访谈法、生活故事中的观察法、实物分析法等[②];资料分析方法包括整体—内容模式、类别—内容模式、整体—形式模式和类别—形式模式(详见后文)。

[①] Jean Clandinin, *Engaging in Narrative Inquiry*, Left Coast Press, 2013; Jennifer Dodge, Sonia Ospina and Erica G. Foldy, "Integrating Rigor and Relevance in Public Administration Scholarship: The Contribution of Narrative Inquiry," *Public Administration Review*, Vol. 65, No. 3, 2005.

[②] 陈向明:《质的研究方法与社会科学研究》,教育科学出版社2000年版,第257页。

（六）讨论研究效度

研究效度是指研究结果和解释的正确性与可靠性。[①] 在叙事研究中,要考虑一般研究都需要考虑的构念效度、内部效度、外部效度,以及很多定性研究可能需要考虑的描述型效度、解释型效度、理论型效度、评价型效度以及反身性效度、反讽效度、新实用主义效度、根状效度和情景化效度等;效度主要是通过关键事件、相似事件和其他事件这样的三角测量来实现的。[②] 关键事件能够抓住研究现象的本质;相似事件因为在不同研究者的研究中重复出现而具有较大的研究意义;而其他事件则是对关键事件的证实和补充。这样的三角测量可以充分保证叙事研究的有效性。

七、方法的操作流程

叙事研究的起步相对于其他研究方法起步较晚,作为一种新颖的研究方法,它的操作方法和程序仍在讨论之中。不同的学者基于自己的观点提出了不同的操作步骤,目前尚未形成统一的操作流程。例如,克兰迪宁和康纳利认为叙事研究步骤包括进行研究设计、寻找打算研究的"主题"、简单展开研究、形成现场文本以及把现场文本转换为研究文本。[③] 结合上面我们对叙事研究设计的分析,本章将在把叙事研究方法划分为研究设计、资料收集、资料分析、撰写报告四个阶段的基础上,对叙事研究的具体操作流程进行简单介绍(详见图9.4)。

（一）研究设计

叙事研究方法的研究设计步骤在上一节已经进行了详细的论述,在此不赘

[①] Joseph A. Maxwell, *Qualitative Research Design: An Interactive Approach*, Sage, 2013.

[②] Leonard Webster and Patricie Mertova, *Using Narrative Inquiry as a Research Method: An Introduction to Using Critical Event Narrative Analysis in Research on Learning and Teaching*, Routledge, 2007, p. 91.

[③] Jean Clandinin and Michael Connelly, *Narrative Inquiry: Experience and Story in Qualitative Research*, Jossey-Bass, 2000, pp. 51-147.

述。研究设计是研究开始的第一步,决定着研究后续阶段资料收集和资料分析的选择。

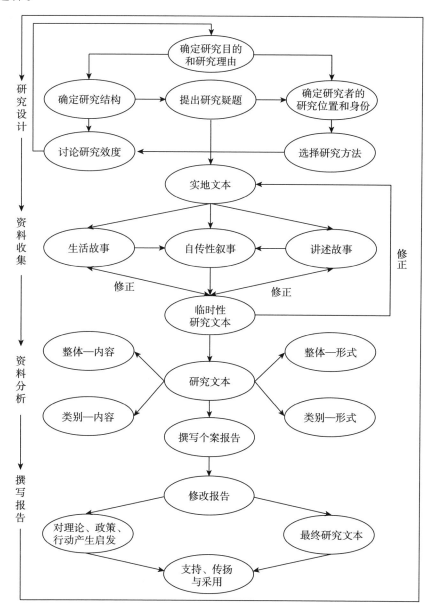

图9.4 叙事研究的操作流程

资料来源:Jean Clandinin, *Engaging in Narrative Inquiry*, Left Coast Press, 2013, pp. 13-53。

（二）资料收集

确定研究疑题并进行研究设计后,研究者根据自己采用的是生活故事、讲述故事还是自传性叙事的方式来选择收集资料的方法与来源。因为叙事研究是一种自反性和反思性很强的研究方法,所以所有的叙事研究都要以自传性叙事作为开端。自传性叙事是指研究者对自己经验故事的探究。在叙事研究中,研究者不仅倾听参与者的故事,同时也将自己的故事融入其中,重塑和塑造自己的生活。一方面,自传性叙事探究会帮助我们解释研究的意义,找到研究疑题;另一方面,不进行自传性叙事就难以达到研究应有的深度,并且研究会太过技术化和确定化。生活故事是指研究者来到研究对象的身边和他一起生活而进行的叙事研究,这种方式适用于采用访谈法和参与观察法收集资料;讲述故事是指研究者让研究对象讲述自己的故事,研究者记录下来以后再述故事的形式,这种方式适合采用访谈的方式获取资料。除以上两种方式以外,研究者还可以将研究对象的日记、自传、书信等实物资料作为资料获取源。①

（三）资料分析

叙事研究的最终阶段是在资料收集与分析的基础上完成报告撰写。叙事研究过程中形成最终研究文本和研究报告的过程同时也是叙事资料分析的过程。研究者对于收集来的资料进行整理、阅读、登录、寻找本土概念,最终使资料系统化。资料的整理既包括叙事者和叙事对象所说的话,也包括叙事者和叙事对象在说话的时候的各种表情和动作;阅读原始资料是认真推敲叙事者所说的话语,在语言、内容、主题、叙说等方面找到叙事者文本的结构、叙事的意义等;登录是指将有意义的词、短语、句子、段落等标示出来,打散原有的资料,赋予概念和意义,然后以新的方式组合在一起;本土概念即研究对象经常使用的、用来表达其思想的基本概念;资料的系统化包括建立编码系统和归类系统,如果编码非常多,则要进行归类,归类方式根据研究目的和研究报告的形式等确定。资料分析可采用以下四种模式:整体—内容模式、类别—内容模式、整体—

---

① Jean Clandinin, *Engaging in Narrative Inquiry*, Left Coast Press, 2013, pp. 13-53.

形式模式和类别—形式模式。①

1. 整体—内容模式

整体—内容模式的步骤为:(1)反复阅读资料,直到一个模式浮现出来;(2)写下关于生活故事的最初印象和完整印象;(3)确定内容或主题的特殊焦点;(4)标记出故事的不同主题,然后分别阅读,重复阅读;(5)跟随每篇故事的主题,写下结论。

2. 类别—内容模式

类别—内容模式的步骤为:(1)选择子文本;(2)定义内容类别;(3)归类各资料;(4)得出结论。采用不同的模式写出研究文本以后,研究者要与研究对象进行讨论并修改文本(有时二者为一体)。不断重复这个过程,直到二者意见一致,才能书写最终的叙事文本。这个过程不是线性的,而是不断迂回重复的。

3. 整体—形式模式

整体—形式模式是将叙事作为一个整体进行分析,运用叙事材料分析结构的变化,其步骤为:(1)界定叙事作品的类型;(2)分析叙事作品的叙事进展(narrative progress),即叙事作品的发展情节;(3)分析叙事作品的连贯性。叙事类型主要包括浪漫剧、喜剧、悲剧和讽刺剧,叙事进展类型则包括前进型叙事、衰退型叙事和稳定型叙事。其中,前进型叙事指叙事中的故事是稳定向前发展的;衰退型叙事中则存在故事的恶化或衰退过程;故事情节在稳定型叙事中是平稳发展的。叙事的连贯性涉及情节、目标、事件以及这些事件之间明确的时间顺序和因果联系。

4. 类别—形式模式

类别—形式模式的步骤为:(1)围绕所要研究的对象找到假设;(2)建构研究对象的分类框架;(3)查找资料;(4)将参与者的解释和例证转化成能准确应用到生活故事文本中的相关衡量标准;(5)回到故事本身,对照收集到的资料去验证这些标准;(6)运用形式上的标准评定叙述者的叙事受情感控制到什么程度;(7)修正标准,重回文本,关注文本深层结构,得出结论。

---

① Jean Clandinin, *Engaging in Narrative Inquiry*, Left Coast Press, 2013, pp. 13-53.

由于叙事研究正处在发展阶段,所以关于叙事研究的操作步骤目前尚未有统一的观点,在此提供的叙事研究的步骤只是为更好地进行叙事作品的分析提供一种参考。

(四)撰写报告

与其他质性方法类似,好的叙事研究报告具有有效性、可靠性和一般性的特征。报告基于有效的证据做出让人信服的诠释,并且诠释真实合理,所运用的证据具有全面性。此外,叙事研究报告以结构清晰、内容栩栩如生和经验与情感具有可迁移性作为可能的标准①,即研究揭示难以理解的内容或者常为人所忽略的关系,生动呈现人物的历史和社会情境,深化对人物的共情或者迁移性的理解。

好的叙事研究报告还是一种邀约,请读者参与其中,审视作者的所行所见。研究者也在不断地和自我进行对话,并基于各种反思,权衡各种正反意见,不断地进行修正,从而得出可行的最佳方式,与实践等限制做妥协,进而修改完善报告。最终的报告将研究对象置于社会、文化、制度、家庭以及语言的宏大叙事中,对理论、政策以及行动等产生启发。

八、质量评价和保证

为了确保叙事研究的质量,既需要考虑其他定性研究方法所采用的标准,也需要考虑叙事研究自身独特性所需要确立的标准。一般而言,判断叙事研究方法严谨性与有效性的独特质量评价标准主要有:明显性(obviousness)、似真性(plausibility)、反思性(reflectivity)、验证性(verifiability)、可转移性(transferability)、广延性(wide ductility)、一致性(uniformity)、精练和洞察力(refinement and insight)(见表9.4)。

---

① Michael Connelly and Jean Clandinin, "Stories of Experience and Narrative Inquiry," *Educational Researcher*, Vol. 19, No. 5, 1990.

表 9.4　叙事研究的评价标准

评价指标	评价内涵
明显性	研究文本具体完整地描述了事物或现象本身
似真性	研究者克服自身的局限性,力求真实再现研究对象的故事
反思性	研究者以反思性的态度对待研究过程与研究文本,再由现场文本到研究文本的转换过程中不断地检验自己的思维与已经得出的结论
验证性	研究者与研究对象互动创造出来的研究文本中的观点是可以彼此验证且双方都同意的
可转移性	研究成果能够促使读者、研究者与其他研究人员进行经验交换与学习
广延性	观察或访谈以及分析与诠释时所提供的证据要全面
一致性	对不同部分的诠释创造出完整和有意义的画面
精练和洞察力	以少量概念为基础提供一个精到分析的能力,并且优雅或有审美吸引力;在展现故事和对它的分析时有创新或创意

资料来源:徐冰鸥:《叙事研究方法述要》,《教育理论与实践》2005 年第 8 期,第 30 页;Amia Lieblich, Rivka Tuval-Mashiach and Tamar Zilber, *Narrative Research: Reading, Analysis and Interpretation*, Sage, 1998, p. 140。

九、使用中应注意的问题

在使用叙事研究方法的过程中,研究者还应注意以下三个问题:

(一) 研究方法的适用性

采用叙事研究方法,需要依托大量的访谈和观察素材,以及参与者的深度配合。采取叙事研究方法前需要充分考虑研究开展的现实条件,只有在外部条件允许的情况下才能开展有效的叙事研究。不同的研究问题对应不同的研究方法,研究者在采取叙事研究方法前,还应确认研究问题与叙事研究的契合性。[1]

---

[1] 高皇伟:《叙事研究方法论与教育研究:特征、贡献及局限》,《教育发展研究》2020 年第 4 期,第 24—31 页。

（二）注重研究者与研究对象的互动

叙事研究十分依赖于研究者与研究对象的互动，互动的好坏在很大程度上决定了研究质量的优劣。首先，研究者与研究对象在研究过程中需要密切配合，叙事研究是研究者与参与者共同谱写的过程。其次，叙事主体的选择应该多元化，以防研究结论过度依赖单一主体或单一类型的主体。最后，叙事过程中的语言表述也应注意。研究者在听取参与者叙事的过程中需要结合参与者身份，采取合适的、贴切的语言沟通，但在撰写叙事研究报告的过程中应当注意语言的科学化与规范化，实现言语使用的适时切换。①

（三）区别于文学作品与流水账式的复述

叙事研究报告并非文学创作，不能"合理想象"，更不能"杜撰"，叙事研究报告的内容必须有理有据，不能无中生有、凭空虚构，应当秉持实事求是的原则。研究者也不能将现场文本与研究文本混为一谈，如果研究报告缺少深加工，只是对事实的简单陈述、记流水账，将研究报告做成了经验呈现，那么即使内容真实，同样不可行。叙事报告的撰写应当在尊重事实客观性与素材真实性的基础上，注意理论与实践的结合，丰富、深化、内化理论。②

关键术语

叙事　叙事研究　故事　文本分析　话语分析　三维叙事空间　诠释学
叙事学　杜威的经验观　叙事语境　叙事研究方法　作为语言的叙事
作为知识的叙事　作为隐喻的叙事　叙事资料分析　明显性　似真性
反思性　验证性　可转移性　广延性　一致性　精练和洞察力

---

① 张琼、张广君：《教育叙事研究在中国：成就、问题、影响与突破》，《高等教育研究》2012 年第 4 期，第 58—64 页。
② 钟铧：《低劣的叙事研究与高等教育叙事研究的条件》，《现代大学教育》2013 年第 3 期，第 54—60、113 页。

思考题

1. 叙事研究和叙事本身的区别和联系是什么？
2. 请你结合自己的某个亲身体验，思考一下如何开展叙事研究。
3. 整体—内容、类别—内容、整体—形式、类别—形式四种不同叙事资料分析模式的相同点和不同点是什么？
4. 政治学与公共管理领域中的哪些研究议题适合进行叙事研究？为什么？

延伸阅读

Amia Lieblich, Rivka Tuval-Mashiach and Tamar Zilber, *Narrative Research: Reading, Analysis and Interpretation*, Sage, 1998.

Jean Clandinin and Michael Connelly, *Narrative Inquiry: Experience and Story in Qualitative Research*, Jossey-Bass, 2000.

Jean Clandinin, *Engaging in Narrative Inquiry*, Left Coast Press, 2013.

Tzvetan Todorov, *Grammaire du Décaméron*, The Hague, 1969.

〔瑞典〕芭芭拉·查尔尼娅维斯卡：《社会科学研究中的叙事》，鞠玉翠等译，北京师范大学出版社2010年版。

〔美〕戴维·赫尔曼等：《叙事理论：核心概念与批评性辨析》，谭君强等译，北京师范大学出版社2016年版。

〔美〕德尔伯特·C.米勒、内尔·J.萨尔金德：《研究设计与社会测量导引》（第6版），风笑天等译，重庆大学出版社2004年版。

谭君强：《叙事理论与审美文化》，中国社会科学出版社2002年版。

经典举例

Jean Clandinin, *Engaging in Narrative Inquiry*, Left Coast Press, 2013.

简·克兰迪宁是叙事方法研究的重要学者，是加拿大阿尔伯塔大学的荣休教授以及教师研究和发展中心的创始主任。她主要关注教育领域,研究涉及叙事研究、课程研究、教师知识等。该书是对克兰迪宁和康纳利在2000年出版的《叙事探究:质的研究中的经验和故事》一书的进一步拓展,旨在探究叙事研究的根本问题:叙事研究的内容以及操作方式。

1. 著作简介与研究问题

该书包含了作者以及相关研究者将叙事研究方法应用于具体情境的多个研究案例,进一步厘清和拓展了叙事研究的概念和方法。具体而言,该书探究青少年的经历如何塑造其提前离开学校(辍学),以及辍学对于其人生的影响,以此理解青少年在学校内外复杂的、多个层次的生命历程。作者主要基于教育学研究,从教师在教育过程中的角色、师生的互动,以及学校教育情境的角度,来理解学生辍学的原因以及影响。

该书将丰富的实践背景带入研究,呈现出方法、内容、现象等复杂的互动。该书有助于读者理解叙事研究的方法和现象,强调叙事研究作为流动的探寻,而非遵循一系列线性的步骤。该书还提供了叙事研究实用性的步骤,并提出将体验、再体验、讲述以及再讲述的经历等多个层面交织在一起。

2. 方法选择及原因

该书选择用叙事研究方法研究相关教育问题有这样几个原因。首先,作者认为,质性研究,尤其是基于叙事的研究,比定量研究能提供更多的洞见,揭示在统计、问卷之外更深层次的机理。其次,叙事研究可以使研究对象表达对事件的评价、感受、思考。再次,叙事研究是理解和探究经历的方式,被置于关系和社区的情境,能提供有价值的理解和知识。最后,叙事研究作为一种方法,在讨论的完整性和质量上占有优势,并且凸显了本体论和认识论在定性研究中的重要性。

3. 研究设计和研究流程

该书中,作者主要通过如下基本流程进行研究:

第一,确定研究目的和理由。该研究是从个人理由出发,首先研究作者自身的学校经历。作者在学校情境中观察,与学生相互了解,通过和学生一起生活、谱写、讲述和重新讲述,来建构叙事研究的框架,并探究自身在学校中的不同定位所带来的立场和故事的差异。

第二,提出研究问题。在叙事研究开始阶段,研究者往往会经历一个自传体式的叙事研究,对自身经历进行探寻和反思,并提出研究的疑问。在自传体式的研究中,个人的故事在个人、社会和政治的情境中展开和拓展。比如,作者在研究师生互动时,通过自传性叙事研究,回顾了师生互动的往事,以及年轻时代的自我,从而获得了醒悟。与研究对象的互动则促使作者进入青年学生及其家庭的世界,探究他们的故事是如何被蕴含在文化叙事中的家庭和学校故事所影响和塑造。

第三,确定研究者的研究位置和身份。在该书的部分研究中,研究者通过与研究对象一起生活来进行研究,采用了第一人称视角来进行叙事;而在另外一个叙事研究中,作者则是选择了完全以第三人的身份叙事,讲述研究者与研究对象之间的故事。

第四,确定研究结构。根据叙事研究的三维叙事空间,在研究者和研究对象的叙事中,既有现在的研究者和研究对象交谈发生的时间与地点,也有研究对象告诉研究者的关于他们各自的家庭、学校和朋友的故事。这些故事也有它们发生的时间和地点,并被作者记录在了叙事报告中。

第五,选择具体研究方法。该书的部分章节采用的资料主要是基于访谈法和观察法获得的关于研究对象的一手数据,以及部分二手文字资料,如书信和笔记作为数据的补充来源。在资料分析方面,该书主要采用整体—内容模式。作者的研究开端于故事;在每次与研究对象谈话后,作者都将录音进行转写,对录音资料进行多次阅读,标注所注意到的地点,如家、学校、篮球场等;接着,再围绕相关的问题,进行谈话,再进行录音的整理和反复阅读,以此绘制编年史,形成叙事报告。

第六,展开叙事分析。在与研究对象谈话后,作者将谈话录音转写出来,标出所注意到的时间、地点性和社会性。之后,作者会重读谈话文本,以开放的方式,对叙事进行编年史的修改,并邀请研究对象在编年史上进行添加或修改。在随后的谈话中,再次认真研读所有的谈话。作者会在三维叙事空间认真分析笔记以及绘制的编年史,草拟叙事报告,形成临时性的研究文本。随后,在接受反馈和修改后，对研究文本进行分析，从不同角度、不同层次，将文本分为不同的主题，比如家庭关系、教会活动、球类运动、上学等。然后，围绕这些不同的主题写下不同的结论。

4. 质量保证

在该书中，作者采取了多种方式进行质量保证。

第一，广延性。作者资料收集与分析具有全面性。作者通过一系列方式，使得研究对象呈现出全面的故事图景。比如，在一对一的访谈中，让研究对象对结构性的访谈问题进行回应，或者在随意的对话和交流中获取更多信息，以及通过照片、记忆盒等物品来激发研究对象讲述故事。除谈话资料外，作者还收集书信和笔记等二手资料作为补充，为撰写叙事研究报告准备了充足的材料。

第二，可转移性。作者注重与同行和研究对象进行经验交换和学习。比如撰写完成初步叙事研究报告后，作者通过研究同行与研究对象的反馈，修改文本并确认叙事文本的准确性。作者将研究团队成员分成几个小组，将文本分发给研究小组成员，在他们阅读、思考后，对叙事报告进行讨论。根据这些反馈意见，对叙事报告进行修改。

第三，验证性。作者与研究对象一起阅读叙事报告。作者慢速朗读叙事报告，当读到觉得写得不好的部分，停下来与研究对象交换意见，询问研究对象是否认同所写的内容。虽然实地文本是由研究者和研究对象共同谱写的，但是撰写的工作多是由研究者完成，因而就容易造成研究对象的缺席，而通过两者一起讨论的方式可以弱化这个缺席。经过多次的重复确认，完成最终的研究文本。

第四，似真性。作者克服自身局限，从多个研究对象半自传式的叙事中，真实再现研究对象的故事。研究对象包含来自城市、农村、郊区不同地域的学生，涉及不同性别，以及不同家庭社会经济地位的学生，真实呈现出研究对象全面而多元的叙事。

关键术语解释汇编

第一章　现象学

　　现象学：描述个体对于现象体验的意义、结构和本质的方法。

　　生活体验：人们在一定时空的生活世界生活的感受。

　　生活世界：未经人们反思的日常生活世界,即前反思的世界。

　　意识：现象学研究的对象,在某种程度上表现为人的体验。

　　直觉：人类与生俱来能够产生正确有效判断的思维形式,是人类知识生产的基础。

　　悬置：把人们不知或未曾证明的东西放入括号中,在既不讨论也不否认的基础上,建构新的知识或理论。

　　还原："回到事物本身",即通过不断直觉、反思、"自我显现"、描述、分析等,建立意识或现象之间直接、原始的接触或者回到体验的意义或存在的起源地。

第二章　民族志

　　民族志：研究者通过田野作业,对文化及其有关的各类行为方式、价值、互动等展开系统、情境式描绘与解释的一种质性方法。

　　深描：在阐释学视野中,民族志即"深描。""深描"能够揭示人类行为与文化现象内在的认知结构和语法,揭示其中隐含的多种内容与深层含义。

　　批判民族志：按照研究者从事研究的"意图"(研究立场)划分的民族志的四种类型之一,其余三类为后现代主义民族志、女性主义民族志和历史民族志。

认为研究是一种社会批判,不仅应该考虑到个人的行动,而且还要改变社会的权力结构。

后现代主义民族志:对现代主义的观点进行批判,强调对权力和理性进行解构。

女性主义民族志:一种新的世界观,反对科学对自然的征服,崇尚情感,反对人的过分理性化;注重研究中的情感关怀和批判性交流;研究不是对客观现实的了解,而是对生活世界的重新阐释。

历史民族志:强调历史在研究中的重要性,主张将历史与理论和社会实践结合起来进行考量。对理论和实践的研究应该放到历史发展的进程中进行。

科学民族志:按照传统划分的民族志的三种类型之一,其余两类为阐释民族志、实验民族志。是功能主义与实证主义驱动下的以田野调查为基础的科学民族志范式。

阐释民族志:强调对情景与意义世界的深描、理解与解释的民族志范式。

实验民族志:后现代主义思潮的产物,并不是一种既定的、格式完整的民族志类型,而是指人类学对民族志的多种实验。

多点民族志:要求研究者不再固守单一的地点进行田野作业,而是要将自己置身于世界体系之中,跟随人、故事、隐喻或事物的流动从一个地方到另一个地方。多点不仅是地理位置,也可以是社会空间、媒体、档案甚至不同地域的人。

虚拟民族志:应用于当前以计算机为中介的社会中可能发生的一切事情,是基于线上的田野观察,研究人们在互联网上的行为或文化现象。

制度民族志:一种利用个人经历来揭示个人活动于其中的权力关系和其他制度特性的方法。

自我民族志:一种将个人与文化相联系,将自我置于社会文化背景中来考察的研究样式和写作形式。自我民族志是探讨研究者自我生活经验的自传式个人叙事。

非正式访谈:民族志常用的独特的访谈方法。不要求预设任何形式的问题和提问顺序,而是研究者和访谈对象在自然、日常的情境里聊天、对话。

三角测量：民族志分析的基础方法，能够帮助研究者深入而准确地理解一个群体、一种情境或一种角色，检测资料和信息的真实性，从而辨认出一种事实或概念的存在。也是民族志研究正确性的关键所在——用以检验一种信息来源，去除一种可供选择的解释，证明一个假说。

结晶化：将与研究相关的或者是把研究资料中重要的相同之处汇集起来的过程；经过对研究资料的汇总分析后形成一个特别的结构；次主题、微型实验、三角测量、关键事件与模式发现之后，形成清晰条理、切题中肯的描述图景；形成民族志研究的关键结论——关于现实的反直觉概念。

第三章　符号互动论

符号互动论：又称象征互动论，是一种借助语言或其他符号系统观察日常环境中个体之间的互动，并研究人类群体行为的社会学和社会心理学理论范式，也是现代西方社会学的代表理论之一。

符号：指在一定程度上具有象征意义并常来用指称其他事物的载体。米德认为，人类的心灵能够用符号来表示环境中的客体。布鲁默认为，符号是社会互动的中介，要想理解符号互动的意义，就要站在对方的立场上，通过"同情内省"，从对方的角度去理解同一客体的意义。

自我："一个人可以用来称呼他自己的一切之总和"，包括"物质我""精神我""社会我""抽象我""纯粹的我"。

结构功能主义：自上而下地研究社会现象，关注宏观的制度和社会结构如何形塑和约束微观个体。

结构性符号互动论：揭示出社会互动结构化的一面，认为社会角色从相互影响的网络或者关系模式中涌现，并被不同层面的社会结构所塑造。

实用主义哲学：主张在实际行动中建立主体与客体的联系，并且认为人们对社会的理解建立在行动者所采取的实际行动的基础之上。

行为主义心理学：认为人类的行为是由先天的基因和后天的环境决定的，人类的行为依赖于之前行为的实际效果的反馈。

芝加哥学派的社会学：强调运用第一手的资料，在事实层面研究社会的某个维度,尤其关注城市化所引发的社会问题。

参与观察:研究者进入研究对象所生活的社区,亲身观察和体会研究对象的语言、动作、神态等符号,在获得一手资料的基础上再对资料进行分析的研究过程。参与观察法分为公开性参与观察法和隐蔽性参与观察法。

开放式访谈:在访谈过程中,不设置固定的程序、没有既定的问题,访谈者与访谈对象在轻松的氛围中自由交流的访谈方式。访谈者要在访问过程中记下访谈对象的语言、动作、神态等符号作为资料,以进行深入分析。

话语分析:通过大量的观察和详细的记录,以及对研究对象的语言特征、语言结构等进行详细的分析,以此来解释个体间互动过程的研究方法。

问卷调查:通过制定问卷,要求被试依据问卷内容进行回答,以此方式收集资料的研究方法。

敏化概念:也被译为敏感化概念、敏锐性概念、触发式概念等,是由布鲁默提出的一个与确定概念相对的概念。不同于立足于要为研究者提供"看什么的处方"的确定概念经常使用"固定和具体的程序"去辨别一组现象,敏化概念基于实用主义思维,只给研究提供参考、提示研究前进方向或建议研究者"看的方向",常常用接近于"经验事实"的一般参考物或模糊概念辨别现象。

符号互动论的芝加哥学派:符号互动论的一个主要流派,代表人物是米德和布鲁默。该学派强调对人类行为的研究需要基于人类的互动关系;自我从社会互动中形成,人们在互动中不断建构意义;意义也不断地被修改和诠释,以应对个体的经历和遭遇。该学派主张通过参与观察、访谈等质性方法开展研究,也是符号互动论最有代表性和影响力的流派。

符号互动论的艾奥瓦学派:符号互动论的一个主要流派,代表人物是库恩。库恩强调"核心自我"在符号互动过程中所起的关键作用。库恩认为,人类作为互动的一类客体,在其成长和发展过程中,通过长期的熏陶与被熏陶,已经对事物产生了自己独有的态度和定义。该学派还认为应用符号互动论分析人类的行为,并不局限于质性方法,实证方法也可以运用到研究个体和社会结构的关系中。

符号互动论的印第安纳学派:符号互动论的一个主要流派,代表人物是史崔克。该派的代表理论是结构性符号互动论,强调意义和互动产生了相对稳定的模式,并创设和支撑了社会结构。在社会互动的过程中,社会角色会被不同层面的社会结构所塑造,个人与社会相互作用。该派主张结合质性和定量方法来进行符号互动论的研究。

拟剧理论:由社会学家戈夫曼提出的一种通过虚拟戏剧的方式来研究社会互动和解释人类行为的理论。戈夫曼认为,每个人在日常生活中都在表演,而符号就是他们表演的工具,每个人在表演的过程中都努力使自己的行为取得良好的效果。个体之间的相互表演并不是随意的操作,而是限制在一定的共识框架之中。

第四章　常人方法学

常人方法学:从研究方法的角度而言,是对普通社会成员理解和处理其日常生活和社会互动的基本方法、程序和过程等进行研究的一种方法范式。

可说明性:人们日常生活实践以及社会活动秩序等具有的可被观察、可被报告、可被理性分析和推断、可被理解、可被描述等的特性。

索引性:由于人的表达或行动具有情景性,因此,虽然特定情景下人的表达或行动本身具有省略、模糊、未被清晰说明等鲜明特征,但却又能在特定情景下或通过特定情景而被他人完整、清晰、确切地理解的特性。

反身性:人类行动者的行为或行动自身所包含的一种对行动者行为或行动意图、目的、动机、权利、义务、社会地位、场景等进行说明或描述的特征。

破坏性实验:常人方法学的常用方法类型之一。它通过打破常规,使实验者故意忽略和打破日常生活中无须言明的规则,使得互动无法进行,以此来揭示普通人隐含的行为模式。

谈话分析:常人方法学的常用方法类型之一,也是常人方法学在发展中衍生出来的一种最有影响力的研究方法。它试图从真实但琐碎的语料中分析出其所涉及的社会行动、社会成员的行为方式、社会成员如何向彼此展示话语秩序与规则,以及话语规则与社会行动之间的共建过程等问题。

工作研究:常人方法学的常用方法类型之一。它主要寻求对自然科学活动的研究,认为科学研究活动也是一种日常活动,认为科学工作具有索引性、权宜性和反身性等特征。

福柯式话语分析:话语分析的一种主要方法类型,由法国哲学家福柯提出。它旨在分析语言、权力和意识形态的关系,揭示语篇如何源于社会结构和权力关系,又如何为之服务。它把话语不仅视为现实的反映或表征,同时也视作社会实践的重要组成部分,主张从语言/语篇或符号学的角度来理解和解释社会现实。

话轮:一般被理解为一个人获得说话机会时连续说出的话。

第五章 扎根理论

扎根理论:研究者通常不预先确定具体问题和研究假设,也不拘泥于对研究现象的描述和解释,而是通过数据收集和资料分析自下而上归纳形成概念和类属,并进一步在概念和类属间建立联系以形成理论。

实证主义:一种认识论,认同一元论科学方法,包括在外部世界进行客观的系统观察和实验。实证主义探究的目标是发现和建立普遍规则,以解释研究对象,并根据普遍规则进行预测。

实用主义:一种美国的哲学传统,认为现实的特征是非决定性和流动的,是对多元解释开放的实用主义假设,人是积极的和具有创造性的。

建构主义:一种社会科学的视角,解决现实是如何形成的问题。这一视角假设,人们,包括研究者,建构了他们所参与的现实。建构主义的探究从经验出发,追问其成员是如何建构了他们的经验的。

经典扎根理论:扎根理论常见的三种取向之一,该理论融合了实证主义和实用主义传统,认为研究问题不是预设的,理论是通过不断分析之后自然呈现的。在整个分析过程中,研究者不仅要悬置个人的"偏见",同时也要超越学术界已有的"定见"。

程序化扎根理论:扎根理论常见的三种取向之一,该理论强调研究者的能动性。"程序化"尤其体现在编码环节,编码的程序包含开放式编码、主轴编码和选择性编码三级。

建构扎根理论:扎根理论常见的三种取向之一,该理论将研究者视为研究内容的一部分,而分析的方向始于互动和解释,并不囿于外部程序的规定。

实质编码:经典扎根理论的两种编码之一。又具体细分为开放编码和选择编码。开放编码是将数据概念化、类属化的过程,选择编码是提取核心类属的过程。

理论编码:经典扎根理论的两种编码之一。是对应如何将实质编码联系起来形成假设进而整合成理论的概念化过程。

开放式编码:程序化扎根理论编码的一个环节,是将数据概念化、类属化的过程。将数据打散,不断比较提取概念、类属(同时确定类属的属性和维度),以重新组合经验数据。

主轴编码:程序化扎根理论编码的一个环节。通过典范模型建构类属与类属之间的关系,并确定主要类属和次要类属。

选择性编码:程序化扎根理论编码的一个环节,是提取核心类属的过程。通过故事线提取核心类属;核心类属能够最大范围囊括经验数据,并频繁出现。

初始编码:建构扎根理论的编码环节之一。主要的方法是对数据资料进行逐行逐句分析,形成概念,为数据的每个词、句子或片段命名。

聚焦编码:建构扎根理论的编码环节之一。要求使用最重要的或出现最频繁的初始代码来对大部分数据进行分类、综合、整合和组织,以期在一大堆数据中发现和形成最突出的类属。

第六章 行动研究

行动研究方法:一种研究人员和实践者(或参与者)密切配合,从实践者那里收集、获取信息,经过分析或实验研究后,又将结果反馈到实践者那里,从而对实际工作产生影响,并促进实际工作改进的研究范式或方法。

信奉理论:指个体宣称他所遵循的理论。

使用理论:指那些由实际行动推论出来的理论。

主导变量:行动者寻求的价值观。

行动策略:行动者在特定情境中为满足主导变量而采取的系列措施。

单路径学习：人们对于行动策略带来的失败结果所采取的一种策略。主要依赖于寻找另一个可以满足同一主导变量的行动策略来取代失败的行动策略。新的单一的行动策略被用来服务于先前的主导变量。其假定虽然在行动上发生了改变，但主导变量并没有任何改变。

双路径学习：另一种人们对于行动策略带来的失败结果的应对策略。主要依赖于在相互竞争着的多套标准（架构或范式）之间做选择。其假定行动和主导变量都发生了改变。

第一型使用理论：可能限制双路径学习的一种理论模型。第一型使用理论的行动策略包括单方面控制和单方面保护自己与他人、把持并控制工作、单方面的自我保护等。这些策略会导致以下结果：防御性的人际和组织关系、缺乏选择自由、不易产生有效信息。在这些情况下便不可能发生双路径学习，容易得出错误的行动结果，也降低了解决问题的有效性。

第二型使用理论：一种引导行动研究者的理论视角，试图创造不同于第一型世界的另一个世界。第二型的行动可以打断正在进行中的第一型与组织化的第一型世界。第二型使用理论的行动策略涉及行动研究者与参与设计或执行行动的人共同分享控制权，会带来低防御性的人际与组织关系、高度的选择自由与高风险。在这些条件之下，双路径学习的机会增加，人们行动的有效性也与日俱增。

螺旋表图：凯米斯提出的行动研究操作流程。具体过程依次为诊查、制订计划、第一步行动、监测、反馈、评价和反思；然后修订总体计划，再进入第二步行动。

第七章 批判性研究

批判性研究：一种基于自我反思的逻辑，以启蒙和解放为导向，并致力于改造社会现实的规范研究类型。

虚假意识：指人们误解了客观现实中他们真正的最佳利益，并采取了违背其真正利益的行动。

虚假需求：指那些在个人的压抑中由特殊的社会利益强加给个人的需求，

这些需求的内容和功能是由个人控制不了的外部力量决定的,其发展和满足也是受外界支配的(他治的)。

批判话语分析:将语言视为社会事件、社会实践的一个要素,辩证地与其他要素相关联,通过语言和文本来分析社会中的权力现象。

批判民族志:将颠覆性的世界观用于更为传统的文化研究叙事的方式,它是一种"努力撕下霸权面具和揭露压迫势力"的方法论。它认为所有的文化生活都处于控制与抵抗的张力中,通过批判展现出广义的社会控制过程、权力不平衡和将一套偏爱的意义或行为强加于他人的符号机制。

批判诠释学:将诠释分解为一个辩证的过程,包括社会历史分析、形式分析以及诠释—再分析的环节,尤其关注沟通在不对称的权力关系中扮演的角色。通过对文本产生、传递和接受的社会历史环境的考察,揭露沟通在导致机会和生活机遇长期不对称的权力关系发展中的角色。

批判种族主义:对流行法律范式和法律中默认的白人至上的观念和制度的批判。解构了白人中心主义的法律、象征和物质资本,通过批判法律,改造那种建构和维护种族统治和臣服关系的法律。

溯因推理:批判理论家常用的分析工具。它从某一潜在的规则开始尝试,探究从这一规则中可能会产生什么,通过将各种想法和观察结果置于不同的替代性框架中进行检视,以评估多个框架的有效性。

第八章 女性主义研究

女性主义:对以实现性别平等、改善女性生存和生活现状为目标,立足于女性经验和立场而发展起来的一系列女性主义思潮和运动的统称。

女性主义研究:从女性主义这一立场、主张和意识形态出发,以性别平等主义的基本观点为核心,将女性整体特质和变化规律作为研究对象的跨学科的、多层面的专门性科学研究。

女性主义研究方法:在女性主义研究中可以采用的,并将女性的视角、经验等贯穿其中的,经由常用的社会研究方法改造而来的各种方法。

女性主义访谈研究：研究者让研究对象运用自己的语言表述自身的想法和观点,并遵循研究对象自身的思维路径。

女性主义调查研究：研究者先选择调查对象作为样本,然后利用标准化或者非标准化的问卷来进行调查。

女性主义实验研究：女性主义研究者通过改变或控制某一或某些现象,来观察研究现象间的共变状况的研究方法。

女性主义评价研究：研究者依据明确的目标,按照一定的标准,采用科学方法,测量对象的功能、品质和属性,并对评价对象做出价值性的判断。

女性主义民族志研究：研究者将女性纳入社会系统中,并亲自参与女性生活的系统,通过访谈和参与观察等记录女性的生活轨迹,并将得到的信息整理成文件资料,用以反映女性的生活与行动。

女性主义行动研究：与行动相结合的一种学术行为,认为研究活动应该是处于连续性变化中的一个过程,是有行动目标的。

女性主义口述史研究：女性主义研究常用的具体研究方法之一,是研究者以访谈的方式收集口传记忆以及具有历史意义的个人观点的一种方法。

第九章 叙事研究

叙事：借助语言符号、各种素材等对事件等进行描述(也就是讲故事)的行为及其过程。

叙事研究：立足人类的经验在本质上是叙事的,也是通过叙事来理解与表达意义等基本观点,基于叙事体验,依靠叙事材料,进行叙述描述,分析叙事结构、功能和互动等,理解叙事意义,探索社会现象,甚至进一步改变叙事研究者和参与者的情况,并促进形成新叙事和新生活等的研究范式和方法。。

故事：一种田野素材,研究者通过对叙述者的访谈、对自然发生的事件的记录、对书面故事的整理等方式收集故事。

文本分析：通过收集文本资料,并对内容进行编码,运用定量技术进行描述的研究方法。

三维叙事空间：叙事中的时间维度、地点维度、社会维度。

诠释学：以诠释者对文本的理解作为研究对象。理解不是复制而是创造，是诠释者将自己的视域与文本的视域结合形成一个新的视域，以使二者能够提升结论的普遍性。

叙事学：强调对叙述声音、叙述时间、叙述空间、叙述文本与叙述语境的关注，是对所谓叙事文本也即叙事作品（虚构作品）的研究。

杜威的经验观：杜威认为的"经验"是一个包含人在内的有机体与环境及其相互作用的有机整体，其中有人、经验过程、经验情境、经验对象以及产物等要素。

叙事语境：分为当下语境（访谈发生时的即刻语境）和叙事文化语境（讲述者所处的更为广阔的语境）。

叙事研究方法：指叙事研究所遵循的方法论，主要分为三类，即作为语言的叙事、作为知识的叙事、作为隐喻的叙事。

作为语言的叙事：人们创造叙事来传达他们在世上所习得经验的意义。叙事对生活经验的传达可以帮助研究者理解某个话题。

作为知识的叙事：强调了讲故事对于理解和个人通过讲故事找到实用的知识的潜力。

作为隐喻的叙事：叙事—隐喻的主要目标是揭示嵌入制度生活的有力而无形的意义，并找出被压抑的或可与现有意义竞争的叙述，从而给出另外的解释。

叙事资料分析：叙事研究中对于收集来的资料进行整理、阅读、登录、寻找本土概念，最终使资料系统化。一般包括四种模式：整体—内容模式、类别—内容模式、整体—形式模式和类别—形式模式。

明显性：指研究文本具体完整地描述了事物或现象本身。

似真性：指研究者克服自身的局限性，力求真实再现研究对象的故事。

反思性：指研究者以反思性的态度对待研究过程与研究文本，再由现场文本到研究文本的转换过程中不断地检验自己的思维与已经得出的结论。

验证性：指研究者与研究对象互动创造出来的研究文本中的观点是可以彼

此验证且双方都同意的。

可转移性：指研究成果能够促使读者、研究者与其他研究人员进行经验交换与学习。

广延性：指观察或访谈以及分析与诠释时所提供的证据要全面。

一致性：对不同部分的诠释创造出完整和有意义的画面。

精练和洞察力：以少量概念为基础提供一个精到分析的能力，并且优雅或有审美吸引力；在展现故事和对它的分析时有创新或创意。

教师反馈及教辅申请表

北京大学出版社本着"教材优先、学术为本"的出版宗旨,竭诚为广大高等院校师生服务。

本书配有教学课件,获取方法:

第一步,扫描右侧二维码,或直接微信搜索公众号"北大出版社社科图书",进行关注;

第二步,点击菜单栏"教辅资源"—"在线申请",填写相关信息后点击提交。

如果您不使用微信,请填写完整以下表格后拍照发到 ss@pup.cn。我们会在 1—2 个工作日内将相关资料发送到您的邮箱。

书名		书号	978-7-301-	作者	
您的姓名				职称、职务	
学校及院系					
您所讲授的课程名称					
授课学生类型(可多选)	☐ 本科一、二年级 ☐ 高职、高专 ☐ 其他_____			☐ 本科三、四年级 ☐ 研究生	
每学期学生人数	_____人			学时	
手机号码(必填)				QQ	
电子信箱(必填)					
您对本书的建议:					

我们的联系方式:

北京大学出版社社会科学编辑室

通信地址:北京市海淀区成府路 205 号,100871

电子信箱:ss@pup.cn

电话:010-62753121 / 62765016

微信公众号:北大出版社社科图书(ss_book)

新浪微博:@未名社科-北大图书

网址:http://www.pup.cn